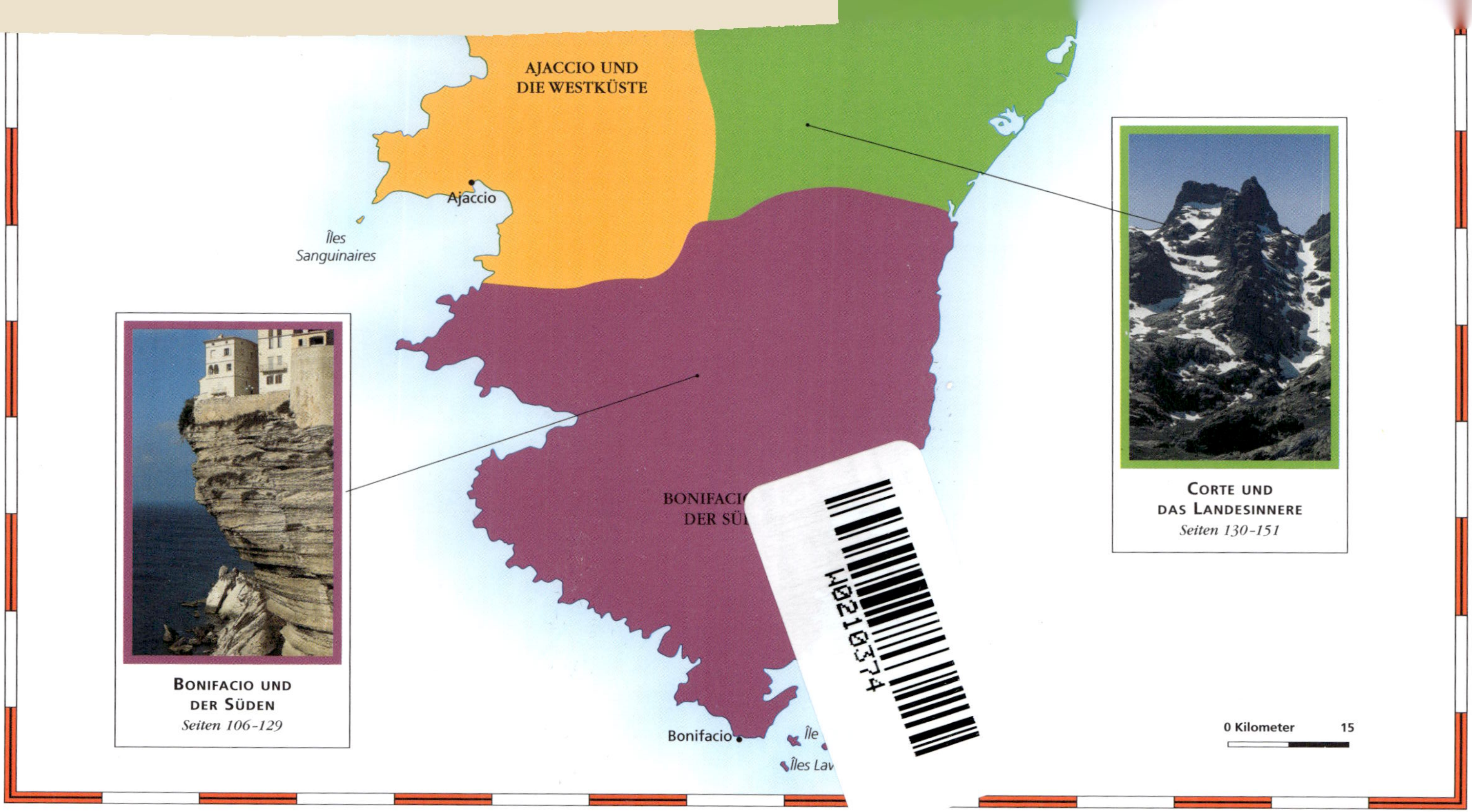
AJACCIO UND
DIE WESTKÜSTE
Ajaccio
Îles
Sanguinaires
BONIFACIO
DER SÜ
Bonifacio
Île
Îles Lav
CORTE UND
DAS LANDESINNERE
Seiten 130–151
BONIFACIO UND
DER SÜDEN
Seiten 106–129
0 Kilometer 15

VIS à VIS

KORSIKA

VIS à VIS

KORSIKA

Hauptautor: FABRIZIO ARDITO

DORLING KINDERSLEY
LONDON • NEW YORK • MÜNCHEN
MELBOURNE • DELHI
www.dk.com

EIN DORLING KINDERSLEY BUCH

www.dk.com

PRODUKTION
Fabio Ratti Editoria srl, Mailand, Italien

TEXTE
Fabrizio Ardito, Cristina Gambaro, Angela Magrì

FOTOGRAFIEN
Fabrizio Ardito, Adriano Bacchella, Cristina Gambaro, Lucio Rossi, Marco Stoppato

ILLUSTRATIONEN
Modi Artistici, Anna Mucciarelli, Tiziano Perotto

KARTOGRAFIE
Grafema Cartografia srl, Novara

REDAKTION
Marina Beretta, Angela Magrì

GESTALTUNG
Elisabetta Mancini

•

Titel der englischen Originalausgabe:
Eyewitness Travel Guide *Corsica*
Zuerst erschienen 2003 in Großbritannien
bei Dorling Kindersley Ltd.
A Penguin Company

•

Aktualisierte Neuauflage 2008/2009

•

ÜBERSETZUNG Barbara Rusch, München
PROGRAMMLEITUNG Dr. Jörg Theilacker, Dorling Kindersley Verlag
REDAKTION Linde Wiesner, Pullach
SCHLUSSREDAKTION Philip Anton, Köln
SATZ UND PRODUKTION Dorling Kindersley Verlag
LITHOGRAFIE Lineatre, Mailand
DRUCK L. Rex Printing Co. Ltd., China

ISBN 978-3-8310-1225-1
2 3 4 5 6 7 13 12 10 09 09 08

Dieser Reiseführer wird regelmäßig aktualisiert. Angaben wie Telefonnummern, Öffnungszeiten, Adressen, Preise und Fahrpläne können sich jedoch ändern. Der Verlag kann für fehlerhafte oder veraltete Angaben nicht haftbar gemacht werden.
Für Hinweise, Verbesserungsvorschläge und Korrekturen ist der Verlag dankbar. Bitte richten Sie Ihr Schreiben an:

Dorling Kindersley Verlag GmbH
Redaktion Reiseführer
Arnulfstraße 124 • 80636 München

INHALT

Die romanische Kirche San Michele de Murato

Lariciokiefern in der »verzauberten« Forêt d'Aïtone

◁ Die weißen Kreidefelsen Bonifacios und das berühmte »Sandkorn« Grain de Sable
◁◁ Umschlag: Rote Granitklippen in der Réserve Naturelle de Scandola

Türkisfarbenes, glasklares Mittelmeer bei den Îles Lavezzi

Typisch korsische Spezialitäten – Käse und Wurst

Die Regionen Korsikas

Strahlend gelb blüht die Macchiapflanze *Euphorbia dendroides*

Zu Gast auf Korsika

Grundinformationen

Schneebedeckte Berggipfel im Gebiet des Monte Cinto

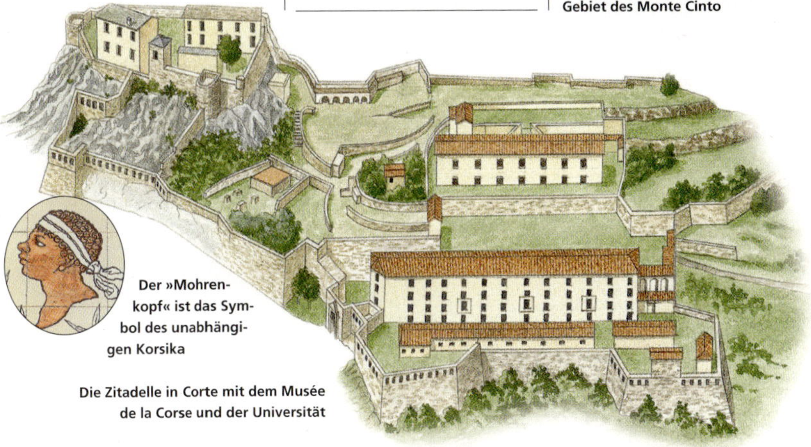

Der »Mohrenkopf« ist das Symbol des unabhängigen Korsika

Die Zitadelle in Corte mit dem Musée de la Corse und der Universität

Benutzerhinweise

Mit diesem Reiseführer werden Sie sicher die schönsten und interessantesten Seiten Korsikas entdecken. Das Kapitel *Korsika stellt sich vor* befasst sich mit der Geografie, Geschichte und Kultur der Insel, im Kapitel *Die Regionen Korsikas* werden die wichtigsten Sehenswürdigkeiten mit Karten, Fotografien und Illustrationen detailliert vorgestellt. Informationen über Unterkünfte, Restaurants, Spezialitäten und Aktivitäten bietet der Abschnitt *Zu Gast auf Korsika*. Die *Grundinformationen* bieten nützliche Tipps zu Themen von A wie Anreise bis Z wie Zeitungen.

Die Regionen Korsikas

Die vier Hauptregionen sind anhand der farbigen Griffmarken leicht zu finden *(siehe vordere Umschlaginnenseite)*. Die beschriebenen Sehenswürdigkeiten sind auf *Regionalkarten* eingetragen und nummeriert. Die Legende der Symbole und eine *Straßenkarte* finden Sie in der hinteren Umschlagseite.

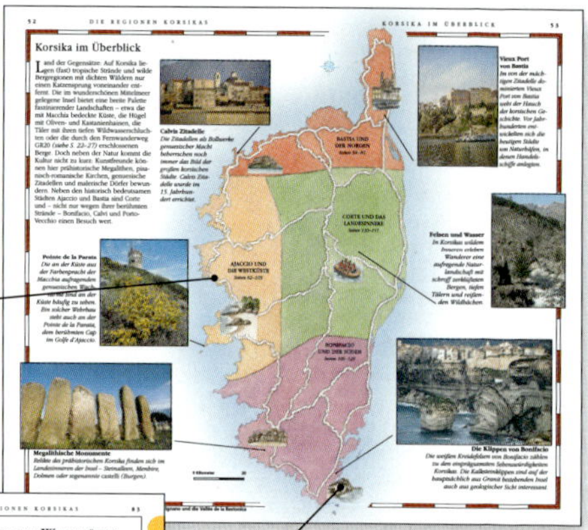

1 Korsika im Überblick
Die Karte zeigt die vier Regionen der Insel, deren Farben den Griffmarken im Buch entsprechen.

Illustrationen stellen die wichtigsten Sehenswürdigkeiten dar.

2 Einführung
Hier werden Landschaft, Kultur und Besonderheiten aller Regionen, deren geschichtliche Entwicklung sowie interessante Sehenswürdigkeiten vorgestellt.

Farbige Randmarkierungen kennzeichnen die Regionen.

Eine Orientierungskarte zeigt anhand der farbigen Darstellung, wo Sie sich auf Korsika befinden.

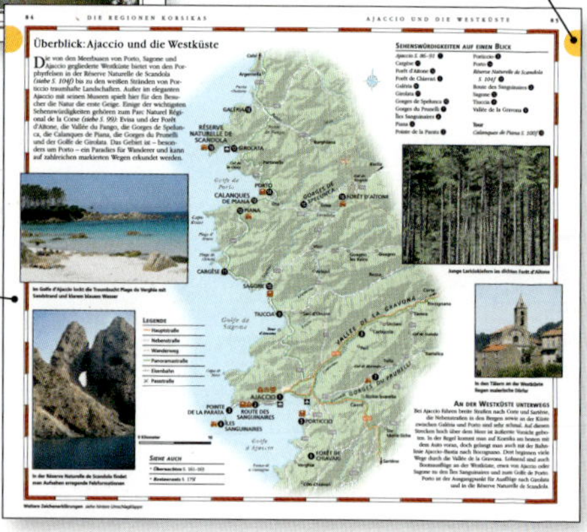

3 Regionalkarte
Diese illustrierte Übersicht zeigt die wichtigsten Sehenswürdigkeiten einer Region sowie deren Straßen- und Bahnnetz. Die Karte liefert zudem hilfreiche Tipps zum Erkunden des Gebiets mit dem Auto oder mit öffentlichen Verkehrsmitteln.

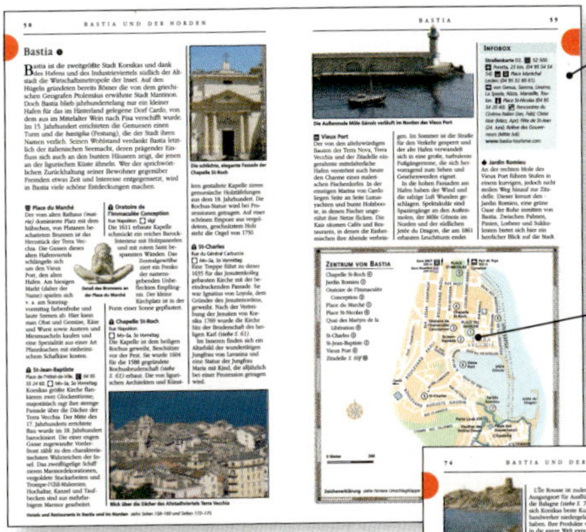

4 Wichtige Städte
Wichtige Städte werden auf zwei oder mehr Seiten vorgestellt, die interessantesten Sehenswürdigkeiten einzeln beschrieben.

Auf den Zentrumskarten sind die Hauptstraßen, wichtigsten Sehenswürdigkeiten, Parkplätze, Kirchen und Informationszentren eingetragen.

Zu den praktischen Hinweisen gehören die Lage der Städte und Dörfer auf der *Straßenkarte.*

5 Detailinformationen
Alle wichtigen Orte werden detailliert beschrieben, ergänzt durch ausführliche praktische Hinweise. Die Einträge sind entsprechend der Nummerierung auf der Regionalkarte *sortiert.*

In Kästen sind die Besonderheiten einer Sehenswürdigkeit oder eines Gebiets vorgestellt.

6 Routenvorschläge
Sie geben nützliche Tipps zu landschaftlich besonders interessanten Strecken. Zu den durchnummerierten Etappen werden weitere praktische Informationen gegeben.

Die Infobox liefert die für Besichtigungen praktischen Einzelheiten und Hinweise.

Der Maßstab hilft, Entfernungen einzuschätzen, die Windrose zeigt nach Norden.

7 Hauptsehenswürdigkeiten
Die Highlights Korsikas werden auf zwei oder mehr Seiten illustriert. Historische Gebäude werden in Schnittzeichnungen mit den Innenräumen dargestellt. Fotografien zeigen Details.

Sterne kennzeichnen die Attraktionen, die man nicht verpassen sollte.

Korsika stellt sich vor

Korsika entdecken

Die bergige, grüne Insel Korsika, die seit 1768 zu Frankreich gehört, liegt vor der Nordküste Italiens. Die viertgrößte Mittelmeerinsel mit ihren staubigen Straßen, malerischen Küstenorten, genuesischen Zitadellen und Hügeldörfern lockt zahlreiche Urlaubsgäste an. Outdoor-Enthusiasten kommen auf ihre Kosten – die Möglichkeiten reichen von Wandern, Gleitschirmfliegen und Moutainbiking über Reiten und Klettern bis zu Kanu- und Wildwasserfahrten – und man kann 2000 Pflanzenarten bewundern. Die besten Strände mit vielen Wassersportangeboten liegen an der Westküste. Im Süden können Taucher Kalksteinhöhlen unter Wasser erkunden.

Mufflon

Bastia und der Norden

- Der Küstenwanderweg Sentier des Douaniers
- Das charismatische Bastia
- Sandstrände bei Calvi
- Kunsthandwerk

Die nördlichste Halbinsel in dieser Region erstreckt sich in Richtung Genua. Von dort kamen die einstigen Herrscher, die hier Städte und Wachtürme bauten. An der Spitze der Halbinsel verläuft der **Sentier des Douaniers** *(siehe S. 68f)*, ein Küstenweg zwischen duftenden Wacholder-, Gelbwurz- und Rosmarinbüschen mit grandioser Aussicht. Im Norden Korsikas liegen Fischer- und Hafendörfer wie das hübsche **St-Florent** *(siehe S. 70)*, wo die Schönen und Reichen shoppen und abends in den Straßenbars sitzen.

An der Ostküste liegt **Bastia** *(siehe S. 58–63)*, die zweitgrößte Stadt der Insel. Die etwas heruntergekommene, kommerzielle Stadt hat durchaus Charme: pastellfarbene Straßen, einen schönen natürlichen Hafen und ein altes Viertel mit genuesischen Ruinen, besonders die Zitadelle lohnt die Erkundung. Besuchen Sie auch den **Étang de Biguglia** südlich der Stadt mit seinen Flamingos.

Die schönsten Strände findet man an der Nordküste, in **L'Île Rousse** *(siehe S. 74)* und **Calvi** *(siehe S. 78–81)*, einem der attraktivsten Ferienorte in diesem Gebiet mit einer weiteren genuesischen Zitadelle. Nehmen Sie bei Sonnenuntergang einen Drink am eleganten Quai Landry, während Luxusyachten vor Ihnen anlegen.

Hinter den beiden Orten verläuft die **Strada di l'Artigiani** *(siehe S. 76f)*, an der man korsische Souvenirs wie handgefertigte Töpferwaren und Musikinstrumente sowie hervorragenden Wein, Käse und Honig kaufen kann.

Blick vom Hafen auf Bastias Altstadt

Einer der vielen weißen Sandstrände bei Calvi

Ajaccio und die Westküste

- Das ursprüngliche Réserve Naturelle de Scandola
- Das historische Ajaccio: Napoléons Geburtshaus
- Der Ferienort Porticcio

Wunderbare Strände und sensationelle Wanderrouten bietet dieser zerklüftete, abwechslungsreiche Küstenabschnitt. Zwischen Sandstränden und Buchten – die teilweise nur mit dem Boot oder zu Fuß zu erreichen sind – erheben sich schroffe Felsen. Ein Highlight in dieser Region ist die **Réserve Naturelle de Scandola** *(siehe S. 104f)*, eine UNESCO-Welterbestätte. Sowohl die dramatischen vulkanischen Klippen als auch das tiefblaue Meer stehen unter Naturschutz, um Fischadler, Sturmtaucher und 450 Algenarten

◁ Das Ölgemälde *Meer, Sonne und Dorf* von Xiaoyang Galas zeigt eine korsische Dorfimpression

Die einstige Inselhauptstadt Corte im Landesinneren

zu bewahren. Im Landesinneren kann man auf den gut markierten Wegen der **Calanques de Piana** *(siehe S. 100f)* wandern, wo der Wind aus den farbigen Felsen fantastische Figuren geschaffen hat.

Korsikas Hauptstadt liegt im Süden dieser Region: **Ajaccio** *(siehe S. 86–91)* ist so kompakt, dass man es leicht zu Fuß erkunden kann, ob die engen Gassen der Altstadt oder die breiten Straßen der modernen Stadt. Im Geburtshaus von Napoléon Bonaparte erfahren Sie mehr über den berühmtesten Sohn der Stadt. Besteigen Sie dann den Petit Train für eine Fahrt an der Küste entlang.

Die Réserve Naturelle de Scandola aus der Vogelperspektive

Südlich von Ajaccio liegt **Porticcio** *(siehe S. 93)*, einer der beliebtesten Urlaubsorte Korsikas. An seinem langen Sandstrand gibt es zahllose Möglichkeiten für Wassersportler.

Bonifacio und der Süden

- **Parc Marin de Bonifacio: ein Paradies für Taucher**
- **Erstaunliche prähistorische Überreste**
- **Die spektakulären Aiguilles de Bavella**

Der Süden mit seinen hohen Klippen ist das Herz des alten Korsika. An der südlichen Inselspitze liegt **Bonifacio** *(siehe S. 110–117)*, eine massive alte Stadt mit einer Festung über dem Hafen.

Der **Parc Marin de Bonifacio** *(siehe S. 113)* schützt das Meeresleben. Die gesamte Südküste mit dramatischen felsigen Landzungen und Inselchen ist eine typische mediterrane Urlaubsregion. Es gibt gute Tauchgründe und beliebte Ferienorte wie **Propriano** *(siehe S. 128)* und **Porto-Vecchio** *(siehe S. 120)*.

Im Landesinneren findet man Spuren aus prähistorischer Zeit: Menhire, Höhlen und andere jungsteinzeitliche Überreste. Diese Stätten erreicht man am besten von **Sartène** *(siehe S. 126)* aus. Auch die **Megalithen von Cauria** *(siehe S. 127)* mit ca. 500 ausgegrabenen Stätten sind einen Ausflug wert. Die berühmten anthropomorphen Menhire von **Filitosa** *(siehe S. 129)* sind ebenfalls ein unvergesslicher Anblick.

Zwischen den Felsnadeln der **Aiguilles de Bavella** *(siehe S.122f)* verlaufen schöne Wanderwege. Der Pass über die Aiguilles gehört zu den spektakulärsten der Insel. Hier sieht man zuweilen Mufflons, es duftet nach Kräutern und Blumen.

Corte und das Landesinnere

- **Korsikas alte Hauptstadt**
- **Großartige Wanderrouten**
- **Kapellen, griechische und römische Ruinen**

Das hoch gelegene, zerklüftete und nicht immer leicht zugängliche Landesinnere ist Korsikas Seele. Inmitten der wunderbaren Landschaft, umgeben von Bergen, liegt **Corte** *(siehe S. 134–137)*, Korsikas alte Hauptstadt mit prächtiger Zitadelle. Die hiesige Universität wurde von Korsikas Befreier, Pasquale Paoli, gegründet, und noch immer umweht die Stadt das Flair von Nationalstolz.

Von hier aus bricht man zu Wanderungen in Berge, Täler und Schluchten im **Parque Naturel Régional de la Corse** *(siehe S. 99)* auf, der fast zwei Drittel der Insel einnimmt. Am schönsten ist der Park im Frühling, wenn die Macchia *(siehe S. 73)* ein rosa-gelbes Blütenmeer ist.

Von Corte aus kann man auch die hübschen Kapellen in **Bozio** *(siehe S. 138f)* und **Castagniccia** *(siehe S. 146f)* besuchen. Weiter die Küste runter liegen die Ruinen von **Aléria** *(siehe S. 144)*, einer einst griechischen Siedlung, von der aus die Römer die Insel eroberten.

Zackenbarsche begegnen Tauchern bei Bonifacio häufig

Korsika auf der Karte

Korsika gehört politisch zwar zu Frankreich, geografisch jedoch eher zu Italien, da es nur wenige Seemeilen von der Toskana entfernt ist. Die windgepeitschte Straße von Bonifacio trennt die etwa 8680 Quadratkilometer große Insel zwischen Ligurischem und Tyrrhenischem Meer von Sardinien. Im Sommer lassen Touristenströme die 260 000 Einwohner starke Bevölkerung erheblich anwachsen. Der Verwaltungssitz ist Ajaccio, Corte ist die historische Hauptstadt, und Bastia ist das wirtschaftliche Zentrum.

Lago d'Iseo
Milano (Mailand)
E64
E70
E35
E25
E62
E70
Po
ITALIEN
E25
E25
E33
Genova (Genua)
E80
Satellitenbild von Korsika
Mare Ligure (Ligurisches Meer)
E76
Arno
Firenze (Florenz)
Livorno
E78
Perugia
Piombino
D80
Bastia
Calvi
N197
E35
E45
Tevere
N193
Corte
D81
KORSIKA
N200
Porto S. Stefano
Civitavecchia
E80
Ajaccio
N198
Taravo
N196
Mare Tirreno (Thyrrenisches Meer)
ROMA (ROM)
Bonifacio
LEGENDE
Internationaler Flughafen
Fährhafen
Autobahn
Hauptstraße
Nebenstraße
Staatsgrenze
Fährroute
200
Olbia
597
Cagliari
Cagliari
Palermo
SARDINIEN

GLACIER
RESTAURANT

EIN PORTRÄT KORSIKAS

Lichtüberflutete Granitfelsen, dichte, dunkle Wälder und liebliche Sandbuchten – vom breiten Cap Corse bis zum schmalen Bozio zeigt die geheimnisvolle Insel zahlreiche Facetten ihrer vielen Gesichter. Trotz der Besucherströme hat sich Korsika seinen faszinierend ungezähmten Charakter bewahrt.

Die Kontinentalverschiebung verlegte Korsika von der Küste der Provence langsam an seine heutige Position im nördlichen Tyrrhenischen Meer, einen Katzensprung von der Côte d'Azur und der Toskana entfernt. Das Rückgrat der Insel bildet eine zentrale Bergkette, deren höchster Gipfel, der Monte Cinto, beeindruckende 2706 Meter erreicht. Sie verläuft von Calvi im Nordwesten bis Porto-Vecchio im Südosten und unterteilt Korsika in zwei Regionen. Die Herrscher aus Pisa und Genua nannten den nordöstlichen Teil der Insel *Deça des Monts* (»Diesseits der Berge«) und den unzugänglichen wilden Südwesten *Delá ds Monts* (»Jenseits der Berge«). Geologisch trennt die Scheide die Schiefergebiete im Osten von den Granitregionen, die sich zur Westküste hin erstrecken. Ausnahme von der Regel sind die vulkanischen Landschaften an der Küste der Réserve Naturelle de Scandola und die hellen Kreideklippen der Südküste etwa bei Bonifacio. Sie sind ein Paradies für Fossiliensammler. Wanderer finden dagegen ihren Garten Eden in den Bergen, Schluchten und Wildbächen des Landesinneren. Für den Schriftsteller Guy de Maupassant war Korsika mit seinen wilden Bergen, engen Schluchten und reißenden Wassern eine Welt »... inmitten des Chaos«.

Mitglied einer Bruderschaft

Eine Fischhändlerin bietet in der Marina von Ajaccio fangfrischen Fisch zum Verkauf

◁ Dicht gedrängt liegen die Yachten im Vieux Port von Bastia, überragt von der Kirche St-Jean-Baptiste

Traditionelle korsische Spezialitäten

Korsikas Faszination basiert nicht zuletzt auf seiner üppigen Vegetation in dem von reißenden Wildbächen durchschnittenen Landesinneren. Die Bäche zeugen davon, dass hier schwerere Regenfälle niedergehen als auf anderen Mittelmeerinseln. Nicht minder attraktiv ist das großartige Meer rund um die Insel, das Reisende aus der ganzen Welt anlockt. Doch selbst in der Hochsaison finden sich an der stark frequentierten Küste einsame Buchten, die nur per Boot oder auf Schusters Rappen zu erreichen sind.

Handgefertigte Marionette

Uralte Kultur

Archäologen zufolge erreichten erste Siedler vor rund 9000 Jahren nach kurzen, aber gefährlichen Überfahrten von der toskanischen Küste die Insel. Die ersten Korsen waren Hirten und Jäger und entwickelten eine von dieser Wirtschaftsform geprägte einzigartige megalithische Kultur. Deren beeindruckendsten Relikte befinden sich im Südwesten der Insel: die Menhire von Filitosa, die Dolmen bei Sartène und die *castelli* bei Cucuruzzu und Capula. Griechische Kolonisten führten Feldfrüchte ein, die die römischen Eroberer weiter verbreiteten. Aléria war die Hauptstadt der römisch besetzten Insel, die später im dunklen und chaotischen Mittelalter Invasoren, Piraten, Priester und insbesondere Kaufleute anzog. Korsika geriet zum Zankapfel zwischen Pisa und Genua. Die Insel fiel im 13. Jahrhundert als Kolonie Genua zu und unterstand trotz wiederholter Aufstände bis zum 18. Jahrhundert der Herrschaft der ligurischen Seemacht.

Eine Szene wie vor Jahrtausenden: Schafe auf dem Weg zur Weide

Die »Korsische Nation«

Bereits Rom hatte mit dem erbitterten Widerstand der Korsen zu kämpfen, die sich von jeher als eigenes Volk mit eigener Sprache (noch heute ein Zeichen der »Korsischen Nation«) und ureigener Kultur sahen. Durch den Zusammenbruch der genuesischen Macht konnte Korsika eine kurze Periode der Unabhängigkeit genießen. Protagonist dieser Ära war Pasquale Paoli, der »Vater der Nation« *(siehe S. 46f)*. Genuas Schwäche ermöglichte aber auch den Zugriff Frankreichs auf die Insel, auf der am 15. August 1769 Napoléon Bonaparte in Ajaccio das Licht der Welt erblickte. Bereits seit über 200 Jahren gehört sie nun zur Grande Nation.

Der nach wie vor gehegte Wunsch nach Unabhängigkeit von Frankreich zeugt vom historisch gewachsenen Nationalstolz der Korsen. Doch den Traum von der »Korsischen Nation« möchten sich die

Segeln ist ein weitverbreiteter Sport auf Korsika

wenigsten mit Gewalt erfüllen – im Gegensatz zu den 1970er Jahren finden heute paramilitärische Gruppen nur geringe Unterstützung. Seit dem 2001 unterzeichneten Abkommen von Matignon investiert Frankreich große Beträge in die Wirtschaft und Infrastruktur der Insel. Eine vollkommene Autonomie ist deshalb weniger interessant geworden. Von der tiefen Sehnsucht nach kultureller Eigenständigkeit zeugen dagegen die Universität von Corte und unzählige Internet-Seiten über Sprache, Kultur und Geschichte der Insel *(siehe S. 30f)*.

Land und Leute

Auf der Insel leben etwa 260 000 Korsen, rund dreimal so viele arbeiten auf dem französischen Festland. Wenn im Winter der Tourismus wenig Arbeit bietet, übernehmen viele Korsen befristete Jobs auf dem Kontinent. Der Großteil der Bevölkerung lebt an den Küsten, v.a. in der Nähe der großen Städte wie Ajaccio und Bastia. Abgesehen von Corte ist das Landesinnere dünn besiedelt und zieht viele Urlauber an, die in unberührter Natur Ruhe genießen möchten. Dieser Individual-Tourismus kann die durch mangelnde Arbeitsplätze verursachte Landflucht etwas lindern.

Obwohl der Fremdenverkehr eine Haupteinkommensquelle ist, hat er die Insel nicht einmal an den Küsten gänzlich erobert. Bislang konnten Natur und Kultur bewahrt werden – u.a. durch Projekte wie den Parc Naturel Régional de Corse *(siehe S. 99)*. Auch gibt es auf Korsika keine unschönen Hochhaus-Ferienanlagen.

In der Regel sind die Korsen den Traditionen verpflichtet, und wie in alter Zeit steht – im Einklang mit den alten Clanwerten – die Familie an erster Stelle *(siehe S. 31)*. Auch wenn heute niemand wegen einer Frau eine Vendetta beginnt, so dominiert doch ein sehr konservatives Frauenbild, die Gleichberechtigung scheint in weiter Ferne zu liegen. Andererseits genießt wohl niemand mehr Respekt als eine korsische Mutter.

Gegenüber Fremden verhalten sich die Insulaner eher reserviert und misstrauisch. Doch wer ihrer schönen Heimat Respekt und Bewunderung entgegenbringt, wird von ihnen mit mediterraner Herzlichkeit willkommen geheißen.

Korsikas Strände sind ein Paradies für Wasserratten

Landschaft, Flora und Fauna

Genau genommen bilden Korsika die aus dem Meer ragenden Gipfel eines mächtigen, überfluteten Gebirges, in dessen Tälern Wildbäche rauschen und sich an den Flussmündungen kleine Ebenen erstrecken. Sowohl die Küste als auch die Berge sind von wunderschönen Naturlandschaften geprägt. Die Insel wartet mit über 2500 Meter hohen Gipfeln und im Inneren mit dichten Kiefernwäldern auf. Vor allem an der Ostküste speisen Flüsse *étangs* genannte Seen. Die Pflanzenwelt ist mit nahezu 3000 Arten – davon 80 endemisch – äußerst vielfältig. Vielerorts bildet die mediterrane Macchia einen betörend duftenden Teppich.

Ein Fluss begleitet den Weg zum Col de Bavella

KÜSTE

Von der Küste bis zu den ersten Hügelketten dominiert die Macchia. In der östlichen Ebene um Porto-Vecchio und auf der Halbinsel Cap Corse wachsen Kork- und Steineichen. Für exotisch-tropisches Flair sorgen dagegen in den bewohnten Küstengebieten Agaven, Palmen, Feigenkakteen und Aloen. Die großen Schwarzkiefernwälder sind um Porto-Vecchio und Calvi besonders dicht.

Aloen *sind Sukkulenten mit stacheligen Blättern. Von Januar bis April zieren sie dicke Büschel hübscher roter oder gelber Röhrenblüten.*

Myrte, *ein duftender, immergrüner Strauch, gedeiht in sonnigen Lagen. Den schönen weißen Blüten im Frühjahr folgen Beeren im Herbst.*

HÜGEL

Macchia wächst auf den Hügelketten bis auf 1000 Meter Höhe. Olivenbäume kommen bis etwa 600 Höhenmeter vor. Weiter unten bedecken Weingärten die seewärts gerichteten Hänge auf Cap Corse, im Nebbio sowie in den östlichen und südlichen Küstenebenen. In Plantagen gedeihen Orangen, Zitronen, Mandarinen, Limonen und Clementinen. Die weitverbreiteten Eukalyptusbäume wurden 1868 zur Bekämpfung der Malaria eingeführt. Sie trockneten die Feuchtgebiete aus.

Spechte *erfüllen mit ihrem Klopfen die Wälder. Zwischen Kiefern und Korkeichen erhascht man bisweilen einen Blick auf die lebhaften Vögel.*

Olivenbäume *werden uralt und dabei immer knorriger. Bei der Olivenernte bringt man Netze unter den Baumkronen an.*

Wildtiere

Tyrrhenische Mauereidechse

Zur heimischen Tierwelt zählen Wildschweine und das Symboltier Korsikas, das Mufflon. Ein Wiederansiedlungsprojekt brachte den Korsischen Hirsch wieder auf die Insel zurück. An den Felsküsten leben Möwen, Fischadler und Kormorane. Die Macchia bietet der auf dem europäischen Festland nur noch selten anzutreffenden griechischen Landschildkröte Schutz. Auf Korsika gibt es keine Giftschlangen, endemisch sind die Tyrrhenische Mauereidechse und die Tyrrhenische Gebirgseidechse. Ganz und gar harmlos ist die Äskulapnatter. Zu den Bewohnern der fischreichen Gewässer zählen Barsche, Brassen, schmackhafte Muscheln und Schalentiere.

Wildschweine sind auf Korsika häufig anzutreffen

Wälder

Außer in den Talböden und von Feuer zerstörten Gebieten bedeckt ein einziger riesiger Wald die Zentralregion. Hier gedeihen auf 500 bis 800 Meter von den Genuesern eingeführte Edelkastanien, deren Früchte früher ein Hauptnahrungsmittel für die Bergbevölkerung waren. Nadelwälder wachsen zwischen 700 und 1500 Metern Höhe. Riesige Lariciokiefern prägen die herrlichen Wälder von Valdu-Niellu, Aïtone und Vizzavona.

Pilze *wachsen im feuchten Unterholz unter Nadelbäumen und Buchen. Sie werden ab dem Spätsommer gesammelt.*

Maronen *reifen im Frühherbst. Dann fallen die stacheligen Früchte, die die schmackhaften Kastanien bergen, zu Boden. In den Wäldern ist die beste Wanderzeit im Herbst.*

Berge

Die hohen, vom Herbst bis ins späte Frühjahr schneebedeckten Berge sind eine einsame Region – nur ein paar Schäfer leben hier. Etwa in 1500 Meter Höhe lösen Erlen, Wacholder und Berberitzen die Wälder ab, und unterhalb der Felsengipfel erstrecken sich Almwiesen. Die höchsten Gipfel sind Monte Cinto (2706 m), Monte Rotondo (2622 m), Monte Padro (2622 m) und Monte d'Oro (2389 m).

Der Goldadler *lebt im Hochgebirge. Der beeindruckende Raubvogel kann mit seinen mächtigen Fängen sogar Lämmer schlagen.*

Wacholder *ist eine typische, stark duftende Pflanze der Hochgebirgszone. Man erkennt ihn an den silbergrünen Nadeln und fast schwarzen Beeren.*

Die korsische Küste

Strandkiefernzapfen

Egal, was man bevorzugt – seien es kleine abgeschiedene Buchten zwischen Granitfelsen (an der Westküste) oder lange, familienfreundliche Sandstrände (zwischen Bastia und Bonifacio) –, Korsika ist ein Paradies für Wasserratten und Sonnenhungrige. An der insgesamt 1000 Kilometer langen Küste kann man von Mai bis Oktober die Sonne anbeten und sogar im Juli und August ein ruhiges Plätzchen finden. Bewacht sind nur die großen Strände bei Zentren wie Calvi, Porto-Vecchio und Ajaccio. Deshalb ist besonders bei starkem Wind und rauer See stets Vorsicht im und am Wasser geboten.

Zwischen St-Florent und L'Île Rousse *wechseln sich Buchten mit feinem Sandstrand und Klippen im »Macchia-Mantel« ab.*

Zwischen Calvi und Ajaccio *säumen steile Klippen die Küste. Viele Buchten sind nur vom Meer aus zu erreichen. Vor den roten Felsen der Réserve Naturelle de Scandola ist Ankern verboten.*

Im Golfe d'Ajaccio *finden sich viele Strände und Felsgebiete. Die Halbinsel Pointe de la Parata streckt sich in Richtung der von kristallklarem Wasser umgebenen Îles Sanguinaires.*

Die weißen Felsen *an der Südküste bei Bonifacio zählen zu den berühmtesten Klippen Korsikas. Einige der großen Felsen tragen sogar Namen – etwa der berühmte Grain de Sable (»Sandkorn«), der hier im Hintergrund aus dem Meer aufragt.*

Am Cap Corse *ragen hohe Klippen in den Buchten auf, in denen häufig malerische kleine Häfen – wie hier in Centuri – liegen.*

Südlich von Bastia *findet man zahlreiche* étang *genannte Seen, wie hier der Étang de Biguglia. Sie bilden interessante Sumpfregionen an den Flussmündungen.*

Südlich von Porto-Vecchio *wird die Küste flacher. Hier gibt es herrliche Buchten mit unglaublich klarem Wasser und feinsten Sandstränden. Zu den schönsten zählt die oben abgebildete Rondinara-Bucht.*

Korsikas zehn beste Strände

Der Unzugänglichste ①
Zum weißen Sandstrand von Saleccia *(siehe S. 72)* gelangt man nur per Boot oder über einen elf Kilometer langen, holprigen Feldweg.

Groß in Mode ②
Kristallklares Wasser und ein bezaubernder Hafen: Der turbulente Strand von Calvi ist »angesagt« und exzellent ausgestattet.

Nr. 1 für Taucher ③
Der von Eukalyptusbäumen gesäumte Strand von Porto ist der ideale Ausgangspunkt, um die Tauchgründe der Westküste zu erkunden.

Der Urbanste ④
Die Strände von Porticcio gegenüber von Ajaccio locken nicht nur die Einheimischen mit weißem Sand und guter Ausstattung. Am bekanntesten ist La Viva.

Nr. 1 für Wind- und Kitesurfer ⑤
Immer eine steife Brise: Der Strand von Tonnara am tiefen Golfe de Figari rangiert bei Wind- und Kitesurfern an erster Stelle.

Der Geschützteste ⑥
Felsen schützen die kleinen Buchten der Îles Lavezzi. Sie sind mit dem Boot von Bonifacio aus zu erreichen.

Der Tropischste ⑦
Eine muschelförmige Bucht, herrlich türkisfarbenes Wasser, weißer Sand ... Am Strand von Rondinara gibt es darüber hinaus noch einen Campingplatz und ein Restaurant.

Nr. 1 für Wassersportler ⑧
Windsurfen, Paddeln, Segeln: Der ruhige, von Dünen und Kiefern begrenzte Sandstrand von Santa Giulia bietet alles, was das Wassersportlerherz begehrt.

Der Fotogenste ⑨
Weißer Sand, rosa Klippen, Dünen, Kiefern, blaue See – der Strand von Palombaggia ist schlicht spektakulär.

Der Familienfreundlichste ⑩
Unter den langen familiären Sandstränden rangiert der von Aléria ganz vorn.

GR20: Etappen 1-5

Der 200 Kilometer lange GR20 (Sentier de Grande Randonnée 20) durchquert Korsika von Nordwest nach Südost und führt auf 1000 bis 2000 Metern Höhe von Calenzana in der Balagne nach Conca bei Porto-Vecchio. Jedes Jahr stellen sich tausende Wanderer der Herausforderung, diesen Fernwanderweg zu bezwingen. Der GR20 ist in 15 Etappen unterteilt. Auf den etwa neunstündigen Tagestouren werden bis zu 800 Höhenmeter überwunden. In den Etappen 1 bis 5 gilt es bisweilen spektakuläre, aber schwierige Strecken zu bewältigen. Berühmt-berüchtigt ist der mit Leitern, Ketten und Kabeln versehene Klettersteig Cirque de la Solitude.

Der Sentier de Spasimata *führt über die Hänge des Cirque de Bonifatu. Berühmt ist die kürzlich restaurierte Hängebrücke über einen reißenden Wildbach.*

Die Hütten *am Weg sind kleine, im Stil der einheimischen Bergarchitektur gebaute Steinhäuser. Sie fügen sich gut in die Landschaft ein. Die Carozzu-Hütte verschwindet fast zwischen den Bäumen, andere Hütten stehen offen auf weiten Wiesen.*

Warnhinweis

Für den GR20 braucht man 14 Tage, wenn man sieben Stunden täglich wandert. Er ist nur für geübte Bergwanderer in guter körperlicher Verfassung zu empfehlen. Unbedingt erforderlich sind gute Bergschuhe, wetterfeste Kleidung, Sonnenschutz (Hut!) und Erste-Hilfe-Ausstattung. Im Sommer ist in einigen Hütten Essen erhältlich, man sollte sich jedoch mit eigenem Proviant absichern, den man an Orten, wo der Weg zur Straße hinabführt, wieder aufstocken kann.

In Calenzana, einem kleinen Dorf in der Balagne, beginnt der GR20. Die erste Etappe ist mit ihrem steilen Anstieg ziemlich anstrengend.

Etappe 1
Start: *Calenzana (275 m)*
Ziel: *Ortu-di-u-Piobbu-Hütte (1570 m)*
Länge: *10 km*
Schwierigkeitsgrad: *schwierig*
Durchschnittliche Dauer: *7 Stunden*
Maximale Höhe: *1570 m*
Übernachtung: *Ortu-di-u-Piobbu-Hütte (30 Schlafplätze)*

Etappe 2
Start: *Ortu-di-u-Piobbu-Hütte (1570 m)*
Ziel: *Carozzu-Hütte (1270 m)*
Länge: *8 km*
Schwierigkeitsgrad: *schwierig*
Durchschnittliche Dauer: *6 1/2 Stunden*
Maximale Höhe: *1950 m*
Übernachtung: *Carozzu-Hütte (24 Schlafplätze)*

Der Affodill *blüht strahlend weiß von Ende Mai bis Juni.*

Etappe 5
Start: *Bergeries de Ballone (1440 m)*
Ziel: *Castel de Verghio (1404 m)*
Länge: *13 km*
Schwierigkeitsgrad: *durchschnittlich*
Durchschnittliche Dauer: *7 Stunden*
Maximale Höhe: *2000 m*
Übernachtung: *Castel-de-Verghio-Hotel (29 Zimmer und Restaurant)*

Der Capo Stranciacone *überragt das Tal, das nach Asco hinunterführt. Man sieht die mächtige Felswand vom GR20 aus bei Haut-Asco in der Nähe der dritten Etappe.*

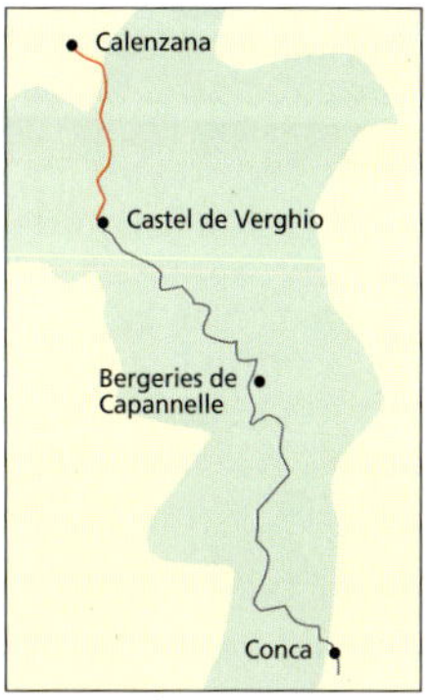

LEGENDE

- GR20: Etappen 1–5
- Parc Naturel Régional

Große Herden *von Bergziegen, die die Berghöhen bevölkern, können vom Weg aus gesichtet werden.*

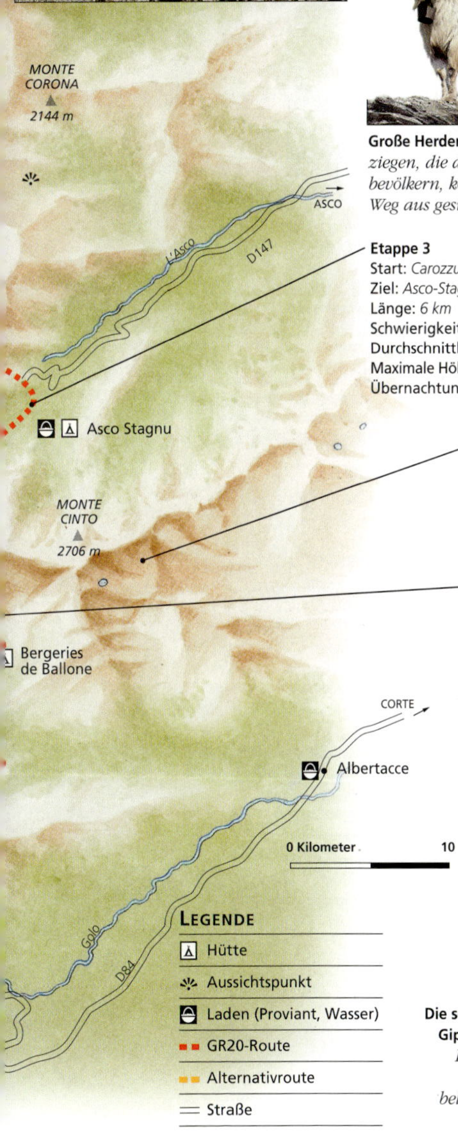

Etappe 3
Start: *Carozzu-Hütte (1270 m)*
Ziel: *Asco-Stagnu-Hütte (1422 m)*
Länge: *6 km*
Schwierigkeitsgrad: *durchschnittlich*
Durchschnittliche Dauer: *6 Stunden*
Maximale Höhe: *2010 m*
Übernachtung: *Asco-Stagnu-Hütte (32 Schlafplätze)*

Der Monte Cinto *ist der höchste Berg Korsikas. Er beherrscht die dritte und vierte Etappe des Sentier de Grande Randonnée.*

Etappe 4
Start: *Asco-Stagnu-Hütte (1422 m)*
Ziel: *Bergeries de Ballone (1440 m)*
Länge: *8 km*
Schwierigkeitsgrad: *schwierig, Felsklettern im Cirque de la Solitude*
Durchschnittliche Dauer: *6 Stunden*
Maximale Höhe: *2218 m*
Übernachtung: *Tighjiettu-Hütte (1683 m; 39 Schlafplätze), Zelte an den Bergeries de Ballone*

Die schneebedeckten Gipfelregionen *des Haut-Asco sind im Winter ein beliebtes Skigebiet* (siehe S. 150).

GR20: Etappen 6–10

Die siebte Etappe des GR20 ist ein sehr anstrengender Abschnitt, der mit wunderbarer Aussicht belohnt. Auf dieser Etappe erklimmt man keine Gipfel, sondern bezwingt den höchsten Pass des GR20: 2225 Meter ist der Brêche de Castillo hoch. Am leichtesten ist die sanft ansteigende, schattige achte Etappe.

Am Col de Verghio *fällt der Blick auf einen Pass, über den eine Straße führt. Hier verläuft die Grenze der Forêt de Valdu-Niellu. Etwas oberhalb ragen Felsgipfel über den Bergwiesen auf.*

Etappe 6
Start: *Castel de Verghio (1404 m)*
Ziel: *Manganu-Hütte (1601 m)*
Länge: *14 km*
Schwierigkeitsgrad: *durchschnittlich*
Durchschnittliche Dauer: *5 1/2 Stunden*
Maximale Höhe: *1760 m*
Übernachtung: *Manganu-Hütte (20 Schlafplätze)*

Im Lac de Nino *entspringt der Fluss Tavignano. Ein »Spitzentuch« bilden die kleinen Seen im Sumpfgebiet des Gletschersees. Sie heißen* Pozzine *(»Die Brunnen«).*

Den Lac de Capitello *umgeben mächtige Felswände. Von der Punta dei Sette Laghi (»Sieben-Seen-Spitze«) hat man eine fantastische Aussicht auf mehrere Gletscherseen.*

LEGENDE

- Hütte
- Aussichtspunkt
- Laden (Proviant, Wasser)
- GR20-Route
- Alternativroute
- Straße
- Anderer Weg

Etappe 7
Start: *Manganu-Hütte (1601 m)*
Ziel: *Pietra-Piana-Hütte (1842 m)*
Länge: *10 km*
Schwierigkeitsgrad: *schwierig*
Durchschnittliche Dauer: *6 Stunden*
Maximale Höhe: *2225 m*
Übernachtung: *Pietra-Piana-Hütte (28 Schlafplätze)*

Bartgeier, *mit mächtigen Schwingen auf Beutejagd, sind an dieser Strecke oft zu beobachten.*

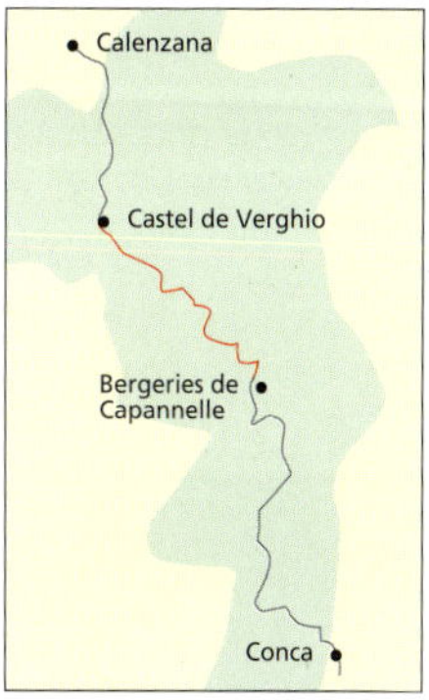

Legende

- GR20: Etappen 6–10
- Parc Naturel Régional

Etappe 8
Start: *Pietra-Piana-Hütte (1842 m)*
Ziel: *L'Onda-Hütte (1430 m)*
Länge: *10 km*
Schwierigkeitsgrad: *einfach*
Durchschnittliche Dauer: *5 Stunden*
Maximale Höhe: *1842 m*
Übernachtung: *L'Onda-Hütte (12 Schlafplätze; hier gibt es kein warmes Wasser)*

Das Korsische Fettkraut *zählt zu den endemischen Pflanzen Korsikas. Es wächst in Hochwäldern und an Wiesenrändern.*

Etappe 9
Start: *L'Onda-Hütte (1430 m)*
Ziel: *Vizzavona (920 m)*
Länge: *10 km*
Schwierigkeitsgrad: *durchschnittlich*
Durchschnittliche Dauer: *6 Stunden*
Maximale Höhe: *2159 m*
Übernachtung: *Hôtel Monte d'Oro* (siehe S. 165)*; drei Hütten (92 Schlafplätze)*

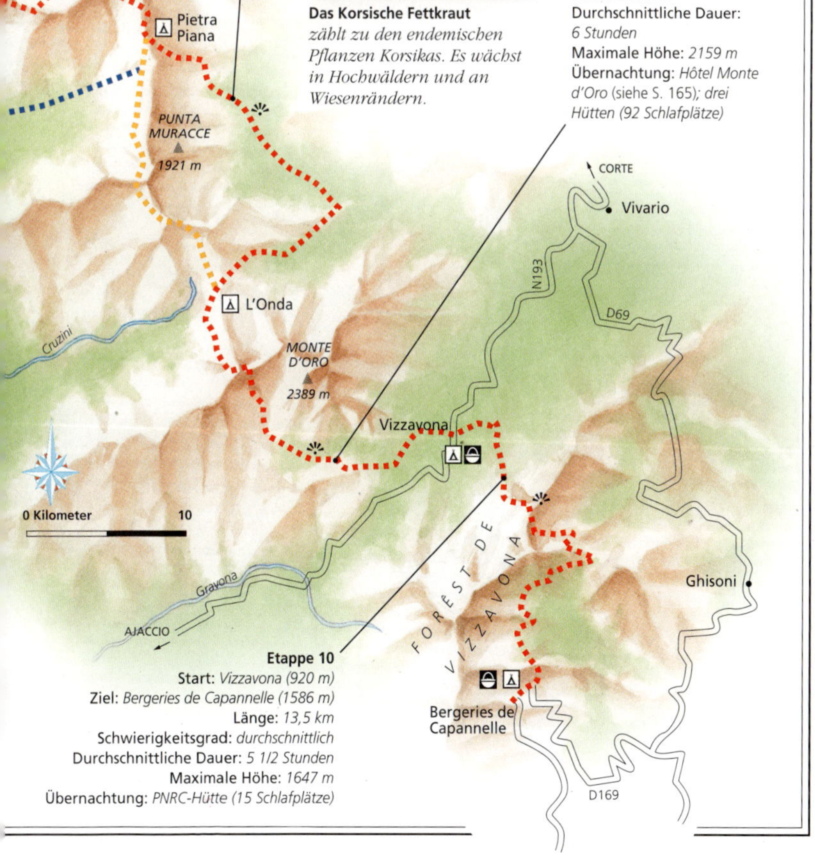

Etappe 10
Start: *Vizzavona (920 m)*
Ziel: *Bergeries de Capannelle (1586 m)*
Länge: *13,5 km*
Schwierigkeitsgrad: *durchschnittlich*
Durchschnittliche Dauer: *5 1/2 Stunden*
Maximale Höhe: *1647 m*
Übernachtung: *PNRC-Hütte (15 Schlafplätze)*

GR20: Etappen 11–15

Wer die letzten Etappen des GR20 bewältigt, kann sich danach im Tal ausruhen. Fast alle Etappen bilden abschnittsweise eine Herausforderung, belohnen aber mit spektakulärer Aussicht, v. a. im Gebiet der Aiguilles de Bavella. Der in Conca endende GR20 ist in der Regel in zwei Wochen zu meistern.

Das Mufflon *(auf korsisch* muvra*) war vom Aussterben bedroht und wird seit 1956 geschützt. Heute leben rund 600 Mufflons auf der Insel.*

Etappe 11
Start: *Bergeries de Capannelle (1586 m)*
Ziel: *Prati (1820 m)*
Länge: *16,5 km*
Schwierigkeitsgrad: *durchschnittlich*
Durchschnittliche Dauer: *6 1/2 Stunden*
Maximale Höhe: *1840 m*
Übernachtung: *San-Pedru-di-Verde-Hütte (26 Schlafplätze)*

Etappe 12
Start: *Prati (1820 m)*
Ziel: *Usciolu-Hütte (1750 m)*
Länge: *9 km*
Schwierigkeitsgrad: *schwierig*
Durchschnittliche Dauer: *5 1/2 Stunden*
Maximale Höhe: *2041 m*
Übernachtung: *Usciolu-Hütte (32 Schlafplätze)*

Das Plateau du Coscione *liegt westlich des Monte Incudine. Dort kann man vom GR20 aus einen überwältigenden Panoramablick auf den Golfe d'Ajaccio genießen.*

Legende
- Hütte
- Aussichtspunkt
- Laden (Proviant, Wasser)
- GR20-Route
- Alternativroute
- Straße
- Anderer Weg

Etappe 13
Start: *Usciolu-Hütte (1750 m)*
Ziel: *Asinao-Hütte (1530 m)*
Länge: *14,5 km*
Schwierigkeitsgrad: *durchschnittlich*
Durchschnittliche Dauer: *8 Stunden*
Maximale Höhe: *2134 m*
Übernachtung: *Asinao-Hütte (29 Schlafplätze)*

Der gefährdete Rotmilan *ist im Parc Naturel Régional kein seltener Anblick. Man erkennt ihn an seinem charakteristisch gegabelten Schwanz.*

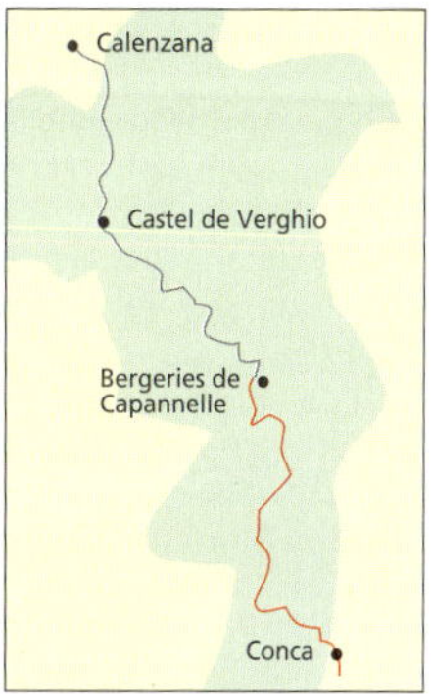

Legende

- GR20: Etappe 11–15
- Parc Naturel Régional

Die Türkenbund-Lilie *ist mit ihren warm orangefarbenen Blüten eine der schönsten Bergblumen.*

Etappe 14
Start: *Asinao-Hütte (1530 m)*
Ziel: *Paliri-Hütte (1040 m)*
Länge: *13 km*
Schwierigkeitsgrad: *schwierig*
Durchschnittliche Dauer: *7 Stunden*
Maximale Höhe: *1530 m*
Übernachtung: *Paliri-Hütte (20 Schlafplätze)*

Die Punta Paliri *überragt die Forêt de Bavella. Sie türmt sich hinter der Bavella-Hütte auf, der letzten hochalpinen Station des GR20 vor seinem Abstieg in die »Zivilisation«.*

Korsisch wandern: Meer und Berge und zurück

Ein Wanderer zwischen den »Welten« Meer und Gebirge

Der GR20 ist nicht der einzige Fernwanderweg auf Korsika. Zwei Routen *(Mare e Monti)* verlaufen »zwischen« Meer und Bergen: Eine verbindet in zehn Etappen Calenzana mit Cargèse, die andere führt über der Küste in fünf Stationen von Porticcio nach Propriano. Drei *Mare-e-Monti*-Wege verbinden die Küsten: Auf dem nördlichen gelangt man in zwölf Etappen von Moriani nach Cargèse, auf dem mittleren in sieben Etappen von Ghisonaccia nach Porticcio und auf dem südlichen in fünf Etappen von Porto-Vecchio nach Propriano. Die einfachen Wanderwege treffen in der Zentralregion auf den GR20. Verpflegung und Schlafplätze bieten Wanderhütten *(Gîtes d'étape)*. *Siehe auch S. 188.*

Etappe 15
Start: *Paliri-Hütte (1040 m)*
Ziel: *Conca (252 m)*
Länge: *12 km*
Schwierigkeitsgrad: *durchschnittlich*
Durchschnittliche Dauer: *5 Stunden*
Maximale Höhe: *1055 m*
Übernachtung: *Gîte La Tonnelle (30 Schlafplätze)*

Architektur

Korsikas unterschiedliche Herrscher haben auf der ganzen Insel nicht nur in den Städten ihre architektonischen Spuren hinterlassen. Die Pisaner errichteten romanische Gotteshäuser, die Genuesen zeichnen hingegen für fast alle prächtigen Barockkirchen und die für eine Insel unverzichtbaren Wehrbauten – Wachtürme an der Küste und Zitadellen – verantwortlich. Interessante Privatbauten sind vor allem die häufig an Straßen gebauten Mausoleen. Sie dienten als Statussymbol für reiche Familien, besonders wenn diese ihr Vermögen in der Fremde verdient hatten.

Polychromer Marmor an der Fassade einer romanischen Kirche

Romanik

Die meisten der wunderbaren romanischen Sakralbauten auf Korsika entstanden ab dem 11. Jahrhundert unter pisanischer Herrschaft. Die häufig einschiffigen Bauten haben meist eine halbrunde Apsis und sind an der Fassade mit Blendbogen sowie an der Seite weitergeführten Feldern verziert. Typisch ist auch der mehrfarbige Marmor.

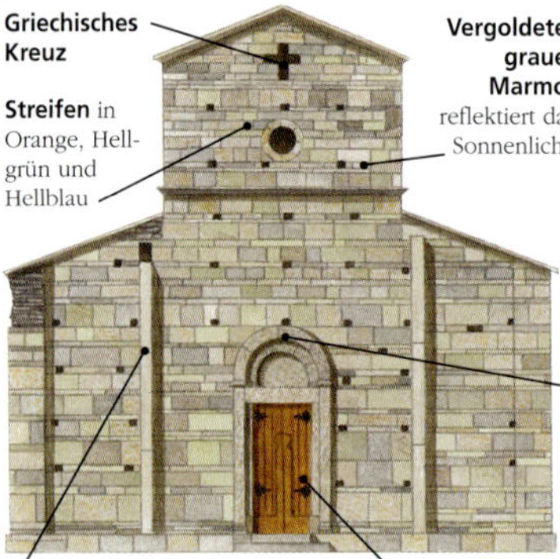

Die Kirche La Canonica (siehe S. 148) *weist eine sehr einfache Linienführung auf. Außer ihr hat nur die Kirche Santa Maria Assunta in St-Florent* (siehe S. 70) *zwei Seitenschiffe.*

Barock

Im 17. und 18. Jahrhundert importierten die Genuesen den norditalienischen Barock nach Korsika. In reichen Gegenden wie der Castagniccia, Balagne und in Bastia entstanden große Kirchen, deren Fassaden mit Gesimsen, Pilastern, Verdachungen und Voluten gestaltet wurden. Die Innenräume zieren oft wunderbare Stuckarbeiten, farbiger Marmor und Trompe-l'Œil.

Der Glockenturm *von Barockkirchen – wie etwa St-Jean-Baptiste in La Porta – steht neben der Kirche, ist mit dem Hauptbau aber nicht verbunden.*

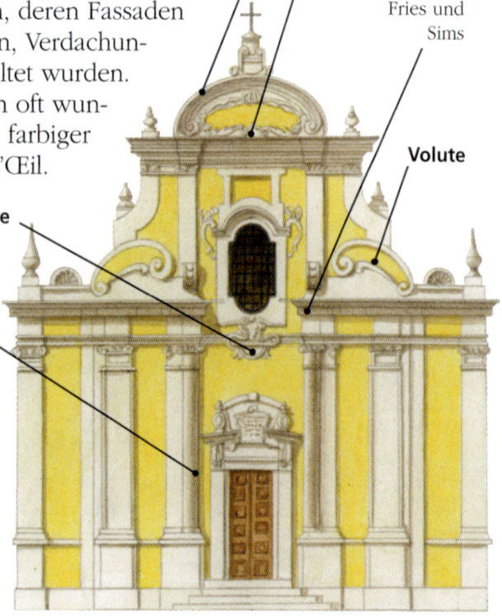

St-Jean-Baptiste *in La Porta* (siehe S. 147) *zählt zu den bekanntesten Barockkirchen auf Korsika. Wie viele andere hat sie keine Seitenschiffe und einen zentrischen Grundriss.*

Küstentürme (siehe S. 93) *wurden ab 1530 errichtet. Die dort postierten Wachen entzündeten auf den Flachdächern Feuer, wenn sie Piraten sichteten. Noch heute stehen 67 dieser Türme.*

Militärarchitektur

Die Genuesen errichteten zahllose Wachtürme an der korsischen Küste und schützten die Städte mit uneinnehmbaren Festungswällen und -mauern. Die zumeist runden Küstentürme stehen vor allem auf Cap Corse und an der Westküste. Die Zeit überdauert haben die Zitadellen in Bonifacio, Bastia, Calvi, Algajola, St-Florent, Ajaccio, Corte und Porto-Vecchio.

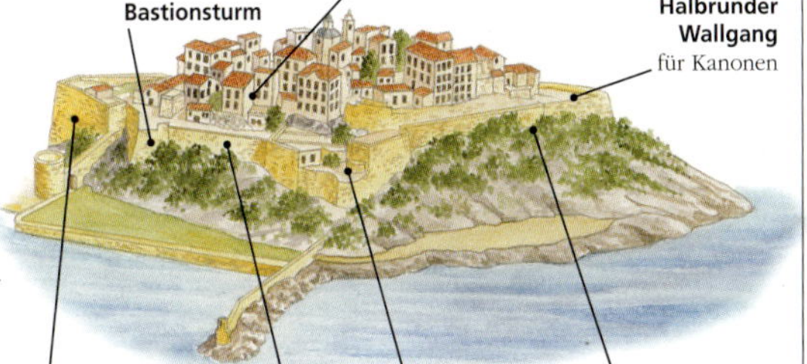

Auch die meisten Zitadellen *sind genuesische Bauwerke. Alle großen Küstenstädte entwickelten sich rund um diese trutzigen Wehrbauten, in denen sich Verwaltungsgebäude und Kirchen befanden. Die einzige korsische Zitadelle der Insel (und die einzige im Landesinneren) steht in Corte.*

Friedhofsarchitektur

Die Totenkapellen im Norden der Insel sind Statussymbole der reichen Familien. Diese Mausoleen wurden auf Privatbesitz häufig an Nebenstraßen errichtet. Ihre unterschiedlichen Baustile zitieren klassische römische Tempelarchitektur, Barock, Klassizismus und byzantinische Baukunst.

Der neoklassizistische Katafalk *zeigt die einfache Linienführung des 18. Jahrhunderts, Pilaster und Giebelfeld erinnern an antike Tempel, der christlichen Tradition entspricht die häufig von einer Heiligen- oder Marienstatue bekrönte Kuppel.*

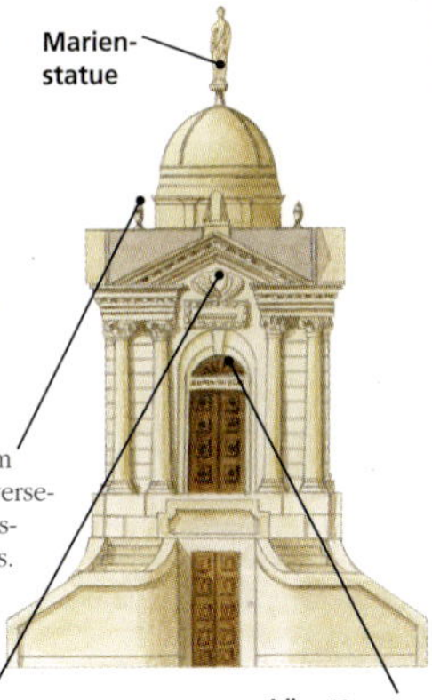

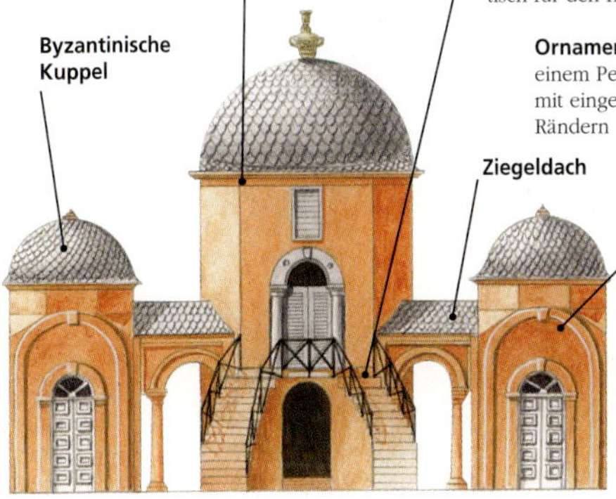

Byzantinische Baukunst *zeigt sich oft an den Mausoleen reicher Kaufmannsfamilien, die aufgrund ihrer Geschäfte weit gereist waren. Die gekachelten Kuppeldächer waren Moscheen nachempfunden, wurden aber mit weniger wertvollem, einheimischem Schiefer gedeckt.*

Sprache, Literatur, Musik und Kultur

Lokale Tracht

Korsika ist zweisprachig: Alle Straßenschilder sind französisch und korsisch beschriftet. Das Korsische ähnelt dem Italienischen und wird – wenn auch weniger von jungen Leuten – auf der ganzen Insel gesprochen und geschrieben. Die Literatur basiert auf mündlichen Überlieferungen, auf Legenden, die im Winter am warmen Feuer weitergetragen wurden, oder Liedern, die wichtige Lebensereignisse behandelten. Die alten Melodien werden heute von auch jenseits der Insel bekannten Musikgruppen auf Korsisch vorgetragen.

Allegorie von Korsika aus einem Druck aus dem 18. Jahrhundert

Seite aus einer alten Enzyklopädie mit dem Eintrag »Korsika«

Sprache

Im Nordosten wird Korsisch weich und singend gesprochen. Viele Wörter erinnern an die toskanischen Dialekte. Beeinflusst vom benachbarten Sardinien tönt es im Südwesten rauer und akzentuierter. Hier verwendet man häufig das »Doppel-D«. Was etwa in Bastia *bellu* (schön) genannt wird, heißt in Ajaccio *beddu*.

Die korsische Sprache entwickelte sich aus dem Lateinischen und ist über die Jahrhunderte von den Mundarten der verschiedenen Herrscher geprägt worden. An erster Stelle stand das Italienisch der Toskana, das nicht nur durch Pisa auf die Insel gelangte. Tatsächlich diente auch in Genua, das 500 Jahre lang Korsika regierte, das Toskanische als Amts- und Schriftsprache. Nur ein paar maritime und technische genuesische Termini sind verblieben. Weiteren Einfluss übten süditalienische Dialekte aus, v. a. das Kalabrische und Sardische. Typische Wortbildungen verdankt das Korsische der französischen Sprache: So wurde etwa aus dem *chemin de fer* (Eisenbahn) auf korsisch *cammi di ferru*.

Französisch kam auf Korsika 1769 durch den Anschluss an Frankreich in Gebrauch und breitete sich im späten 19. Jahrhundert durch die Schulpflicht aus.

Zwei alte »ausländische« Dialekte sind aufgrund der französischen Übermacht im Verschwinden begriffen. In Bonifacio hört man bisweilen noch das Ligurisch der genuesischen Kolonisten des 13. Jahrhunderts. In Cargèse ist dagegen das von Flüchtlingen vom Peloponnes im 17. und 18. Jahrhundert importierte Griechische praktisch ausgestorben. Bücher und Texte wurden vor dem 18. Jahrhundert auf Italienisch veröffentlicht. Selbst als sich das Französische weiter verbreitete, wurde auch Italienisch weiterhin verwendet.

Honoré de Balzac (1799–1850)

Das 1974 als Regionalsprache anerkannte Korsisch erlebt heute eine Renaissance dank der Kurse an der Universität von Korsika, die eine riesige Datenbank über diese Sprache zusammengestellt hat. Die meisten Kinder lernen Korsisch zu Hause, die Sprache wird aber auch an den Schulen gelehrt, die zudem oft eine zweisprachige Ausbildung anbieten.

Pflege erfährt das Korsische zudem durch Vereine, Zeitschriften und einige korsischsprachige Radiosender. 1896 erschien die erste korsische Zeitung *A Tramuntana*, weitere folgten besonders in der Zwischenkriegszeit.

Einen kleinen Sprachführer mit korsischen Ausdrücken finden Sie auf *S. 221*.

Literatur

Korsisch war immer eine gesprochene Sprache, die Literatur mit ihren Geschichten *(stabatoghji)* und Legenden *(fole)* wurde mündlich von Generation zu Generation weitergegeben. Gedichte und Lieder erzählten von Lebenserfahrungen: Die *lamentu* begleiteten Tod und Abschied, mit den *voceri* schrien die schwarz gekleideten Klageweiber den Schmerz über einen gewaltsamen Tod in die Welt.

Erste geschriebene Literatur erschien im 17. Jahrhundert, als die ersten literarischen Zirkel gegründet wurden. Diese standen meist in Verbindung mit Freiheitsbewegungen. Die Literatur jener Zeit behandelte meist Geschichte und Politik. Erst Ende des 19. Jahrhunderts wurden die ersten Kurzgeschichten und Romane auf Korsisch veröffentlicht.

Zwischen den Weltkriegen erschien *A Muvra*, das Mitteilungsblatt der Partitu Corsu d'Azione (Korsische Aktionspartei), der wichtigsten Separatistenpartei.

Im 19. Jahrhundert inspirierte die Insel viele französische Schriftsteller: Honoré de Balzac schrieb *La Vendetta*, Guy de Maupassant *Ein korsischer Bandit* und Prosper Mérimée die Novelle *Colomba*. Unter den zeitgenössischen Autoren zeichnet Angelo Rinaldi in den Romanen *La Dernière Fête de l'Empire* und *Les Roses de Pline* ein kritisches Bild seiner Heimatstadt Bastia. Marie Susini behandelt in ihren Werken die korsische Familie. Hélène und Jeanne Bresciani verfassten zusammen den preisgekrönten poetischen Roman *2, rue de la Marine*. Als humorvoller Einstieg in Korsikas Kultur eignet sich aber auch hervorragend *Asterix auf Korsika*. Mit spitzer Feder karikierten Uderzo und Goscinny hier fast schmerzhaft treffend das Inselleben.

Musik

Die korsische Musikalität drückt sich zweifellos am besten in den Liedern aus, z. B. in den *paghjella* genannten dreistimmigen wunderschönen Männergesängen, die möglicherweise von den Balearen eingeführt wurden. Sie werden noch heute zur Messe und zu anderen religiösen Feiern in einigen Städten und Dörfern gesungen. Jede Stimme hat eine bestimmte Aufgabe: Die erste Stimme – Tenor – gibt die Melodie und Tonart vor, den Hintergrund erfüllt die tiefere zweite Stimme. Die dritte, höchste Stimme trägt improvisierte Verzierungen bei. Der Tradition entsprechend müssen alle Sänger schwarz gekleidet sein. Korsische Gesänge drücken ein Gefühl, einen Geisteszustand aus oder erzählen von einem freudigen oder schmerzhaften Ereignis. Früher dienten sie zur mündlichen Weitergabe von Traditionen.

Die 16-saitige Laute *cetera*

Einen besonders traurigen Gesang, den *voceru*, stimmen die Frauen während einer Totenwache an: Weinend und singend drücken sie mit schaukelndem Oberkörper ihre Klage über den Tod des Verschiedenen aus. Spielerischer ist dagegen ein *chjama è rispondi* genannter wechselnder Chorgesang, bei dem sich zwei Parteien gegenseitig improvisierte Spottverse entgegensingen.

Traditionelle korsische Instrumente sind für eine Hirtenkultur typische Blasinstrumente wie Flöten und Querpfeifen aus Holz oder Tierhörnern, aber auch Maultrommeln *(ghjerbula)* und Kastagnetten *(chjoche)* sowie Geigen und Gitarren. Einige Instrumente wurden wieder neu entdeckt – etwa die 16-saitige *cetera*, eine Lautenart, das früher von den Schäfern benutzte, aus einem Ziegenhorn gefertigte *pifane* und das Blasinstrument *pirula*.

Einige Gruppen wie I Muvrini, A Filetta, Canta U Populu Corsu und Donnisula haben sich auf die mehrstimmige Musik spezialisiert und auch außerhalb von Korsika Bekanntheit erlangt.

Einheimische Traditionen

Fast alle Korsen sind Katholiken, und die bis heute erhaltenen Traditionen haben meist mit der Religion zu tun. Faszinierend sind die Osterprozessionen in Bonifacio, Calvi, Sartène und Erbalunga, und die Feste der Schutzheiligen werden genauso gewissenhaft gefeiert wie die Begräbnisse, zu denen feierliche Prozessionen zum Friedhof oder zu den Mausoleen an den Straßen von Cap Corse und der Westküste *(siehe S. 29)* gehören. Der bekannteste korsische »Brauch« ist jedoch die bis Mitte des 19. Jahrhunderts ausgeübte Vendetta. Da die genuesische Justiz weit entfernt war, nahmen die korsischen Familien das Gesetz selbst in die Hand. Dieses basierte auf dem Prinzip der Rache, sodass sich aus der Rivalität um eine Angebetete, aus einem Streit um die Aufteilung eines Stück Landes oder noch viel nichtigeren Anlässen ganze Mordserien oder gar regelrechte Kriege entwickelten, die bisweilen über Generationen ausgetragen wurden. Die Fehde endete erst, wenn der Gemeindepfarrer ein Abkommen zwischen beiden Parteien erreichen konnte. Die Kombattanten versteckten sich in der Macchia und hießen zur Unterscheidung von gewöhnlichen Strauchdieben *bandits d'honneurs*, »Banditen der Ehre«.

Vendetta zwischen korsischen Clans, zeitgenössischer Druck

Das Jahr auf Korsika

Die beste Reisezeit für Korsika sind die Monate Mai, Juni und September. Dann lockt ein mildes Klima, die Preise sind niedriger, die Strände nicht überfüllt. Zudem besteht geringere Feuergefahr. In der Hochsaison sind geeignete Unterkünfte schwerer zu finden, und v. a. Wanderer und Radfahrer sollten wegen der Hitze den Juli und August meiden. Von November bis April herrscht auf Korsika Ruhe: Nur wenige Hotels in den Städten und in den Hauptferienorten haben geöffnet. In diesen kälteren Monaten sind die Verbindungen zwischen Festland und Insel auf ein Minimum reduziert, und die Fähren müssen sich bisweilen durch starken Seegang kämpfen.

Wandbild in Solenzara

Zistrosen und Lavendel blühen im Frühjahr

Frühling

Die blühende Macchia erfüllt die Luft mit süßem Duft. Den Anfang machen im März Rosmarin und Lavendel, im April folgt rosa und weiß die Zistrose. Mitte Mai beginnt die Myrtenblüte. Die Luft ist warm, das Klima mild – erste Badefreuden locken. In den Höhenlagen kann dagegen der Schnee bis Juni liegen bleiben, und einige Straßen und Wege sind noch geschlossen.

März

Fête de Notre-Dame-de-la-Miséricorde *(18. März)*, Fest der Schutzpatronin Ajaccios mit Prozession.
Bastia Film Festival *(März)*. Internationales Filmfestival.
Festa di l'Oliu novu *(Mitte März)*, Ste Lucie di Tallano.
Griechisch-orthodoxe Prozession *(Ostermontag)*, Cargèse. Traditionelle Zeremonien und Gesänge der griechischen Gemeinde.
Procession de la Cerca *(Gründonnerstag, Karfreitag)*, Erbalunga. Die 21 Kilometer lange Prozession beginnt um 7 Uhr und führt durch alle Orte der Region Brando. Bei der *Granitula*-Prozession ab 8 Uhr nehmen verhüllte Büßer teil.
Karfreitagsprozession, Bonifacio. Die fünf Bruderschaften der Stadt tragen Holzskulpturen zur Kirche Ste-Marie-Majeure, wo sie die Reliquien des Kreuzes Christi anbeten.
Karfreitagsprozession, Sartène. Um 21.30 Uhr beginnt in der nur von Kerzen erhellten City die Büßerprozession *Catenacciu*.

April

Salon de la Bande Dessinée *(Anfang Apr)*, Bastia. Comic-Bücher und -Filme.
Journée du Brocciu *(Datum hängt von der Käseproduktion ab)*, Piana. Ein Fest rund um den *brocciu*.

Mai

1.-Mai-Messe, Ucciani. Verkaufsmesse für korsisches (Kunst-)Handwerk.
Festimare *(Anfang Mai)*, L'Île Rousse. Ein Fest besonders für Kinder.
Fete de Ste-Restitute *(Ende Mai)*, Calenzana. Wallfahrt und Prozession.
Île Danse *(Ende Mai)*, Ajaccio. Tanzfestival mit führenden europäischen Gruppen.
Régates Impériales *(Ende Mai)*, Ajaccio. Regatta alter Segelboote im Golf von Ajaccio.

Die griechisch-orthodoxe Osterprozession in Cargèse

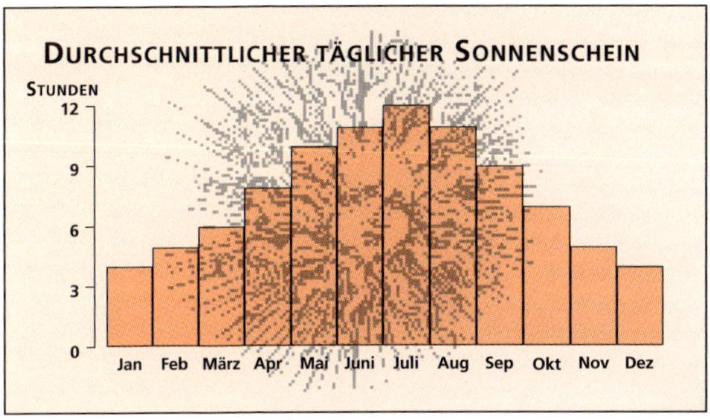

Sonnenschein
Korsika ist zu Recht als Sonneninsel bekannt – selbst in den milden Frühjahrs- und Herbstmonaten scheint die Sonne viele Stunden am Tag. An der Küste kann man deshalb sogar noch im Frühherbst im Meer baden.

SOMMER

Die Zahl der Feriengäste verdreifacht sich im Sommer. Hotels, Unterkünfte und Campingplätze sind ausgebucht und verlangen Hochsaisonpreise. An den Stränden vergnügen sich Sonnenanbeter und Wasserratten, in den Häfen drängeln sich Yachten und Motorboote. Auf der ganzen Insel werden Feste gefeiert.

JUNI

Fête de St-Érasme *(2. Juni)*, Ajaccio, Bastia, Calvi. Zum Festtag des Schutzheiligen der Seeleute und Fischer gehört auch eine Bootsprozession auf dem Meer.
Cavall'in Festa *(Anfang Juni)*, Corte. Pferdefest mit Trachtenumzug, Wettbewerben und Ausstellungen.
Exposition d'Art Contemporain *(Juni–Sep)*, Calvi. Ausstellung zeitgenössischer Kunst in der Zitadelle.
La Nuit du Conte *(Juni)*, Vero. Feierlichkeiten zum Sommeranfang.
Fête de St-Jean *(24. Juni)*, Bastia. Traditionelle Feierlichkeiten zu Ehren des heiligen Johannes.
Festival de Jazz *(letzte Woche im Juni)*, Calvi. Konzerte und Jamsessions am Kai.
Nautival *(Ende Juni)*, Macinaggio. Fest mit Buden, Aufführungen, Fischessen und einer Prozession.

Nuits de la Guitare

JULI

La Relève de la Garde *(jeder Do im Juli)*, Ajaccio. Wachwechsel in traditionellen Kostümen.
Fiera di u Vinu *(erstes Wochenende im Juli)*, Weinmesse in Luri.
La Relève des Gouverneurs *(11. Juli)*, Bastia. Erinnerung an ein historisches Ereignis, Prozession in der Zitadelle.
Fête du Livre Corse *(Juli)*, L'Île Rousse. Korsische Bücher und Autoren.
Paese in Musica *(Juli)*, Corbara. Konzerte und Aufführungen.
Calvi on the Rocks *(Juli)*, Calvi. Rock- und Tanzmusik.
Festivoce *(Anfang Juli)*, Pigna. Korsische mehrstimmige Gesänge, Volksmusik, sakrale Gesänge, Theater.
»Nuits du Blues« *(erste zwei Wochen im Juli)*, Ajaccio. Nationale und internationale Musiker, Ausstellungen, Filme.
Foire de l'Olivier *(erstes Wochenende nach dem 14. Juli)*, Montegrosso. Messe für Olivenöl aus der Balagne.
Festival Jacques Luciani *(Mitte Juli)*, Corte. Volkstanzfestival.
Nuits de la Guitare *(dritte Woche im Juli)*, Patrimonio. Festival der Gitarrenmusik.
Mediterranean Trophy *(letzte zehn Tage im Juli)*. Regatta von Bastia nach Ajaccio, Maddalena und Elba.
Les Estivales *(Juli–Sep)*, Ajaccio. Festival traditioneller Musik mit Tanzaufführungen.

Weiß-blauer Seglertraum: die Regatta Mediterranean Trophy

AUGUST

Festival du Film *(Ende Juli–Anfang Aug)*, Lama. Vorführung europäischer Filme, Treffen mit Regisseuren.
Corti'n Ballo *(Aug)*, Corte. Traditionelle Tänze.
Festival de Musique *(1. Woche im Aug)*, Erbalunga. Freiluftkonzerte.
Notre Dame des Neiges *(8. Aug)*, Bavella. Religiöse Prozession.
Fêtes napoléoniennes *(Mitte Aug)*, Ajaccio. Feierlichkeiten zum Geburtstag von Napoléon Bonaparte. Ausstellungen und Paraden in zeitgenössischen Kostümen.
Calvi Allegria *(Mitte Aug)*, Calvi. Eine spektakuläre Licht-Ton-Show erzählt die Geschichte von Calvis Zitadelle.
Porto Latino *(Mitte Aug)*, St-Florent. Festival der lateinamerikanischen Musik.
Fête de St-Bartholomé *(24. Aug)*, Bartholomäusprozession in Bonifacio.

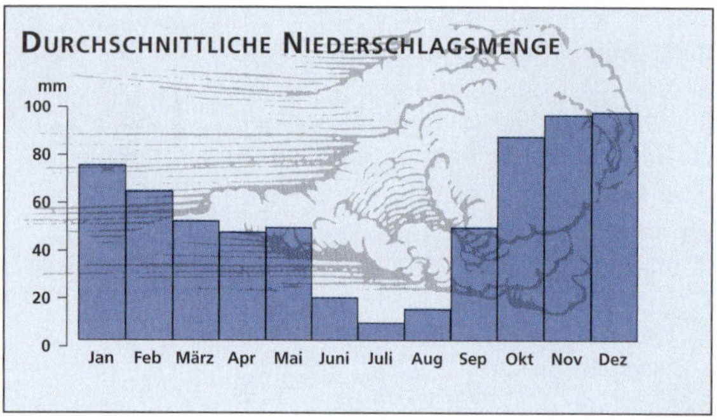

Niederschläge
Im Herbst und Winter sind die meisten Niederschläge zu verzeichnen, und die heftigen Regenfälle können mehrere Tage dauern. Die trockenste Jahreszeit ist der Sommer, obwohl gegen Ende der heißen Jahreszeit häufig schwere Gewitter auftreten.

HERBST

Die Luft ist klar, die Temperaturen sind mild, und bis Oktober lädt das Meer zum Baden ein. An der Küste streift sich die Macchia nach der trockenen Sommerhitze noch einmal ein Blütenkleid über, und die Beeren beginnen zu reifen. In den Tälern und auf den Bergen leuchten die Bäume in den Herbstfarben. In den Kastanienregionen Castagniccia und Evisa ist der Boden mit stacheligen Kastanien bedeckt. Mit dem ersten Regen geben sich schließlich auch die Pilze die Ehre.

SEPTEMBER

Settembrinu di Tavagna *(Ende Aug–Anfang Sep)*, Tavagna. Internationales Musikfestival mit kubanischer, korsischer, afrikanischer und Roma-Musik.
Fête de la Santa *(7.–10. Sep)*, Casamaccioli. Volksfest zum Festtag von Korsikas Schutzheiliger Maria und die älteste Wallfahrt der Insel.
Prozession zum 8. September, Lavasina. Mit Fackeln und Mitternachtsmesse.
Fête de Notre Dame *(8. Sep)*, Bonifacio. Für das Marienfest wird ein spezielles Gericht aus gefüllten Auberginen zubereitet.
Rencontres Européennes de Plongée sous-marines *(Anfang Sep)*, Veranstaltungsort wechselt jährlich. Bei diesem Festival des Tauchfilms werden Arbeiten führender Regisseure des Unterwasser-Genres gezeigt.
Foire de Porto-Vecchio *(zweite Woche im Sep)*, Porto-Vecchio. Die jährliche Messe zeigt die Bandbreite korsischen (Kunst-)Handwerks.

Korsische Marienverehrung: Prozession in Casamaccioli

Rencontres des Chants polyphoniques *(dritte Woche im Sep)*, Calvi. Traditionelle korsische Musik.
International Cup *(Sep)*. Regatta von Marseille auf dem französischen Festland nach Calvi und Propriano.
Mele in Festa *(Sep)*, Murzo. Das traditionelle Fest huldigt dem korsischen Honig.

Inbrünstig feiert Ajaccio jedes Jahr seinen berühmten Sohn Napoléon Bonaparte *(siehe S. 33)*

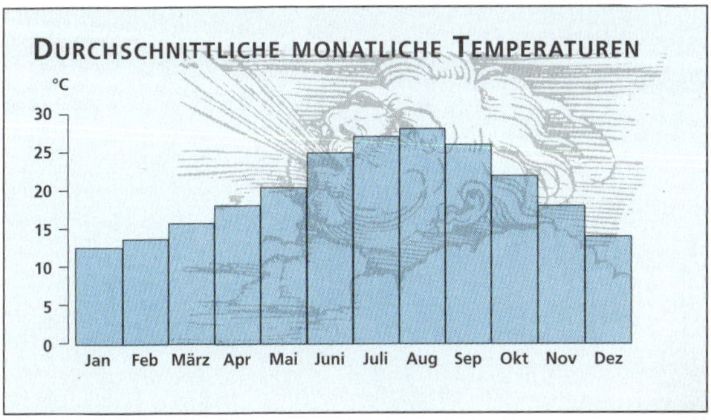

Temperaturen
An der Küste sind die Temperaturen selbst im Winter angenehm mild: Der Jahresdurchschnitt beträgt 15 °C. Im Landesinneren sind die Winter härter, mit starkem Schneefall und häufigem Frost. Dort sind trotz der heißen Sonne die Sommer kühl.

Oktober

Rally de France *(Ende Sep–Anfang Okt)*. Die Rallye-Champions liefern sich auf Korsikas Kurvenstraßen ihr Rennen – eine der interessantesten Rennetappen.
Les Musicales de Bastia *(Okt)*, Bastia. Jazz, Tanz, Theater und Musik.
Le Tour de Corse à la Voile *(Ende Okt)*. Start und Ziel der Regatta ist Bonifacio.
Festiventu *(letzte Woche im Okt)*, Calvi. Festival mit Modellflugzeug-Wettbewerben und Ballonfahrten.

November

Journée du Marron *(Nov)*, Evisa. Kastanienerntefest.
Festival du Film des Cultures méditerranéennes »Arte Mare« *(Nov)*, Bastia. Filme, Kunst und Literatur aus Mittelmeerländern.
Journées de la Pomme *(erstes Wochenende im Nov)*, Bastelica. Auf dem Apfelfest werden Gelees, Säfte und Trockenfrüchte sowie Wurstwaren und Handwerkserzeugnisse angeboten.

Winter

Es wird kälter, und der ungemütliche Mistral pfeift einem um die Ohren. Die Berggipfel sind weiß gezuckert, und die Skilifte beginnen sporadisch den Betrieb. In der Weihnachtszeit erstrahlen die korsischen Städte im festlichen Lichterglanz. Ajaccio feiert mit Spielen und einem Markt. In dieser Jahreszeit sind viele Hotels und Restaurants geschlossen – außerhalb der Städte und großen Ferienorte findet man nur schwer eine Unterkunft.

Doch auch jetzt ist ein Inselurlaub überaus lohnend: Die Küsten sind nicht sonnenverbrannt, die Straßen säumen Blumen, die Macchia strahlt im Grün ihrer Blätter, und an sonnigen Tagen vergisst man schon einmal, dass eigentlich Winter ist.

Im Dezember werden die Oliven geerntet und zu den Mühlen gebracht. Wenn dann im Februar die Mandelblüte beginnt, ist der Frühling nicht mehr fern.

Kastanien werden im Spätherbst geerntet

Dezember

Fiera di a Castagna *(Anfang Dez)*, Bocognano. Ein beliebtes Volksfest mit Gerichten und Süßspeisen aus Kastanienmehl.
Animation de Noël *(Dez)*, Ajaccio. Weihnachtsunterhaltung in den Straßen der Hauptstadt: Bingo, Spiele und Kutschfahrten.

Januar

Rencontres du Cinéma Italien *(Ende Jan)*, Bastia. Italienische Filmfestspiele. Reihen über einzelne Regisseure oder Schauspieler, Ausstellungen, Konferenzen, italienische Küche.

Korsische Vielstimmigkeit in Perfektion: die Gruppe A Filetta

Fête du St-Antoine *(erster So nach dem 17. Jan)*, Corbara und Aregno. Prozession zu Ehren des heiligen Antonius.

Februar

A Tumbera *(zweite Woche im Feb)*, Renno. Hier feiert man das korsische Schwein mit Wettbewerben und selbstverständlich leckeren Spezereien.

Feiertage

Jour de l'an Neujahr *(1. Jan)*
Pâques Ostern *(März/April)*
Ascension Christi Himmelfahrt *(6. Do nach Ostern)*
Pentecôte Pfingsten *(2. So nach Himmelfahrt)*
Fête du Travail *(1. Mai)*
Fête de la Victoire Siegestag *(8. Mai)*
14. Juillet Nationalfeiertag *(14. Juli)*
Assomption Mariä Himmelfahrt *(15. Aug)*
Toussaint Allerheiligen *(1. Nov)*
Armistice Waffenstillstand von 1918 *(11. Nov)*
Noël Weihnachten *(25. Dez)*

Die Geschichte Korsikas

Korsika war jahrtausendelang Ziel von Eroberern und Kolonisatoren. Geschichte und Kultur der Insel wurden von verschiedensten Zivilisationen geprägt. Karthago und Rom, Pisa, Genua und Frankreich – das Zusammenspiel dieser vielfältigen kulturellen Einflüsse führte zur Ausbildung einer typisch korsischen Identität, auf der sich die Idee der korsischen Nation gründet.

Das Bergmassiv, dessen Gipfel als Korsika und Sardinien aus dem Tyrrhenischen Meer ragen, verharrt seit etwa 18 Millionen Jahren in seiner heutigen Position.

Trinkgefäß in Form eines Pferdekopfes (480 v. Chr.)

Niemand weiß, wann der erste Mensch die Insel betrat. Sicher ist jedoch, dass Korsika seit rund 9000 bis 10 000 Jahren besiedelt ist. Die ältesten archäologischen Stätten liegen bei Macinaggio, auf Cap Corse und in Araguina unweit Bonifacio. Dort fanden Archäologen das Skelett der *Dame von Bonifacio*, einer 35- bis 40-jährigen Frau, die um 6570 v. Chr. begraben worden war. Ihre sterblichen Überreste werden heute im Museum von Levie aufbewahrt.

Im 6. Jahrtausend v. Chr. nahm auf Korsika die Bevölkerung zu. Diese jungsteinzeitlichen nomadisierenden Gruppen züchteten Vieh, produzierten Webarbeiten und widmeten sich zunehmend dem Handel. Mitte des 4. Jahrtausends v. Chr. entwickelte sich eine Kultur, deren megalithische Monumente *(siehe S. 129)* zu den beeindruckendsten Relikten des alten Korsika zählen *(siehe S. 38f)*. In dieser Epoche handelten die Korsen vor allem mit der Küstenbevölkerung des heutigen Italien. Ausgrabungen haben etruskische Vasen und andere Objekte aus Magna Graecia zutage gebracht.

Um 1500 v. Chr., zu Beginn der Bronzezeit, drangen im Süden Korsikas die Torreaner ein. Ihr Name leitet sich von den Türmen *(torri)* ab, die sie in mehreren Gebieten der Insel errichteten. Die Torreaner herrschten im Süden bis etwa 600 v. Chr., als Stammeskämpfe eine Wanderbewegung nach Sardinien auslösten.

Im Jahr 565 v. Chr. gründeten phokäische Kolonisten Alalia. Dort herrschten später in Folge Etrusker, Karthager und nach der Landung von Scipios Truppen 259 v. Chr. Römer, die die Stadt in Aleria umbenannten. Unter der Pax Romana wurde sie von Caesar und den Kaisern Hadrian, Caracalla und Diokletian ausgebaut. Bis zur Invasion der Vandalen im Jahr 455 n. Chr. war Aleria die Hauptstadt der Provinz Corsica. Im Jahr 100 v. Chr. gründete der römische General und Konsul Marius die Kolonie Mariana südlich des heutigen Bastia.

Zeitskala

8000 v. Chr. Menschen siedeln auf Korsika

1500 v. Chr. Torreaner aus Kleinasien in den südöstlichen Ebenen

565 v. Chr. Gründung von Alalia (später Aleria) von Kolonisten aus Phokäa

280 v. Chr. Karthagische Eroberung

100 v. Chr. Marius gründet Mariana

10 000 v. Chr. | **5000 v. Chr.** | **1000 v. Chr.** | **500 v. Chr.** | **300 v. Chr.** | **100 v. Ch**

6570 v. Chr. Bestattung der Dame von Bonifacio

3500–1000 v. Chr. Ära der korsischen megalithischen Monumente

Prähistorischer Axtkopf, zu sehen im Museum in Levie

4.–3. Jh. v. Chr. Etrusker und Syrakuser auf Korsika

259 v. Chr. Beginn der römischen Eroberung

◁ **Der »Vater der Nation« Pasquale Paoli, Porträt von Richard Cosway**

Von Megalithen und Römern

Attisches Gefäß, 5. Jh. v. Chr.

Die prähistorischen Völker Korsikas waren äußerst dynamisch. Die aktivste Epoche dieser alten Kulturen begann in der Jungsteinzeit etwa um 6000 v. Chr. In jener Zeit produzierten die Menschen Cardium-Keramiken und wurden sesshafter. Sie lebten von der Viehzucht und bauten, häufig auch befestigte, Behausungen aus Trockenmauern. Gegen Ende dieser Epoche entstanden die ersten megalithischen Monumente *(siehe S. 129)*. Bald darauf erschütterten Invasionen die Insel – erst kamen die Torreaner, später die Phokäer und Etrusker. Schließlich eroberten die Römer das von den Phokäern gegründete Alalia und nannten es in Aleria um. Ihre Vorherrschaft erstreckte sich fast über die gesamte Insel und dauerte bis zur Invasion der Vandalen.

Anthropomorphe Menhire *mit Gesichtern und bisweilen Waffen sind ein einzigartiges Element der korsischen Kultur.*

Die Menhir-Alleen *sind ein typisches Kennzeichen der jungsteinzeitlichen Kultur Korsiskas. Viele dieser Alignements standen wahrscheinlich im Zusammenhang mit religiösen Zeremonien.*

In Filitosa findet sich eines der bedeutendsten Alignements anthropomorpher Menhire auf der Insel *(siehe S. 129)*.

Auf dem Plateau von Cauria stehen viele der am besten erhaltenen Menhire und Dolmen. Sie sind auf wunderbare Weise der Zerstörung durch Christen entgangen. Stantari, Palaggiu, Renaghiu und Fontanaccia sind zu besichtigen *(siehe S. 127)*.

Zeugen der Vergangenheit

Die meisten Menhir-Alignements und noch heute stehenden Dolmen stammen aus dem 2. bis 1. Jahrtausend v. Chr. Sie finden sich v. a. im Südwesten Korsikas. Befestigte Burgen ragen hingegen auf den Hügeln der östlichen Insel auf. Die bedeutsamsten römischen Ruinen befinden sich in Aléria. Dort ist die ursprüngliche Anlage der antiken Stadt noch heute sichtbar.

Cardium-Keramik *stammt aus dem 5. oder 6. Jahrtausend v. Chr. Die Bezeichnung leitet sich vom lateinischen Namen der Herzmuschel,* Cardium, *ab, mit deren zackigen Rändern die typischen Muster in die Keramiken eingeritzt wurden.*

Die alte römische Hauptstadt Aleria wurde ab 1920, hauptsächlich jedoch nach 1955 durch archäologische Grabungen freigelegt *(siehe S. 144)*.

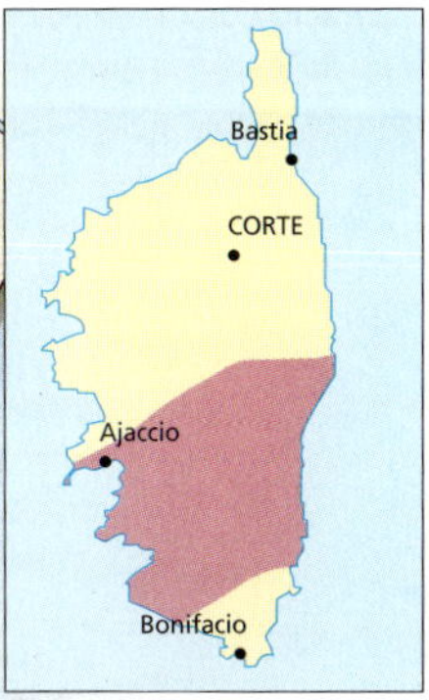

ZUR ORIENTIERUNG

Dargestelltes Gebiet

Die römischen Inschriften *auf Korsika erzählen von Kriegen und Siegen in einem Land, dessen überaus stolze Bevölkerung stets nur schwer zu unterwerfen war.*

Das *castellu* von Cucuruzzu steht in 700 Meter Seehöhe auf einem mächtigen Felsen hoch über dem Tal. Die Ruine des massiven Baus lässt ahnen, wie gut die Burg die Menschen schützen konnte *(siehe S. 125)*.

KORSIKAS PRÄHISTORISCHE MONUMENTE

Zahlreiche Bauten und Monumente zeugen von prähistorischen Kulturen, die denen auf anderen Mittelmeerinseln nur zum Teil gleichen. Zu den bemerkenswertesten Hinterlassenschaften der ältesten Zivilisation der Insel zählen die anthropomorphen Menhire *(siehe S. 129)*. Diese von den Korsen *stantari* genannten Skulpturen dienten religiös-rituellen Zwecken und waren meist mit dem Totenkult verbunden. Gleiches gilt für die Dolmen *(stazzoni)* – Gräber, die mit riesigen, möglicherweise den Körper des Verstorbenen symbolisierenden Steinplatten bedeckt waren. Die *castelli* (Burgen) und *torri* (Türme) sind zyklopische Bauwerke, die den *nuraghi* Sardiniens und den *talayots* der Balearen gleichen. Diese Festungen boten bei Gefahr der Bevölkerung eines Dorfes schützenden Unterschlupf. In Friedenszeiten dienten sie den Dörflern als Vorrats- und Materiallager. Die interessantesten Burgen sind in Arraggio, Tappa und Cucuruzzu zu sehen.

Die Ruinen des *castellu* von Arraggio

Arraggio war ein megalithischer Festungskomplex, der dem Schutz der hiesigen Bevölkerung diente. Die in ihrer Zeit wohl uneinnehmbare Burg aus dem 16. bis 12. Jahrhundert v. Chr. kann noch heute bestaunt werden *(siehe S. 121)*.

Jahrhunderte der Invasionen

Schon bald nach dem Fall des Römischen Reichs landeten die germanischen Vandalen 455 n. Chr. auf Korsika. Wahrscheinlich wegen dieser neuen Eroberer wurde Aleria aufgegeben. Nachdem sie weite Gebiete an der nordafrikanischen Küste eingenommen hatten, schickten die Vandalen Bischöfe der unterworfenen Städte ins Exil nach Korsika – sicherlich war dies der bedeutendste Impuls für die Christianisierung der Insel, die bereits ein Jahrhundert zuvor begonnen hatte.

Vandalischer Krieger, Schildverzierung

Im Jahr 534 übernahm das von Kaiser Justinian regierte Byzantinische Reich das Zepter auf Korsika, doch die Insel blieb dennoch weiterhin ein Ziel von Invasionen, etwa der Lombarden und der Sarazenen. Die Lombarden herrschten bis ins Jahr 774, als sie von den Franken vertrieben wurden, die ursprünglich den Papst in Rom gegen die langobardische Bedrohung schützen sollten. Frankenkönig Pippin der Jüngere übergab Korsika im Rahmen der Pippinschen Schenkung an den Heiligen Stuhl, sein Sohn Karl der Große bestätigte die Schenkung 20 Jahre später.

Eine andere Bedrohung stellte die arabische Expansion im Mittelmeerraum dar. Immer wieder wurde auch Korsika Angriffsziel der Sarazenen, die wiederholt entlang der ganzen Küste Korsikas landeten. Besonders die fruchtbare Balagne war Ziel massiver Attacken, die dem Chronisten Giovanni della Grossa (15. Jh.) zufolge eine Massenkonvertierung zum Islam nach sich zogen.

Darstellung der arabischen Invasion, 16. Jahrhundert

Die karolingischen Angriffe auf die Sarazenen richteten nur wenig aus, und viele Korsen flohen deshalb an die nahe italienische Küste. Historiker berichten von einer blühenden korsischen Gemeinde im römischen Hafen Ostia. Von dort stammte auch der in der korsischen Stadt Porto geborene Papst Formosus (891–96).

Mittelalterlicher Feudalismus

Nach dem Jahr 1000 verstärkte sich der Einfluss des Festlands auf Korsika, wo sich wie auf dem europäischen Kontinent feudale Strukturen entwickelten. Diese wurden jedoch erheblich von der Macht der sich gegenseitig bekämpfenden Clans beeinflusst. Die Fehden führten zur Teilung der Insel in zwei geografische Gebiete: »diesseits der Berge« und »jenseits der Berge« – die besser entwickelte, Handel treibende nordöstliche Hälfte *(Deça des Monts)* und den »rückständigen« Südwesten der Hirten *(Delá des Monts)*. Die internen Kämpfe schwächten Korsika militärisch, sodass der Heilige Stuhl die Republiken Pisa und Genua bat, gegen die Araber anzutreten und die Insel zu befrieden.

Zeitskala

3.–5. Jh. Christianisierung Korsikas

5. und 6. Jh. Invasionen der Vandalen und Ostgoten

Karolingische Münze

200 n. Chr. | **400** | **600** | **800**

420 Aleria fällt an die Vandalen

755 Korsika ist wahrscheinlich Teil der Pippinschen Schenkung an den Papst

Benediktinermönche

Pisanisch-romanisches Relief, San Giovanni Battista, Carbini *(s. S. 125)*

Die Pisanische Periode

1077, als der Papst die Insel an Bischof Landolfo von Pisa als Lehen übergab, begann Pisas Herrschaft auf Korsika. Diese von bedeutenden kulturellen Entwicklungen geprägte Ära war jedoch auch eine Epoche politischer Erschütterungen. Dank der Diplomatie des Heiligen Stuhls konnte die Rivalität zwischen Pisa und Genua anfangs noch kontrolliert werden, doch 1133 musste Papst Innozenz II. die sechs Bistümer der Insel zwischen Pisa und Genua aufteilen.

Schließlich eroberte das erstarkte Genua 1187 den Hafen von Bonifacio und 1268 Calvi. 1284 übernahm Genua die Herrschaft über die Insel, nachdem es aus der Schlacht von Meloria *(siehe S. 42f)* als Siegerin hervorgegangen war. Die Spuren der pisanischen Herrschaft sind noch heute sichtbar. So entstanden unter der Ägide der toskanischen Seemacht viele romanische Bauten, z.B. die Kirchen La Canonica und San Michele de Murato, und entwickelten sich auf Cap Corse Weinbau, kleine Häfen und Handel.

Relief an der romanischen Kirche La Canonica

Genuas Herrschaft

Nach dem Sieg über Pisa versuchte Genua, die Herrschaft über die Insel zu festigen. Die ligurische Republik errichtete Verteidigungsanlagen an den Küsten und versuchte unter großen Schwierigkeiten, ein Regierungssystem einzuführen. Besonders in der Cinarca widersetzten sich lokale Feudalherren, die noch immer Pisa unterstützten, vehement genuesischen Ansprüchen. Durch Volksaufstände wollten sie die Einführung einer korsischen Regierung erreichen, die – möglicherweise in Anlehnung an die erstarkende Macht italienischer Stadtrepubliken – von den Städten gestellt werden sollte. Zudem blieb Korsika stets im Visier anderer europäischer Mächte, deren Übergriffe oftmals von der Kirche unterstützt wurden. 1297 belehnte etwa Papst Bonifatius VIII. den König von Aragonien mit Korsika und Sardinien, um die Ansprüche des Heiligen Stuhls im Mittelmeerraum zu behaupten. Aragonien blieb als Unterstützerin der Cinarca-Feudalherren ständiger Störfaktor der genuesischen Herrschaft, bis Mitte des 18. Jahrhunderts Frankreich auf Korsika die Macht ergriff.

Bonifatius VIII. (1294–1303)

Zitadelle in Bonifacio

1195 Genuesische Kolonie in Bonifacio

1297 Bonifatius VIII. belehnt den König von Aragonien mit Korsika

1000 | 1100 | 1200

891–896 Der in Porto geborene Formosus wird Papst

1077 Papst Gregor VII. übergibt Korsika an Pisa

1133 Papst Innozenz II. teilt Bistümer zwischen Pisa und Genua auf

1268 Genuesen in Calvi

6. August 1284 Schlacht von Meloria

Die Schlacht von Meloria

Das Wappen von Pisa

Zwei italienischen Republiken unterstand Korsika im Lauf der Geschichte: Pisa und Genua. Diese Seemächte bekämpften gemeinsam Sarazenen und Piraten, die im Mittelmeer eine stete Gefahr darstellten. Danach trachteten beide Städte nach der Macht auf Korsika. 1077 belehnte Papst Gregor VII. Pisas Bischof Landolfo mit Korsika, und Pisas Herrschaft begann. In der Folge waren Streitigkeiten an der Tagesordnung, die schließlich in der Schlacht von Meloria 1284 eskalierten, aus der Genua als Sieger und neue Macht auf Korsika hervorging. In den ersten 200 Jahren der genuesischen Herrschaft litt die Insel unter Kriegen, Piratenangriffen und Vendetten. Erst im späten 16. Jahrhundert konnte Genua eine gewisse politische Ordnung einführen.

Das Wappen *der Republik Pisa zeigt ein Schiff, das auch am Schiefen Turm am Campo dei Miracoli in Pisa zu finden ist. Es ist eines der vielen Symbole, die die maritime Übermacht der Stadt darstellten.*

Die Sarazenen *legten Feuer in den Städten und töteten oder versklavten die Bewohner. Besonders Pisa setzte sich für die Befreiung der Insel von dieser Bedrohung ein.*

Oberto Doria

Der Kommandeur Albertino Morosini führte zusammen mit Ugolino della Gherardesca und Andreotto Saraceno die pisanische Flotte an, die sich gegen die beiden genuesischen Flotten als hilflos erwies.

Die pisanische Flotte umfasste 72 Galeeren. Ihre Niederlage war katastrophal: 5000 Pisaner starben, 11 000 wurden in Ketten nach Genua verschleppt.

Das Schicksal des Conte Ugolino

Nach der Niederlage von Meloria übergab Ugolino della Gherardesca seine Burgen und sein Land an den Feind, um so eine Besetzung durch die genuesischen Verbündeten Florenz und Lucca zu vermeiden. Der des Verrats angeklagte Conte wurde zusammen mit seinen Söhnen und Enkelsöhnen in einen Turm eingekerkert, wo er verstarb. Für den italienischen Dichterfürsten Dante Alighieri war Ugolino ein Landesverräter, weshalb er ihn in den Versen seiner *Göttlichen Komödie* mit einem Fluch in die Hölle verdammte, der den Conte über die Jahrhunderte begleiten sollte.

Illustration aus der *Göttlichen Komödie*

Benedetto Zaccaria *führte eine zweite Gruppe genuesischer Schiffe an. Diese griff überraschend ins Kampfgeschehen bei Meloria ein, als sich die Pisaner schon fast außer Gefahr wähnten. Diese Intervention war entscheidend für den Sieg Genuas.*

Die Ankerketten *der pisanischen Schiffe wurden am Ende der Schlacht von den Genuesen beschlagnahmt und als Trophäe in Genua als ein Zeichen der Vorherrschaft der Stadtrepublik ausgestellt. Sie wurden erst im 19. Jahrhundert an Pisa zurückgegeben, wo sie heute unter der Loggia des Camposanto hängen.*

Die Klippen von Meloria ragen etwa sieben Kilometer vor Livorno in Richtung Korsika aus dem Meer.

In Meloria fand bereits 1241 eine Schlacht statt, in der die Pisaner mithilfe von Kaiser Friedrich II. Genua besiegten.

Genuas Reichtum *stammte aus dem Handel. Er führte die Seerepublik für Jahrhunderte an die Spitze der politischen Macht im Mittelmeerraum.*

Der Verlauf der Schlacht

Im August 1284 segelte eine genuesische Flotte unter dem Befehl Oberto Dorias in die Gewässer vor Porto Pisano. Die Pisaner griffen von den Klippen von Meloria aus an. Der Ausgang der Schlacht war ungewiss, bis weitere genuesische Schiffe hinzustießen. Durch ihr überraschendes Eingreifen konnten sie die Schlacht für Genua entscheiden. Giovanni Davids *Schlacht von Meloria* (links) hängt im Palazzo Ducal in Genua.

Die genuesische Flotte bestand aus 93 Galeeren.

Die genuesischen Schiffe *waren schnell und konnten sowohl als Fracht- als auch als Kampfschiffe eingesetzt werden. Durch diese Flotte und ihre Kapitäne wurde Genua reich und besaß die Macht, Feinde und Konkurrenten zu bekämpfen.*

Die genuesische Flotte vor der Küste Korsikas, Druck aus dem Musée de la Corse

Das Ende des Mittelalters

Das 14. Jahrhundert brachte für Korsika schwere Zeiten. 1348 dezimierte eine Pestepidemie die Bevölkerung, und in zahlreichen Revolten lehnten sich die Insulaner gegen die katastrophalen Lebensbedingungen auf. Angriffsziel des Volksprotestes, der den Adel zu vertreiben suchte, waren die Landherren, die das Feudalsystem beibehalten wollten.

Zu den Unterstützern des Feudalismus gehörte auch Arrigo della Rocca, der 1376 Aragonien um Hilfe bat. Und einer der legendären Volkshelden dieser Jahre war der Bauer Sambucuccio d'Alando aus dem Norden der Insel. Seine Taten erschütterten die Grundfesten des Feudalismus. In Teilen Korsikas etablierte sich im Gegensatz zum Feudalsystem in der *Terra di Comuni* ein Verbund von Dörfern, der ein System kommunaler Selbstverwaltung mit Gemeindeeigentum an Grund und Boden entwickelte.

Sambucuccio d'Alando

Genuas Politik

Genua übertrug die Kontrolle über die Insel auch privaten Organisationen, die die Regierungsgewalt der Republik über- und ihre Interessen wahrnahmen. Das erste dieser Privatunternehmen (1378), Maona, ging jedoch bald bankrott. Deshalb baten einige Adelige den Thron von Aragonien um Hilfe – darunter auch der adelige Soldat, Feudalherr und Pirat Vincentello d'Istria. 1420 führte er eine spanische Flotte mit 400 Schiffen nach Korsika, das fast ganz in die Hände Vincentellos fiel. Nur Bonifacio konnte erfolgreich Widerstand leisten. Wenige Jahre später verpasste Genua die günstige Gelegenheit, die Feudalherren zu unterwerfen. Die Seemacht ignorierte die Aufforderung der *Terra di Comuni*, die Interessen ihrer Bewohner zu schützen. Genuas Weigerung vertiefte die Kluft zwischen den Bewohnern der Küstenstädte und denen des Landesinneren. Diese Differenz sollte sich später zu einem der größten Probleme entwickeln.

Die Bank des heiligen Georg

Im Jahr 1453 trat Genua die Herrschaft über Korsika an die Bank des heiligen Georg ab, deren Macht das *Capitula Corsorum* genannte Gesetz

Zeitskala

1348 Die Pest wütet auf Korsika

1376 Arrigo della Rocca bittet die Aragonesen um Unterstützung in der Revolte

1453 *Capitula Corsorum*: Korsika wird von der Bank des heiligen Georg regiert

1300 | 1350 | 1400 | 1450 | 1500

Pestopfer

1358 Aufstand des Sambucuccio d'Alando

1378 Korsika wird von der Maona regiert

1420 Aufstand des Vincentello d'Istria, der Corte gründet

1498 Sampiero Corso wird in Bastelica geboren

über die genuesische Regierung der Insel sanktionierte. Die genuesische Bank agierte auf Korsika mit besonderen Befugnissen: Sie durfte Steuern eintreiben, Münzen prägen, Recht sprechen und besaß eine eigene Armee. Ihre verschiedenen Aktivitäten orientierten sich an einigen wenigen Leitlinien. Als eines der Hauptziele galt es, die Macht der Feudalherren einzugrenzen und so die politische Kontrolle über das Land zu sichern. Zudem versprachen die Genuesen, die Küstenebenen urbar zu machen und so die Malaria zu besiegen.

Königliche Korsische Artillerie (1740)

Sampiero und das Ende Genuas

Sampiero Corso wurde 1498 in einem Weiler bei Bastelica geboren. Wie viele seiner Landsleute zwangen ihn Armut und Tradition, sich als Söldner in der französischen Armee zu verdingen. Frankreich, der große Gegenspieler Spaniens als führende Hegemonialmacht in Europa, wählte Korsika als Stützpunkt im Mittelmeer aus. Sampiero Corso nahm an dem französischen Angriff auf die Insel teil, der von den Schiffen des bekannten Piraten Dragut Rais gesichert wurde.

Die genuesischen Festungen fielen eine nach der anderen – Bastia, St-Florent, Corte und sogar das uneinnehmbare Bonifacio –, bis ein Friedensvertrag die Franzosen zum Rückzug zwang. Sampiero widersetzte sich diesem jedoch, kämpfte weiter gegen die Genuesen und bat sogar verschiedene europäische Regierungen um Hilfe. 1563 wurde er ermordet, nachdem er einige Monate zuvor auf Korsika gelandet war – mit dem Ziel, einen Volksaufstand zu entfachen. Die genuesische Herrschaft wurde 1569 neu installiert. In den folgenden 200 Jahren wechselten sich auf der Insel Aufstände und reguläre Kolonialregierungen ab. Genuas Macht nahm ab, zudem grassierte unter den Korsen bittere Unzufriedenheit. Im frühen 18. Jahrhundert erzwangen Revolten die erste Unabhängigkeit der Insel, die in der Folge von Frankreich annektiert wurde. Die einzige Hinterlassenschaft der langen genuesischen Herrschaft sind die Küstentürme und einige Städte mit massiven Zitadellen.

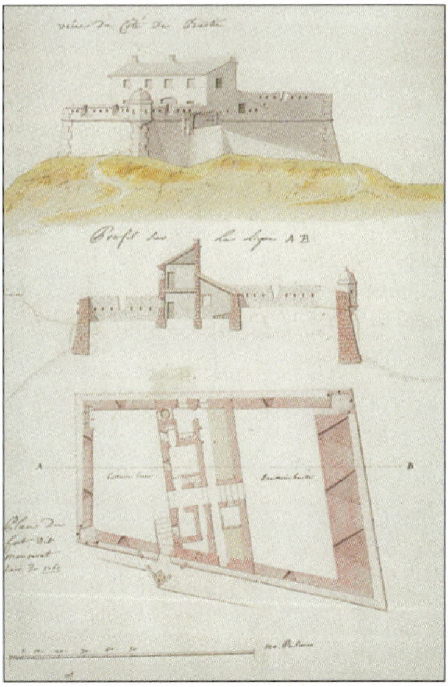

Bastias Festung Monserrato, Zeichnung von 1761

Sampiero Corso

1553 Sampiero Corso landet mit französischen Truppen

1569 Genua erobert Korsika zurück

1640–70 Religiöse Bewegungen

Die Zitadelle von Corte

1676 Gründung einer griechischen Kolonie in Sagone

1729 Revolte von Corte und Bauernaufstände

1755–69 Regierungszeit von Pasquale Paoli

1550 | 1600 | 1650 | 1700 | 1750

Aufstand und Unabhängigkeit

Neue Steuern brachten das Fass zum Überlaufen: Viele Korsen weigerten sich, die von den Genuesen auferlegten Abgaben zu zahlen. 1735 verabschiedeten die aufständischen Insulaner in Corte eine erste Verfassung für einen unabhängigen korsischen Staat. Im folgenden Jahr wählte Korsika Baron Theodor von Neuhoff zum König Theodor I., der seinen Thron jedoch bereits acht Monate später wieder aufgab. 1745 führte Jean-Pierre Gaffori einen großen Aufstand an, 1755 der 30-jährige Pasquale Paoli. Paoli gelang es, einen Staat zu konstituieren, zudem gründete er die Universität von Corte und stellte eine Armee auf. Doch nach 14 Jahren Freiheit verlor Korsika unter Paoli am 8. Mai 1769 die Schlacht von Ponte-Novo. Dies war der Beginn der französischen Herrschaft.

Theodor von Neuhoff, *deutscher Baron und der korsischen Sache verbunden, wurde 1736 von den Korsen zum König gewählt. Wenige Monate später musste er fliehen.*

Jean-Pierre Gaffori *zählte zu den Anführern der Aufstände von 1745–55 und war Mitglied des damaligen Triumvirats. 1753 wurde er in Corte auf offener Straße ermordet.*

Gafforis Frau Faustina *nahm auch an den Kämpfen teil. Sie ist in dem Basrelief am Sockel des Denkmals ihres Gatten in Corte abgebildet* (siehe S. 134).

Ein korsischer Freiheitskämpfer *schrieb in einem Brief: »General, ich vertraue meinen alten Vater Ihrer Obhut an, denn bereits in zwei Stunden werde ich für mein Land gefallen sein.«*

Ende eines Traums

Am 8. Mai 1769 erlitten die von Pasquale Paoli angeführten korsischen Truppen an der Brücke von Ponte-Novo eine entscheidende Niederlage gegen die französische Armee. Dies war das Ende der 14-jährigen korsischen Unabhängigkeit – bis heute der einzige Zeitraum, in dem die Insel vollständige Souveränität genoss.

Der Mohrenkopf *ist seit drei Jahrhunderten das Symbol eines unabhängigen Korsika. Das Siegeszeichen der Könige Aragoniens über die Mauren im 13. Jahrhundert wurde infolge von lokalen Clanführern, Baron Neuhoff und Pasquale Paoli übernommen.*

James Boswell und Korsika

Der britische Schriftsteller James Boswell besuchte 1765 Korsika, drei Jahre später machte er durch die Veröffentlichung seines Reisejournals *Corsica* in England Paolis demokratische Regierung europaweit bekannt. Während der Französischen Revolution bewog die noch frische Erinnerung an die französische Annexion Korsikas den revolutionären Politiker Comte de Mirabeau, »Bedauern und Trauer« über seine Beihilfe an der Unterdrückung der Freiheit eines solch stolzen Volkes zu bekunden.

2000 korsische Patrioten nahmen unter der Führung Paolis an der Schlacht teil.

Ponte-Novo hieß nach der neu erbauten genuesischen Steinbrücke über den Golo.

Die französische Armee kesselte die Korsen auf der Brücke ein

Die Brücke war im typisch genuesischen Stil erbaut. Viele ähnliche Bauwerke sind noch heute auf der Insel zu finden.

Der Fluss Golo

Pasquale Paoli *war nicht nur ein exzellenter Militärstratege, sondern auch ein gebildeter, aufgeklärter und kultivierter Politiker. Er entwarf die einzige Verfassung, die Korsika jemals besaß, und gründete die 1981 wieder eröffnete Universität von Corte.*

Zeitskala

- **1729** Erste Revolte gegen Genua; Beginn des Unabhängigkeitskrieges
- **1733** Zweite Revolte unter Führung von Pasquale Paolis Vater Hyacinthe
- **1735** Unabhängigkeitserklärung
- **1738** Frankreich interveniert auf Wunsch Genuas
- **1745** Dritte Revolte unter Jean-Pierre Gaffori
- **1748** Zweite französische Intervention
- **1753** Französische Truppen verlassen die Insel
- **1755** Wahl Pasquale Paolis zum General der Nation
- **1762** Der Mohrenkopf wird zum nationalen Symbol
- **1765** Universität von Corte eröffnet
- **8. Mai 1769** Korsische Niederlage bei Ponte-Novo

1720 | 1730 | 1740 | 1750 | 1760

Unter Frankreich

Frankreich stand gegen die Korsen auf Seiten Genuas. 1768 übernahm es Korsika von der geschwächten Seemacht und trat nach der Schlacht von Ponte-Novo 1769 *(siehe S. 46f)* seine Herrschaft an. Auf Korsika regierten nun ein Provinzregent und ein Militärgouverneur, der jeglichen Widerstand – »Banditentum« – unterdrückte.

Napoléon überquert den St.-Bernhard-Pass, Jacques-Louis David, 1800

Korsika wurde in Provinzen mit eigener Gerichtsbarkeit aufgeteilt. Die Städte verloren nach und nach die von den Genuesen verliehenen Privilegien, zudem wurden klare Grenzen zwischen Privat- und Gemeineigentum gezogen. Dabei genossen die Anhänger der französischen Regierung eine Reihe von Vorteilen. Beispielsweise erhielten sie Land, was wiederum die Unzufriedenheit im Volk schürte.

Der noch immer schwelende korsische Nationalismus brach 1774 in einem Aufstand im Niolo aus und zeigte sich in der andauernden Unterstützung General Paolis während seines Exils in Frankreich. Bei den ersten revolutionären Anzeichen in Frankreich äußerten die Korsen deutlich, dass sie keinesfalls nur Zuschauer bleiben würden. Doch zwischen den französischen und den korsischen Forderungen herrschten erhebliche Unterschiede. So waren die Korsen nicht am Kampf gegen den Adel interessiert, sondern an der Gleichberechtigung der Korsen und Franzosen. 1790 entwaffnete das Volk die Garnison in Bastia, und Exilpolitiker wie Pasquale Paoli konnten auf die Insel zurückkehren.

Der von den radikalen Jakobinern zum Tode verurteilte Paoli bat England um Hilfe. Die folgende Intervention führte zu einem Englisch-Korsischen Königreich (1794–96) mit Sir George Elliott als Vizekönig an der Spitze. Paoli siedelte entmachtet nach London über, wo er 1807 verstarb. 1796 sandte Frankreich Truppen aus, die die Insel zurückerobern sollten. Sie wurden von einem jungen, auf Korsika geborenen Offizier geführt, der sein Leben lang eine enge Bindung zu seiner Heimatinsel und besonders seiner Geburtsstadt Ajaccio *(siehe S. 87)* unterhalten würde: Napoléon Bonaparte.

19. und 20. Jahrhundert

Nach Napoléons Fall 1815 erlebte Korsika eine relativ ruhige Phase, in der die Anwesenheit der Franzosen immer mehr an Bedeutung gewann. Kriminalität und Vendetten nahmen ab, Wirtschaft und Politik erwiesen sich als relativ stabil, und die französische Oberhoheit errang eine gewisse Glaubwürdigkeit.

Politisch versuchte man eine Mittelklasse zu etablieren, die das Wachstum der Insel unterstützen und fördern würde. Zu den erfolgreichsten Initiativen zählte der Ausbau der Infrastruktur. 1827 wurde die Straße von Ajaccio nach Bastia gebaut, 1894

Zeitskala

Napoleonisches Wappen

1769 Geburt Napoléon Bonapartes in Ajaccio

1790 Paoli kehrt aus dem Exil zurück

1794–96 Englisch-Korsisches Königreich

1827 Eröffnung der Straße Ajaccio–Bastia

1830 Erste regelmäßige Fährverbindung nach Korsika

1855–70 Erfolgreicher Kampf der Obrigkeit gegen Banditen und Blutfehden

1775	1800	1825	1850	1875

Korsische Emigranten warten auf die Einschiffung

folgte die Eisenbahn, und bereits 1830 führte man eine regelmäßige Fährverbindung ein. Die Bemühungen führten zu einer wahren Explosion der Bevölkerung, die von 150 000 (1790) auf 300 000 (1890) anstieg. Parallel dazu entwickelte man die Landwirtschaft selbst in den bergigen Regionen des Landesinneren weiter, und die Zentralregierung versuchte, die Bewegungsfreiheit der Hirten einzudämmen. Mitte des 19. Jahrhunderts entstand in den Städten eine liberale korsische Mittelklasse.

Doch nur wenig später untergrub die Industrielle Revolution die positive Entwicklung. Das vorwiegend bäuerliche und vergleichsweise gering modernisierte Korsika konnte nicht mit der Agrarproduktion auf dem Festland und in den Kolonien konkurrieren. Trotz der Verbesserungen im Lebensstandard traf die Insel erneut bittere Armut, die tausende Korsen zur Emigration zwang. Korsika musste zudem 20 000 Tote im Ersten Weltkrieg bedauern, darüber hinaus wanderten jährlich rund 6000 Menschen aus. 1942 besetzten italienische Truppen die Insel, die jedoch schon bald von der starken Widerstandsbewegung *Maquis* (Macchia) bekämpft wurden. 1943 war Korsika das erste befreite Département Frankreichs, und nach dem Zweiten Weltkrieg kehrten viele emigrierte Korsen in ihre Heimat zurück.

Anhänger der nationalistischen Partei

Die Unabhängigkeitsbewegung

In den 1960er Jahren stellte sich eine neue Partei zur Wahl: die Front Régionaliste Corse (FRC). 1973 forderte sie zusammen mit der Action Régionaliste Corse (ARC) die Autonomie Korsikas, eine dezentrale Regierung und den Schutz korsischen Landes vor dem Tourismus. Sie erhielten breite Unterstützung. 1975 endeten Demonstrationen mit dem Tod zweier Polizisten. Die danach im Untergrund gegründete Front de Libération Nationale de la Corse (FLNC) sollte in den folgenden Jahrzehnten zahlreiche terroristische Anschläge ausüben.

Während die Separatisten an Popularität gewannen, wurde die Insel wieder in zwei Départments geteilt: Haute-Corse und Corse-du-Sud. 1981 wurde die Universität in Corte wieder eröffnet, 1991 erlangte Korsika einen autonomen Status. Die Insel erlebte in den 1990er Jahren einen Tourismusboom, dessen Umweltbelastung sich jedoch auch dank des Respekts der Korsen vor dem eigenen Land in Grenzen hält. Heute hat sich Korsika mit der Zentralregierung auf dem Festland arrangiert und möchte für seine Bewohner v.a. eine friedliche Zukunft aufbauen.

Logo der Universität

1894 Einweihung der Bahnlinie Ajaccio–Bastia

1942 Italienische Besetzung

1966 Gründung der FRC

1981 Wiedereröffnung der Universität von Corte

1900 | **1925** | **1950** | **1975** | **2000**

1910–20 Große Emigrationswelle

1943 Befreiung Korsikas

1976 FNLC gegründet

1991 Verabschiedung des regionalen Autonomiegesetzes

2004 De Rocca Serra löst Rossi als Präsident der korsischen Regionalversammlung ab

Die Regionen Korsikas

Korsika im Überblick

Land der Gegensätze: Auf Korsika liegen (fast) tropische Strände und wilde Bergregionen mit dichten Wäldern nur einen Katzensprung voneinander entfernt. Die im wunderschönen Mittelmeer gelegene Insel bietet eine breite Palette faszinierender Landschaften – etwa die mit Macchia bedeckte Küste, die Hügel mit Oliven- und Kastanienhainen, die Täler mit ihren tiefen Wildwasserschluchten oder die durch den Fernwanderweg GR20 *(siehe S. 22–27)* erschlossenen Berge. Doch neben der Natur kommt die Kultur nicht zu kurz: Kunstfreunde können hier prähistorische Megalithen, pisanisch-romanische Kirchen, genuesische Zitadellen und malerische Dörfer bewundern. Neben den historisch bedeutsamen Städten Ajaccio und Bastia sind Corte und – nicht nur wegen ihrer berühmten Strände – Bonifacio, Calvi und Porto-Vecchio einen Besuch wert.

Calvis Zitadelle
Die Zitadellen als Bollwerke genuesischer Macht beherrschen noch immer das Bild der großen korsischen Städte. Calvis Zitadelle wurde im 15. Jahrhundert errichtet.

Pointe de la Parata
Die an der Küste aus der Farbenpracht der Macchia aufragenden genuesischen Wachtürme sind an der Küste häufig zu sehen. Ein solcher Wehrbau steht auch an der Pointe de la Parata, dem berühmten Cap im Golfe d'Ajaccio.

Megalithische Monumente
Relikte des prähistorischen Korsika finden sich im Landesinneren der Insel – Steinalleen, Menhire, Dolmen oder sogenannte castelli *(Burgen).*

◁ **Die Zitadelle von Corte wacht trutzig über die Gorges du Tavignano und die Vallée de la Restonica**

Vieux Port von Bastia
Im von der mächtigen Zitadelle dominierten Vieux Port von Bastia weht der Hauch der korsischen Geschichte. Vor Jahrhunderten entwickelten sich die heutigen Städte um Naturhäfen, in denen Handelsschiffe anlegten.

Felsen und Wasser
In Korsikas wildem Inneren erleben Wanderer eine aufregende Naturlandschaft mit schroff zerklüfteten Bergen, tiefen Tälern und reißenden Wildbächen.

Die Klippen von Bonifacio
Die weißen Kreidefelsen von Bonifacio zählen zu den einprägsamsten Sehenswürdigkeiten Korsikas. Die Kalksteinklippen sind auf der hauptsächlich aus Granit bestehenden Insel auch aus geologischer Sicht interessant.

Bastia und der Norden

Zitadelle, historisches Zentrum und die an ligurische Dörfer erinnernden Gassen verleihen Bastia einen eigenen Charme. Am besten entdeckt man die Stadt, die ihren Aufstieg Genua zu verdanken hat, indem man es den Einheimischen gleichtut: Genießen Sie einen Kaffee an der Place St-Nicolas, einen Pastis am Vieux Port und einen Einkaufsbummel auf dem Sonntagsmarkt!

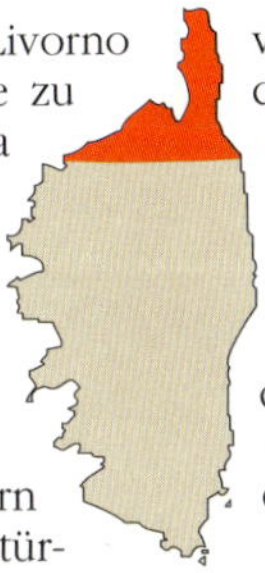

Nur zwei Fährstunden von Livorno entfernt und in nächster Nähe zu Korsikas Bergwelt birgt Bastia das Potenzial, zum Hafen für Mittelmeerkreuzfahrten und zum Zentrum für naturnahen Tourismus aufzusteigen. Besonders malerisch ist das Cap Corse mit den zwischen Meer und Gebirge geduckten Dörfern und kleinen, von alten Wachtürmen beschützten Häfen. Die Region, von deren Ostküste die toskanischen Inseln in Sichtweite liegen, ist eine kleine Welt für sich. Sie war seit je mehr mit Pisa, Marseille, Genua und Livorno verbunden als mit dem Rest der Insel.

Als tüchtige Seeleute bauten ihre Bewohner die Halbinsel zu einem Hafen aus, in dem Wein, Feuerholz, Öl, Kork und andere lokale Produkte verschifft wurden. Und als geschickte Bauern wandelten sie die steilen Berghänge in harter Arbeit zu kultivierbaren Terrassen um – auch in den Weingärten von Rogliano und Patrimonio, wo superbe Trauben wachsen. Die Nähe zu und die enge Verbundenheit mit Italien haben deutliche Spuren hinterlassen, etwa in der toskanisch geprägten Sprache und in der Architektur, die der der ligurischen Küste gleicht.

Die andere »Mikroregion« des Nordens ist die sonnenverwöhnte Balagne mit ihren schönen Stränden, Weilern und Olivenhainen. Historisch ist sie eng mit Pisa verbunden: Die toskanische Seemacht führte hier die Landwirtschaft ein. Wunderbare pisanische Kirchen stehen in Aregno, Lumio und Calenzana, von den Genuesen stammen die Zitadellen in Calvi und Algajola. Die Ligurer beuteten nicht nur die Korkeichenwälder aus, sondern pflanzten auch die ersten Olivenbäume, die seitdem rund um die Dörfer wachsen.

Der winzige Hafen von Meria bei liegt Macinaggio an der Ostküste von Cap Corse

◁ **Die Macchia überwuchert die Klippen von Cap Corse; im Hintergrund ragt die Tour de l'Osse auf**

Überblick: Bastia und der Norden

Der Norden bietet die für den Fremdenverkehr wichtigsten Orte jenseits des Col de Teghime an der Westküste. Von St-Florent mit seinem schönen Yachthafen aus fahren Boote zu den wildromantischen Stränden des Désert des Agriates. Calvi hat einen weißen Traumstrand, an dem man sich im Schatten der Pinien vom aufregenden Nachtleben ausruhen kann. Die nicht weit voneinander entfernt liegenden Sehenswürdigkeiten können leicht im Rahmen von Tagesausflügen in die Balagne oder ins Nebbio besichtigt werden. Dort bezaubern die Dörfer mit jahrhundertealten Bauten und beeindruckenden romanischen Kirchen. Steile Klippen und kleine Kiesstrände bietet das Cap Corse. Äußerst reizvoll sind Wanderungen an der Küste oder durch die Macchia zu den Dörfern, in denen die Zeit scheinbar stehen geblieben ist.

Macchia im gelben Ginsterblütenkleid im Désert des Agriates

In den Dörfern nimmt das Leben einen äußerst geruhsamen Lauf ...

Legende

- Hauptstraße
- Nebenstraße
- Wanderweg
- Panoramastraße
- Eisenbahn
- Gipfel
- Pass

Sehenswürdigkeiten auf einen Blick

Algajola 18
Aregno 20
Barcaggio und Cap Corse 5
Bastia S. 58–63 1
Calenzana 23
Calvi S. 78–81 25
Canari 9
Centuri 6
Désert des Agriates 16
Erbalunga 2
L'Île Rousse 17
Macinaggio 4
Nebbio 14
Nonza 10
Oletta 15
Patrimonio 11
Pietracorbara 3
Pigna 19
Pino 8
St-Florent 12
San Michele de Murato 13
Sant'Antonino 21
Speloncato 22

Touren

Sentier des Douaniers 7
Strada di l'Artigiani S. 76f 24

Weitere Zeichenerklärungen *siehe hintere Umschlagklappe*

Im Norden unterwegs

Am bequemsten erkundet man den Norden im Auto, mit dem man auch zu abgelegenen Dörfern gelangt. Die breiten Hauptstraßen von Bastia nach Bonifacio, Calvi und Corte sind gut in Schuss. Gleiches gilt jedoch nicht für die Nebenstraßen etwa in der Balagne oder auf Cap Corse, und an der Westküste scheinen die Kurven niemals zu enden. Hier ist die Asphaltdecke nicht immer in gutem Zustand, weshalb man oft besser mit dem Motorrad vorankommt. Achten Sie immer auf Ihre Benzinvorräte, Tankstellen sind dünn gesät. Eine beliebte Alternative sind Fahrräder (auch im Verleih erhältlich), man sollte jedoch etwas Erfahrung und Kondition mitbringen. Im Sommer empfehlen sich Zweiradtouren nicht. Das gut ausgebaute Hauptstraßennetz führt von Bastia nach Aléria, Porto-Vecchio, Bonifacio, Corte und Ajaccio. Die CFC-Züge verbinden Bastia, Calvi und Ajaccio via Ponte Leccio, und auch Busse fahren die großen Ortschaften an.

Siehe auch

- ***Übernachten*** S. 158–160
- ***Restaurants*** S. 172–175

Bunte Boote und Netze im malerischen Hafen von Macinaggio

Bastia ❶

Bastia ist die zweitgrößte Stadt Korsikas und dank des Hafens und des Industrieviertels südlich der Altstadt die Wirtschaftsmetropole der Insel. Auf den Hügeln gründeten bereits Römer die von dem griechischen Geografen Ptolemäus erwähnte Stadt Mantinon. Doch Bastia blieb jahrhundertelang nur ein kleiner Hafen für das im Hinterland gelegene Dorf Cardo, von dem aus im Mittelalter Wein nach Pisa verschifft wurde. Im 15. Jahrhundert errichteten die Genuesen einen Turm und die *bastiglia* (Festung), die der Stadt ihren Namen verlieh. Seinen Wohlstand verdankt Bastia letztlich der italienischen Seemacht, deren prägender Einfluss sich auch an den bunten Häusern zeigt, die jenen an der ligurischen Küste ähneln. Wer der sprichwörtlichen Zurückhaltung seiner Bewohner gegenüber Fremden etwas Zeit und Interesse entgegensetzt, wird in Bastia viele schöne Entdeckungen machen.

Die schlichte, elegante Fassade der Chapelle St-Roch

Place du Marché

Der vom alten Rathaus *(mairie)* dominierte Platz mit dem hübschen, von Platanen beschatteten Brunnen ist das Herzstück der Terra Vecchia. Die Gassen dieses alten Hafenviertels schlängeln sich um den Vieux Port, den alten Hafen. Am hiesigen Markt (daher der Name) spielen sich v. a. am Sonntagvormittag farbenfrohe und laute Szenen ab. Hier kann man Obst und Gemüse, Käse und Wurst sowie Austern und Miesmuscheln kaufen und eine Spezialität aus einer Art Pfannkuchen mit einheimischem Schafkäse kosten.

Detail des Brunnens an der Place du Marché

St-Jean-Baptiste

Place de l'Hôtel-de-Ville. 04 95 55 24 60. *Mo–Sa, So Vormittag.*

Korsikas größte Kirche flankieren zwei Glockentürme; majestätisch ragt ihre strenge Fassade über die Dächer der Terra Vecchia. Der Mitte des 17. Jahrhunderts errichtete Bau wurde im 18. Jahrhundert barockisiert. Die einer engen Gasse zugewandte Vorderfront zählt zu den charakteristischsten Wahrzeichen der Insel. Das zweiflügelige Schiff zieren Marmordekorationen, vergoldete Stuckarbeiten und Trompe-l'Œil-Malereien. Hochaltar, Kanzel und Taufbecken sind aus mehrfarbigem Marmor gearbeitet.

Oratoire de l'Immaculée Conception

Rue Napoléon. *tägl.*

Die 1611 erbaute Kapelle schmückt ein reiches Barock-Interieur mit Holzpaneelen und mit rotem Samt bespannten Wänden. Das Zentralgewölbe ziert ein Fresko der namensgebenden Unbefleckten Empfängnis. Der kleine Kirchplatz ist in der Form einer Sonne gepflastert.

Chapelle St-Roch

Rue Napoléon. *Mo–Sa, So Vormittag.*

Die Kapelle ist dem heiligen Rochus geweiht, Beschützer vor der Pest. Sie wurde 1604 für die 1588 gegründete Rochusbruderschaft *(siehe S. 61)* erbaut. Die von ligurischen Architekten und Künstlern gestaltete Kapelle zieren genuesische Holztäfelungen aus dem 18. Jahrhundert. Die Rochus-Statue wird bei Prozessionen getragen. Auf einer schönen Empore aus vergoldetem, geschnitztem Holz steht die Orgel von 1750.

St-Charles

Rue du Général Carbuccia. *Mo–Sa, So Vormittag.*

Eine Treppe führt zu dieser 1635 für das Jesuitenkolleg gebauten Kirche mit der beeindruckenden Fassade. Sie war Ignatius von Loyola, dem Gründer des Jesuitenordens, geweiht. Nach der Vertreibung der Jesuiten von Korsika 1769 wurde die Kirche Sitz der Bruderschaft des heiligen Karl *(siehe S. 61)*.

Im Inneren finden sich ein Altarbild der wundertätigen Jungfrau von Lavasina und eine Statue der Jungfrau Maria mit Kind, die alljährlich bei einer Prozession getragen wird.

Blick über die Dächer des Altstadtviertels Terra Vecchia

Die Außenmole Môle Génois verläuft im Norden des Vieux Port

Infobox

Straßenkarte D2. 52 500. Poretta, 25 km (04 95 54 54 54). Place Maréchal Leclerc (04 95 32 80 61). von Genua, Savona, Livorno, La Spezia, Nizza, Marseille, Toulon. Place St-Nicolas (04 95 54 20 40). Rencontres du Cinéma Italien (Jan, Feb); Christ Noir (März, Apr); Fête de St-Jean (24. Juni); Relève des Gouverneurs (Mitte Juli).
www.bastia-tourisme.com

Vieux Port

Der von den altehrwürdigen Bauten der Terra Nova, Terra Vecchia und der Zitadelle eingerahmte mittelalterliche Hafen verströmt auch heute den Charme eines malerischen Fischerdorfes. In der einstigen Marina von Cardo liegen Seite an Seite Luxusyachten und bunte Holzboote, in denen Fischer ungerührt ihre Netze flicken. Die Kais säumen Cafés und Restaurants, in denen die Einheimischen ihre Abende verbringen. Im Sommer ist die Straße für den Verkehr gesperrt, und der alte Hafen verwandelt sich in eine große, turbulente Fußgängerzone, die sich hervorragend zum Sehen und Gesehenwerden eignet.

In die hohen Fassaden am Hafen haben der Wind und die salzige Luft Wunden geschlagen. Spektakulär sind Spaziergänge an den Außenmolen, der Môle Génois im Norden und der südlichen Jetée du Dragon, die am 1861 erbauten Leuchtturm endet.

Jardin Romieu

An der rechten Mole des Vieux Port führen Stufen in einem kurvigen, jedoch nicht steilen Weg hinauf zur Zitadelle. Dieser kreuzt den Jardin Romieu, eine grüne Oase der Ruhe inmitten von Bastia. Zwischen Palmen, Pinien, Lorbeer und Sukkulenten bietet sich hier ein herrlicher Blick auf die Stadt.

Zentrum von Bastia

Chapelle St-Roch ④
Jardin Romieu ⑦
Oratoire de l'Immaculée Conception ③
Place du Marché ①
Place St-Nicolas ⑨
Quai des Martyrs de la Libération ⑧
St-Charles ⑤
St-Jean-Baptiste ②
Vieux Port ⑥
Zitadelle *S. 60f* ⑩

Zeichenerklärungen *siehe hintere Umschlagklappe*

Bastia: Zitadelle

Cherub im Oratoire Ste-Croix

Das imposante genuesische Bauwerk aus dem 15. und 16. Jahrhundert ist noch heute von den Originalmauern des Festungswalls umgeben. Die Zitadelle steht über der Terra Nova, die sich erheblich von der Terra Vecchia unterscheidet – denn während das alte Hafenviertel fast unkontrolliert wuchs, ging der Bau der Zitadelle mit einer strengen Stadtplanung einher, die gleich hohe Häuser und breite Plätze vorsah. Nach jahrzehntelanger Vernachlässigung startete man in den 1980er Jahren eine Renovierungskampagne. Als Erste erhielten die Häuser in der Rue St-Michel ihre ursprünglichen, eigentlich typisch ligurischen hellen Pastellfarben zurück.

Die Zitadelle vom Meer aus gesehen, mit der Jetée du Dragon im Vordergrund

★ Ste-Marie
Die majestätische gelbe Fassade der Kathedrale von Bastia entstand 1604–19, der Glockenturm ist 71 Meter hoch. Ste-Marie wurde 1570 geweiht, als Bastia zum Bischofssitz aufstieg.

Die Festungswälle wurden zwischen 1480 und 1521 von dem genuesischen Gouverneur Tomasino da Campofregoso erbaut. Dieser Mauerabschnitt ist am exponiertesten.

★ Oratoire Ste-Croix
Das Juwel der Rokokoarchitektur beherbergt den Christ des Miracles. *Das Kruzifix wird alle drei Jahre in der ihm gewidmeten Prozession am 3. Mai getragen. Zum Figurenschmuck gehört auch dieser Engel.*

Nicht versäumen

- ★ Oratoire Ste-Croix
- ★ Ste-Marie

Porte Louis XVI
Das monumentale Tor zur Zitadelle verbindet die Rue du Colle und die Place du Donjon. Es wurde Ende des 18. Jahrhunderts errichtet.

Vom Glacis der Zitadelle hat man den besten Blick auf die Terra Vecchia und den alten Hafen.

Infobox

Palais des Gouverneurs/ Museé de Bastia
Place du Donjon. *04 95 31 09 12.* *bis Sommer 2008 wegen Renovierung.*
Ste-Marie Rue Notre-Dame-de-la-Citadelle. *tägl.*

Palais des Gouverneurs
Vom 15. bis 18. Jahrhundert residierten in dem Palais die genuesischen Gouverneure. Heute befindet sich hier ein (zurzeit wegen Renovierung geschlossenes) historisches Museum über Bastias Geschichte und Kunst.

Pavillon des Nobles Douze

An der Place Guasco werfen Bäume zwischen alten Häusern kühle Schatten.

Religiöse Bruderschaften

Religiöse Bruderschaften führen wohltätige Arbeit aus und organisieren religiöse Feiern wie etwa Prozessionen an christlichen Feiertagen. Von den im 17. Jahrhundert entstandenen Bruderschaften sind auf der ganzen Insel noch viele sehr aktiv. In Bastia gibt es auch berufliche Bruderschaften etwa für Künstler und Fischer. Sie treffen sich in Kapellen, die mit Stuck, Skulpturen, Textilien und künstlerisch hochwertigen Malereien geschmückt sind. Die Kapellen der lokalen Bruderschaften befinden sich in den Seitenflügeln der Kathedrale.

Konzentriertes Singen bei einer Prozession

Lautenbauer
In seiner Werkstatt an der Place Guasco baut Christian Magdeleine mit Intarsien verzierte Saiteninstrumente.

Überblick: Bastia

Napoléon als Römer

Bastias Zentrum beim Handelshafen kann leicht zu Fuß erkundet werden – das Auto parkt man am besten in der Garage unter der Place St-Nicolas. Hier, im Herzen der Stadt, treffen die Terra Vecchia und die neueren Gebiete zusammen. Bastia ist zwar relativ klein, kann jedoch trotzdem mit einer Elektrotram aufwarten, die unweit der Toursteninformation an der Place St-Nicolas zu ihrer Tour startet, die über den Quai des Martyrs und durch den Tunnel unter dem Vieux Port zur Zitadelle führt. Führungen durch die Altstadt und zu Dörfern außerhalb Bastias sind erhältlich.

Der Flohmarkt findet sonntags auf der Place St-Nicolas statt

Der Quai des Martyrs de la Libération

Quai des Martyrs de la Libération

Auf dem von Cafés und Restaurants gesäumten Kai kann man herrlich am Meer entlang von der Place St-Nicolas zum Vieux Port spazieren. An dieser Straße tobt während der Saison das Nachtleben. Das Palais Monti Rossi an der Promenade ist der Sitz einer alteingesessenen korsischen Familie und eines der schönsten Bauwerke der Stadt aus dem 19. Jahrhundert. Auf wunderbare Weise überstand es im Spätsommer 1943 die US-amerikanischen Bombardements, die 90 Prozent der Terra Vecchia zerstörten. Seine Fassade zieren Giebel, Bogen und Pilaster.

Place St-Nicolas

Maison Mattei

04 95 32 44 38 für Proben.

Im Schatten alter Palmen und Platanen erstreckt sich am neuen Hafen dieser 300 Meter lange Platz an der Stelle eines im frühen 19. Jahrhundert zerstörten Armenhauses. In dem Pavillon in der Mitte des Platzes werden an Sommerabenden Konzerte aufgeführt. An seiner Südseite thront in weißem Marmor Napoléon – mit großer künstlerischer Freiheit als römischer Imperator gestaltet. Auf der anderen Seite ist eine Bronzefigur den korsischen Gefallenen aller Kriege sowie der Witwe Renno gewidmet. Die korsische Volksheldin verlor ihre Söhne in den Unabhängigkeitskriegen.

In den Bars und Cafés an der Westseite des Platzes, wo Einheimische und Touristen gleichermaßen die Tische im Freien bevölkern, sollte man stilvoll ein Gläschen Cap Corse probieren. Dieser Aperitif wird in der historischen Maison Mattei am Platz produziert *(siehe S. 63)*.

Jeden Sonntagmorgen bevölkern Dutzende von Verkaufsständen den Platz, an denen alle erdenklichen Waren – darunter sogar interessante Antiquitäten – angeboten werden. Hinter den charmanten Cafés können einige elegante Häuser aus dem 19. Jahrhundert bewundert werden.

Cyrnarom

9, avenue Monseigneur Rigo.

04 95 31 70 60. Mo–Sa (Okt–März: nur Nachmittag).

Alte Parfümflaschen, Destillierkolben und -apparate, Phiolen und Schilder füllen die Regale des Apothekers und Chemikers Guy Cecchini. Myrte und Kiefer, Zistrose, Lavendel, Rosmarin und Ginster – das Labor und Museum ist auf korsische Düfte spezialisiert. Die Knospen, Blüten oder Blätter werden zu ätherischen Ölen destilliert, mit denen man Krankheiten behandelt oder vorbeugt. Der Duft der Essenzen reicht von Meereswind bis zum intensiven, öligen Aroma der Macchia.

Port de Toga

Der lange Kai des Port de Toga zwischen Bastia und Pietranova wurde gebaut, als der Vieux Port die zahllosen

Der Port de Toga, auch Port de Plaisance genannt

Freizeitboote nicht mehr aufnehmen konnte, die den Hafen in der Hochsaison ansteuern.

An der besonders von jungen Leute bevorzugten Promenade ist an den Sommerabenden allerhand geboten. Die Tische der Bars und Discotheken drängen sich fast bis ans Wasser, in dem sich die bunten Lichter spiegeln. Zu den besten, bis spät in die Nacht geöffneten Treffs zählen Le Bounty, Le Café Cézanne und Le Maracana.

Fassade der klassizistischen Kirche St-Étienne in Cardo

Cardo

Das ehemalige Fischerdorf in den Hügeln oberhalb von Bastia ist heute eine schicker Vorort. Sein mittelalterlicher Hafen Porto Cardo bildete den Kern der sich später entwickelnden Stadt Bastia. Im Jahr 1844 erhielt der Ort auf Befehl von Louis Philippe eine eigene Stadtverwaltung. In Cardo bietet sich eine wirklich sensationelle Aussicht auf die Küste, mit seinen vielen Wegen steht es bei Wanderern und Radfahrern hoch im Kurs.

Das bedeutsamste Monument ist die neoklassizistische Kirche **St-Étienne**, die mit bemalten Holzstatuen aus dem 17. Jahrhundert und einer neugotischen Orgelempore aufwartet.

Von Cardo aus verläuft die Panoramastraße **Route de la Corniche Supérieure** (D231 und D31) etwa 300 Meter über dem Meer. Sie führt nach Pietrabugno und weiter über San Martino di Lota nach Miomo. An klaren Tagen kann man am Horizont die toskanischen Inseln erspähen.

Die Maison Mattei in Bastia

Die bekannte Firma produziert Tabak- und Korkwaren und v. a. aus Muscattrauben destillierte, mit Macchiakräutern aromatisierte Liköre – darunter auch den berühmten Cap Corse *(siehe S. 170 und 181)*. Die 1872 von Louis-Napoléon Mattei in Bastia gegründete Maison war von Anfang an ein erfolgreiches Unternehmen. Ihre Nostalgieprodukte wurden in die ganze Welt und besonders in Regionen exportiert, wo viele ausgewanderte Korsen lebten. Die Zigarettenfabrik in Toga wurde 1977 geschlossen, als eine Unternehmensgruppe die Firma kaufte, doch der Laden befindet sich immer noch an der Place St-Nicolas.

Steinernes Ladenschild an der Fassade der Maison Mattei

Étang de Biguglia

Lido de la Marana.

04 95 33 55 73.

Das größte Feuchtgebiet Korsikas im Süden Bastias zwischen Flughafen, Industriegebiet und Marana-Küste steht unter Naturschutz. Die 18 Quadratkilometer große Lagune besteht aus Seen und Flüssen, die zum Delta des Golo gehören und im nördlichen Teil mit dem Meer verbunden sind.

Erst nach dem Zweiten Weltkrieg konnte die Malaria, die jahrhundertelang Leben und Gesundheit der Anwohner bedroht hatte, ausgerottet werden. Das Land wurde neu verteilt und teilweise landwirtschaftlich genutzt. Nun bieten Schilf und Wiesen ein ideales Habitat für 100 Vogelarten wie etwa Kormorane, Reiher und Flamingos, aber auch Schildkröten. Im Schutzgebiet rasten zudem etwa 60 Vogelarten auf ihren Zügen zwischen Europa und Afrika. Sie können am besten im Frühjahr und Herbst beobachtet werden.

Flamingo auf Futtersuche im Étang de Biguglia

Das noch bis vor wenigen Jahren schwer verschmutzte Wasser wurde gereinigt, heute schwimmen hier wieder Meeräschen und Aale. Sie werden mit traditionellen Methoden von den Mitgliedern einer lokalen Fischerkooperative befischt.

Seit 1994 ist der Étang ein regionales Schutzgebiet und kann auf Pfaden, einem Radweg und im Rahmen von Führungen erkundet werden. Die Stadt Biguglia oberhalb der Lagune war unter pisanischer Herrschaft die Hauptstadt der Insel und bis 1372 die Residenzstadt der genuesischen Gouverneure. Zwischen Meer und Lagune erstreckt sich ein traumhafter Sandstrand.

Der Étang de Biguglia, Refugium vieler Tiere

Eine Segelschule im Vieux Port von Bastia, im Hintergrund die Kirche St-Jean-Baptiste ▷

Malerische weiße Häuser im kleinen Hafen von Erbalunga

Erbalunga ❷

Straßenkarte D1. *400.* *Port de Plaisance, Macinaggio (04 95 35 40 34).* *Procession de la Cerca (Gründonnerstag u. Karfreitag); Festival de Musique (1. Woche im Aug).*

Ein genuesischer Turm bewacht den kleinen, von alten Steinhäusern und Fischlokalen gesäumten Hafen des Bezirks Brando. Hier landeten jahrhundertelang pisanische Schiffe, um korsischen Wein zu laden.

Die Kirche **St-Erasme** am Dorfrand beherbergt die Kreuze der Cerca-Prozession. 60 Kilogramm wiegt das Kreuz der Männer, das der Frauen immerhin 30 Kilo. Am Abend des Gründonnerstags zieht die Prozession durch die Straßen zum Kloster der Benediktinerinnen. Am Karfreitag führt sie schon am frühen Morgen auf einem sieben Kilometer langen Weg weiter in die Weiler Pozzo, Poretto und Silgaggia.

Wie überall auf Cap Corse stehen auch in Erbalunga viele *Maisons d'Américaines* genannte Villen. Sie wurden von nach Lateinamerika emigrierten Korsen gebaut, die zu Wohlstand gekommen wieder in ihre Heimat zurückgekehrt waren. Reiche Familien errichteten zudem eindrucksvolle Mausoleen, die von der D32 aus zu sehen sind *(siehe S. 29)*.

Umgebung: Im drei Kilometer entfernten **Castello** soll in der Burg (13. Jh.) die von ihrem Ehemann ermordete Burgfrau spuken. Einen kurzen Spaziergang südwärts Richtung Silgaggia entfernt befinden sich in der Kapelle **Santa Maria di e Nevi** die ältesten Fresken Korsikas aus dem Jahr 1386. In **Pozzo** beginnt der sechsstündige Weg zum **Monte Stello** (1307 m).

Nördlich von Erbalunga liegt an der D80 das Tal von **Sisco**. Sehenswert sind in der Chapelle de St-Martin die wertvolle Silbermaske des heiligen Johannes Chrysostomus und weitere sakrale Objekte. Von der Hauptstraße führt ein Weg zur pisanisch-romanischen Chapelle de San Michele. Näher an der Küste steht das ehemalige Kloster Santa Catalina. Es beherbergte früher fantastische Reliquien wie etwa den Lehmklumpen, aus dem Adam geschaffen wurde, oder Mandeln aus dem Garten Eden.

Santa Maria di e Nevi
Castello. *04 95 33 20 84.*
nur Führungen, am Vortag buchen (06 86 78 02 38).

Pietracorbara ❸

Straßenkarte D1. *350.*
Port de Plaisance, Macinaggio (04 95 35 40 34).

Hinter einem langen, von Röhricht begrenzten Sandstrand schützt ein kultiviertes Tal das Dörfchen Pietracorbara. 1990 fand man hier ein rund 8000 Jahre altes Skelett. Es beweist, dass der Ort bereits vor den griechischen und römischen Siedlern der Antike bewohnt war.

Umgebung: An der Küste stößt man Richtung Norden auf den exzellent erhaltenen »Knochenturm« **Tour de l'Osse** und auf den kleinen Hafen **Porticcio**, um dessen Pier sich ein paar Häuser scharen.

Ein Fischerboot im Hafen von Macinaggio

Macinaggio ❹

Straßenkarte D1. *480.* *Port de Plaisance (04 95 35 40 34).* *Nautival (Ende Mai).*

Fischerboote und Yachten ankern nach ihrer Überfahrt von Italien im beliebtesten Sporthafen von Cap Corse, der stets auch für das Militär und den Handel von Bedeutung war. Lange Zeit unterstand der Hafen Genua, bis er von Pasquale Paoli 1761 nach jahrelangen Kämpfen befreit werden konnte *(siehe S. 46f)*. Schilder am Kai erinnern daran, dass hier einst Napoléon an Land ging, aber auch Kaiserin Eugénie 1869 auf ihrer Rückfahrt von den Einweihungsfeiern des Suez-Kanals sowie selbstverständlich Paoli. In den drei von Besuchereinrichtungen umgebenen Hafenbecken befinden sich Anlegeplätze für über 500 Boote.

Die genuesische Tour de l'Osse bei Pietracorbara

Umgebung: Rund um das Dorf Macinaggio erstrecken sich die Weingärten bis nach **Rogliano**. Diesen bereits zur Zeit der Römer besiedelten Ort regierte vom 12. bis zum 16. Jahrhundert die Familie Mare, die mit Genua Handel trieb.

In **Bettolacce** zeugt noch ein Rundturm vom früheren Glanz des Hauptortes dieses Gebiets. Sehenswert ist der schöne Altar aus Carrara-Marmor in der Kirche Sant'Agnello.

Die Île de la Giraglia liegt an der Spitze von Cap Corse

Barcaggio und Cap Corse ❺

Straßenkarte D1. 480.
Port de Plaisance, Macinaggio (04 95 35 40 34).

Auf der nördlichen Spitze der Halbinsel haben sich einige Dörfer ihr altes Flair erhalten. So auch Barcaggio, an dessen Strand Kühe grasen. In dem kleinen Hafen scheint die Zeit stehen geblieben zu sein.

Die Strecke nach Barcaggio über die D80 und D253 ist sensationell. Sie führt durch Macchia, Eichenwälder und vorbei an mit weißen Affodill-Blüten bedeckten Wiesen. Großartig ist auch der Blick auf die **Île de la Giraglia**. Die kleine Insel aus grünem Serpentingestein ist der nördlichste Punkt Korsikas und von dessen Küste durch zwei Kilometer tückisches Gewässer mit schnellen Strömungen getrennt. Auf der Insel stehen ein genuesischer Turm aus dem 16. Jahrhundert und ein um 1940 erbauter Leuchtturm, der bis 1994 von einem Wärter bewohnt wurde und heute vollautomatisch arbeitet. An Giraglia führt die berühmte Segelregatta vom ligurischen Sanremo nach Lavandou in der Provence vorbei.

Ein Fischer aus Centuri flicht einen Hummerkorb

Zwei Kilometer westlich von Barcaggio liegt der kleine (Thunfisch-)Fischereihafen **Tollare**. Von dort führt die Straße zurück zur D80 und nach **Ersa**, wo in der Kirche **Ste-Marie** ein hölzernes Tabernakel zu bewundern ist. Weiter westlich bietet sich auf dem Col de Serra an der alten Mühle **Moulin Mattei** ein fantastischer Blick. Die Mühle wurde von der Likörbrennerei Mattei renoviert *(siehe S. 63)*.

Centuri ❻

Straßenkarte D1. *200.*
Port de Plaisance, Macinaggio (04 95 35 40 34).

Ockerfarbene, weiße und graue Häuser mit grünen Serpentindächern säumen den schmalen Hafen von Centuri, in dem jahrhundertelang Wein, Holz, Öl und Zitrusobst nach Italien und Frankreich verschifft wurden. Die einstige bereits von Ptolemäus erwähnte römische Siedlung Centurium ist heute das führende Zentrum der Fischindustrie auf Cap Corse. Die Hafendocks sind von Netzen und auch heute noch von Hand gefertigten Hummerkörben bedeckt. Im Hafen ankern dicht gedrängt die typischen Fischerboote. Jährlich versorgen sie Korsika mit rund 3000 Kilogramm Hummer, die mit Genuss in den Restaurants verzehrt werden.

Die hiesigen Gewässer sind ein Dorado für Taucher, besonders die Gründe rund um das im 13. Jahrhundert befestigte Inselchen in der Flussmündung.

Vom Hafen aus führt ein Fußweg durch dichte Vegetation in das etwa eine Stunde entfernte **Cannelle** (mit dem Auto über die D80 zu erreichen). An den dortigen einfachen Dorfhäusern ranken üppige Bougainvilleen, und in den schmalen Gassen und Passagen bieten sich immer wieder neue Blicke auf das Meer. Nur zwei Kilometer von Centuri entfernt liegt an der D80 der **Couvent de l'Annonciation** aus dem 16. Jahrhundert. Er ist der schmerzensreichen Gottesmutter gewidmet. Die Kirche des für die Öffentlichkeit nicht zugänglichen Klosters gilt als die größte auf Cap Corse.

Bunte Fischerboote im Hafen von Centuri

Tour: Sentier des Douaniers ❼

Auf dem »Weg der Zöllner« patrouillierten früher die Zollbeamten auf der Suche nach Schmugglern. Der Küstenweg an der Spitze von Cap Corse bietet immer wieder neue überwältigende Ausblicke, führt durch Affodill, Wacholder- und Mastixsträucher, über Strände und schroffe Klippen. Auch wenn es auf Korsika viele solcher Wege gibt – die Tour von Macinaggio nach Centuri ist schlicht atemberaubend. Die Wanderung besteht aus drei Etappen: Macinaggio–Barcaggio, Barcaggio–Tollare und Tollare–Centuri. Auf dem relativ einfachen Weg sollte man vor allem im Sommer stets auf Feuer achten. Mit dem Auto sind einzelne Sehenswürdigkeiten über Teerstraßen vom Inland aus erreichbar.

Barcaggio ③
Barcaggio *(siehe S. 67)* liegt hinter dem Turm und der Felsspitze Punta d'Agnello, in einer der malerischsten Ecken Korsikas. Dies ist der erste Tourabschnitt, der von der D253 aus direkt mit dem Auto erreichbar ist. Das saubere Wasser in der Bucht ist glasklar.

Tollare ④
Auch der kleine Hafen Tollare mit dem genuesischen Turm ist mit dem Auto direkt von der D153 aus zu erreichen.

Capo Grosso ⑤
Von diesem großartigen Aussichtspunkt führt eine Straße zur Mühle Moulin Mattei *(siehe S. 67)*.

0 Kilometer 2

Legende

- Routenempfehlung
- Andere Straße
- Aussichtspunkt

Centuri ⑥
Wer so weit wandert, wird sicher einen interessanten Tag verbringen, für dessen Anstrengungen man sich in Centuri *(siehe S. 67)* mit köstlichem Fisch und Meeresfrüchten belohnen kann.

Routeninfos

Port de Plaisance, Macinaggio (04 95 35 40 34).
Länge: 20 km.
Dauer: Macinaggio–Barcaggio 3 Stunden; Barcaggio–Tollare 45 Minuten; Tollare–Centuri 4 Stunden.
Fußweg: Durchschnittlicher Schwierigkeitsgrad; ganzjährig.
Übernachtung: Macinaggio, Barcaggio, Tollare und Centuri.

Chapelle de Santa Maria ②
Der Weg führt weiter zu der im 12. Jahrhundert über einer frühchristlichen Kirche erbauten Marienkapelle. An der Küste der Bucht von Santa Maria steht die Ruine eines genuesischen Turms.

Macinaggio ①
Die Wanderung beginnt in Macinaggio *(siehe S. 66)* und führt zum schönen Strand von Tamarone, wo bei den Îles Finocchiarola ein Naturschutzgebiet beginnt. Auf den von einem Leuchtturm bekrönten, geschützten, schroffen Felsen lebt eine Seevogelkolonie. Der Weg folgt weiter der Küste und bietet eine fantastische Aussicht auf das Meer und die Buchten, die zum Schwimmen einladen.

Wein vom Cap Corse und vom Patrimonio

Die seit Jahrhunderten beliebten Weißweine des Cap Corse gedeihen auf Bergterrassen. Weine der höchsten französischen Qualitätsstufe AOC *(Appellation d'Origine Controlée)* sind hier Coteaux du Cap Corse und Muscat du Cap Corse *(siehe S. 171)* aus Malvasia-, Muscat- oder Sciaccarellu-Reben. Süßer weißer Rappu-Wein kann nur bei den Erzeugern gekauft werden. Zu den berühmtesten Weinkellereien zählt Clos Nicrosi. Hier entsteht einer der besten korsischen Weißweine. Ebenfalls ein AOC-Gebiet ist das Patrimonio *(siehe S. 70)*. Die dortige Domaine de Pietri in Morsiglia besteht seit 1786; bekannt ist auch die Domaine Gentile in St-Florent. Beide Kellereien keltern Rot- und Weißweine.

Ein Weinetikett aus der AOC-Region Patrimonio

Pino ❽

Straßenkarte D1. *145.*
Port de Plaisance, Macinaggio (04 95 35 40 34).

Das Dorf am Fuß des Col de Ste-Lucie ist von üppigem Grün umgeben. Schirmpinien strecken ihre Äste schützend über die Maisons d'Américains *(siehe S. 66)* wie etwa die Maison Savelli mit ihrem Familienmausoleum. Weitere Monumentalgräber stehen zwischen Zypressen an der Kreuzung von D80 und D180. Die zwei Taufbecken der Kirche **Ste-Marie** mit der Barockfassade zieren Tierfiguren. Den 1486 in Marina di Scalu erbauten **Couvent St-François** flankiert ein genuesischer Turm.

Umgebung: Fünf Kilometer von Pino beginnt an der zum Col de Ste-Lucie ansteigenden D180 der Weg zur **Tour de Sénèque** auf dem 546 Meter hohen **Monte Ventiggiola**. Die über einstündige Wanderung durch steile Macchia lohnt wegen der Aussicht am Gipfel. Hier soll der römische Philosoph und Dichter Seneca während seiner Verbannung gelebt haben – der Turm wurde erst im Mittelalter gebaut.

Ste-Marie
04 95 35 12 32.
nach Vereinbarung.
Couvent St-François
04 95 35 12 70.
für die Öffentlichkeit.

Canari ❾

Straßenkarte D1. *290.* *Port de Plaisance, Macinaggio (04 95 35 40 34).* *Fête de St-Thomas und Fête de St-Erasme (Juli).*

Zwei interessante Kirchen stehen in dem abseits der D80 gelegenen, in mehrere Weiler aufgeteilten mittelalterlichen Lehensgebiet Canari. Tierköpfe und menschliche Figuren prangen am Gesims der pisanisch-romanischen Kirche **Santa Maria Assunta** aus dem 12. Jahrhundert. Sie ist nur am 15. August öffentlich zugänglich. Die 1506 erbaute Kirche **St-François** wurde später barockisiert.

1932–66 wuchs Canari dank einer Asbestmine erheblich an. Der Abbau des giftigen Minerals hinterließ eine hässliche Narbe in der Landschaft. An der von einem Turm bewachten **Marine d'Albo** landete 1588 die Flotte des Hassan Pascha, dessen Truppen das Gebiet ausplünderten.

St-François
04 95 37 80 17.
Schlüssel im Rathaus.

Der alte Wachturm an der Marine d'Albo

Nonza liegt auf mächtigen Klippen

Nonza ⑩

Straßenkarte D1. 85.
Port de Plaisance, Macinaggio (04 95 35 40 34). Rencontres de Culture (2. Woche im Aug).

Die von einem Wehrturm bewachte, faszinierende Ortschaft »klebt« buchstäblich am steil in das Meer abfallenden Fels. Die pastellfarbigen Steinhäuser mit ihren Terrassen und kleinen Gärten sind oft nur über Treppen zu erreichen.

Stufen führen auch zur im 16. Jahrhundert erbauten, im 19. Jahrhundert vergrößerten Kirche **Ste-Julie**. Sehenswert sind der barocke Holzaltar, die dem Schutzheiligen der Seefahrer gewidmete Erasmus-Kapelle und eine Darstellung der heiligen Julia. Der Legende zufolge erlebte die Patronin Korsikas hier im 6. Jahrhundert ihr Martyrium, weil sie ihrem christlichen Glauben nicht abschwören wollte. Dort, wo angeblich die Brüste der Gekreuzigten hingeworfen wurden, sprudelt seitdem die **Fontaine de Ste-Julie** mit – selbstverständlich – wundertätigem Wasser.

Am 160 Meter unterhalb Nonzas gelegenen Strand bietet sich ein atemberaubender Blick hinauf zum Dorf. Hier legten noch im frühen 19. Jahrhundert die Dorfbewohner mit ihren Booten ab, um in die damals noch landwirtschaftlich genutzten Agriaten zu gelangen *(siehe S. 72)*. Die dunkle Farbe des Sandes ist dem Abraum der 1966 geschlossenen Asbestmine zu verdanken. Man kann hier sicher spazieren, aber nicht baden. Richtung Albo säumen zahlreiche Mausoleen *(siehe S. 29)* die D80. Sie wurden von im Ausland reich gewordenen Familien als Prestigeobjekte errichtet.

Patrimonio ⑪

Straßenkarte D2. 650.
Route du Cap Corse, St-Florent (04 95 37 06 04). Nuits de la Guitare (3. Woche im Juli).

Der Ort am Fuße des Col de Teghime und der Serra di Pigno im Herzen des Nebbio zählt zu den wichtigsten Weinbauzentren der Insel *(siehe S. 69)*. In der gleichnamigen Region sind die Kalkhügel mit Weingärten überzogen, die zu kleinen, im Familienbetrieb geführten Kellereien gehören.

Angesichts der hohen Qualität der angebauten Rebensäfte sollte man bei dem einen oder anderen Winzer weißen Vermentino oder aus Niellucciu-Trauben gekelterten Rotwein verkosten. Der kräftige Rote ist der ideale Begleiter zu Wurst und Wild.

Eine Treppe führt zur 1570 erbauten Kirche **St-Martin**, deren Fassade bei Sonnenuntergang golden schimmert. In derselben Gasse steht ein Menhir mit gemeißeltem Gesicht.

St-Martin
04 95 37 08 49.
tägl., Anmeldung im Rathaus (mairie).

St-Florent ⑫

Straßenkarte D2. *1350.*
Route du Cap Corse (04 95 37 06 04). Porto Latino: Lateinamerikanische Musik (Mitte Aug).

Am Ende einer langen Bucht scharen sich die hellen Häuser St-Florents um den Hafen und einer von Boutiquen, Cafés und Restaurants gesäumten Promenade. Im Sommer herrscht hier bis spät in die Nacht Trubel.

Obwohl hier schon in der Jungsteinzeit Menschen siedelten und in der Antike eine römische Basis bestand, entwickelte sich das Dorf erst im 15. Jahrhundert unter dem Schutz einer genuesischen Festung. Vom 17. bis 19. Jahrhundert vertrieb die Malaria die Menschen wieder aus dem sumpfigen Gebiet.

Die Häuser der Altstadt gruppieren sich um eine Pfarrkirche mit einer Statue des heiligen Florus. Am Ortsrand steht die alte Kathedrale des Nebbio, **Santa Maria Assunta**, ein großartiger romanischer Bau von 1140. Die helle Kalksteinfassade zieren zwei Reihen mit Blendarkaden und eine Nische mit einer Madonna. Die Kapitelle der Pilaster und Säulen im gleich einer Basilika gestalteten Inneren der Kirche sind mit Muscheln und Tierfiguren geschmückt. In einem Glaskasten ruhen die mumifizierten Reliquien des heiligen Florus aus dem 3. Jahrhundert n. Chr.

Santa Maria Assunta
Schlüssel im Informationsbüro.

Der Hafenkai von St-Florent

San Michele de Murato ⓭

Die Kirche aus dem 13. Jahrhundert zählt zu Korsikas schönsten pisanisch-romanischen Bauten. Nördlich von Murato thront sie 475 Meter über dem Tal des Bevincu und dem Nebbio. Der aus hellem Kalk und grünem Serpentin gestaltete Bau hat einen einfachen Grundriss. Das rechteckige Schiff endet in einer halbrunden Apsis, der mit der Fassade verbundene Glockenturm ruht auf kräftigen Säulen. Um die Kirche herum verläuft ein Band aus Blendbögen. Die Kragsteine und Umrahmungen der Fenster zieren Basreliefe mit Tier- und Pflanzenmotiven sowie allegorische Szenen, z. B. Eva mit dem verbotenen Apfel und das Lamm Gottes, das von anderen Tieren angegriffen wird.

INFOBOX

Straßenkarte D2.
☎ *04 95 37 60 10.*
◯ *Schlüssel im Rathaus* (mairie) *in Murato.*

Das zentrale Fenster der Apsis ist mit grünem Serpentin gestaltet

Der rechteckige Glockenturm in der Mitte der Vorderfront wurde im 19. Jahrhundert neu errichtet und vergrößert, ist aber ein originäres Element des Bauwerks. Er bildet vor dem Eingang eine kleine Säulenhalle.

Kragsteine
Die Blendbogen ruhen auf mit verschiedenen Naturmotiven verzierten Kragsteinen.

Fassade
An der vom Glockenturm dominierten Fassade befindet sich das Portal. Drei Blendarkaden erheben sich auf Kragsteinen mit als Basreliefen gearbeiteten Tierfiguren.

Zum Skulpturenschmuck zählen geometrische Muster und Szenen mit Vögeln und menschlichen Figuren.

Charakteristisch für die pisanische Romanik sind die in unregelmäßigem Schachbrettmuster angeordneten verschiedenfarbigen Steinblöcke.

Die beiden Säulen vor dem Portal bestehen aus Kalk- und Serpentinschichten.

Kapitelle
An der Basis der in Form zweier einfacher Voluten gestalteten Kapitelle verläuft um die Säulen eine Girlande.

Symbole
Die zwei Figuren, die die Blendarkaden flankieren, könnten die zur Bauzeit herrschenden politischen und religiösen Mächte verkörpern.

Olettas Dorfhäuser schmiegen sich an die Berghänge des Nebbio

Nebbio ⓮

Straßenkarte D2. *Route du Cap Corse, St-Florent (04 95 37 06 04).*

Das fruchtbare Alisu-Becken mit Weingärten, Olivenhainen und Obstgärten wird auch als »Goldmuschel« bezeichnet. Von St-Florent aus führt eine Rundfahrt über die D38, D82 und D62 zu den wichtigsten Orten des Nebbio von Oletta bis Rapale. Am Pass des Col di Teghime verläuft eine kleine Straße zur Serra di Pigno mit fantastischer Aussicht. Am Col de San Stefano windet sich die steile, Défilé de Lancone genannte D62 in schwindelerregenden Serpentinen zur Küste hinab. Von Rapale aus gelangt man in einem halbstündigen Fußmarsch zur im 13. Jahrhundert errichteten **Chapelle de San Cesario** mit der charakteristischen grün-weißen Schiefer-Kalk-Fassade. **Murato** schließlich wartet mit einem Tizian zugeschriebenen Gemälde in der Pfarrkirche sowie der berühmten romanischen Kirche San Michele auf *(siehe S. 71)*.

Oletta ⓯

Straßenkarte D2. *880.*
Route du Cap Corse, St-Florent (04 95 37 06 04).

Weiß, ocker und rosa getüncht ducken sich die Steinhäuser des Dörfchens Oletta in das üppige Grün der Hügel des Nebbio. Von hier aus hat man eine geradezu sensationelle Aussicht auf den Golfe de St-Florent und den Nebbio sowie auf einen Glockenturm, das einzig verbliebene Bauwerk des alten Klosters **Couvent St-François**. In Blickrichtung der Hügelkuppe ist das – für die Region nicht ungewöhnliche – monumentale **Mausoleum des Comte Rivarola**, des ehemaligen Gouverneurs von Malta, nicht zu übersehen.

Detail eines Mausoleums im Nebbio

Die Pfarrkirche **St-André** aus dem 18. Jahrhundert präsentiert stolz ein die Schöpfung darstellendes Basrelief an der Fassade und ein hölzernes Triptychon aus dem Jahr 1534.

Die Gegend um Oletta ist berühmt für ihren Schafkäse, aus dem früher Roquefort produziert wurde.

Désert des Agriates ⓰

Straßenkarte C–D2.
Route du Cap Corse, St-Florent (04 95 37 06 04).

Die 160 Quadratkilometer große grüne »Wüste« zwischen St-Florent und der Ostriconi-Mündung ist praktisch unbewohnt. Nur ein paar Schäfer und die wenigen Einwohner des Weilers Casta leben hier. Bis Mitte des 19. Jahrhunderts war dies die Kornkammer von Bastia und Cap Corse, mit Weizen, Oliven, Wein und Obst. Die Bauern kamen mit dem Boot von Nonza, Canari und St-Florent, um das Land zu bestellen. Heute zeugen nur noch die Scheunen und steinernen Getreidespeicher von der agrarischen Vergangenheit des Gebiets, in dem die Macchia die Oberhand über die aufgegebenen Felder erlangt hat.

Die Panoramastraße D81 durchquert die süß duftende, v. a. im Frühjahr fantastische Einöde. Zwei – nur mit Allradantrieb zu bewältigende – Abstecher führen zu den Stränden von **Saleccia** *(siehe S. 21)* und **Guignu**. Der 35 Kilometer lange Küstenweg ist auf jeden Fall ein paar Tage wert – Unterkünfte bieten renovierte Scheunen. Von St-Florent aus kann man zudem zu dem von Saleccia zu Fuß 30 Minuten entfernten Strand von **Loto** segeln. Bequemer erreicht man den Sandstrand von **Ostriconi**, der mit Dünen und Gumpen lockt.

Frühlingsblüten an den Hängen des Désert des Agriates

Der Duft der Macchia

Die Macchia zählt zu den üppigsten Vegetationsarten im südlichen Europa. Dichtes Unterholz und Strauchwerk bedecken riesige Gebiete an der Küste und im Landesinneren: insgesamt rund 2000 Quadratkilometer. Ihren vollen Zauber entfaltet die Macchia im Frühjahr, wenn Zistrosen und Ginster einen leuchtenden Teppich aus weißen, rosa und gelben Blüten weben. Aus ihnen werden Essenzen und verschiedene Honigarten gewonnen. Im Vergleich zu Bäumen und hohen Sträuchern kann die Macchia auch bei häufigen Feuern recht schnell nachwachsen. Typische Macchiakräuter sind Zistrose, Affodill, Alpenveilchen, Lavendel, Heidekraut und Sarsaparilla, zu den charakteristischen Sträuchern zählen Rosmarin, Wacholder, Myrte, Mastixstrauch, Erdbeerbaum und Steinlinde. Unter den Bäumen geben sich in der Macchia zwei Eichenarten die Ehre: Korkeiche und immergrüne Steineiche.

Weiße Blüten der Zistrose

Am Wilden Fenchel *bilden die schirmförmigen Blüten kleine weiße oder gelbliche Wolken. Sein starker Duft ist ein typischer Begleiter der Macchia. Getrocknet wird er gerne für Duftkissen verwendet.*

Die Zistrose *ist eine typische Macchiapflanze, die man bis zu 1200 Metern Höhe antrifft. An dem langsam wachsenden Strauch mit den leicht fleischigen Blättern wachsen fünfblättrige Blüten. Die Staubgefäße leuchten goldgelb.*

Wilder Rosmarin *schwängert mit seinem intensiven Duft die Luft. Die aromatischen Blätter dienen als Gewürz, Arznei und für Parfüms.*

Die Myrte, *ein Fruchtbarkeitssymbol, gilt als heilig. Zwischen den duftenden Blättern leuchten weiße Blüten; aus den dunklen Beeren wird Likör destilliert.*

Ginster *überzieht von April bis Spätsommer Hügel und Berge mit einem leuchtend gelben Blütenkleid, das seine grünen, gebogenen, stacheligen Zweige bedeckt.*

Rote Granitfelsen in der Bucht von L'Île Rousse

L'Île Rousse ⑰

Straßenkarte C2. *2800.* *Route du Port.* *von Genua, Savona, Marseille, Nizza, Toulon.* *Place Paoli (04 95 60 04 35).* *Festimare (Anfang Mai).*

Betriebsames (Sand-)Strandleben, eine schöne Promenade (wie an der Riviera), Läden und ein lebhafter Hafen: L'Île Rousse. Der Ort wurde 1758 von Pasquale Paoli als Konkurrenz zu den genuesischen Häfen Calvi und Algajola gegründet. An der zentralen Place Paoli kann man einkaufen oder in einem Café den Pétanque-Spielern im Schatten der Palmen und Platanen zuschauen. In der Mitte des Platzes thront Paoli als Brunnenfigur.

Der Platz ist auch Endstation für die Bahn, die die Bucht entlang bis zur Isola di La Pietra fährt. Auf dem mit dem Festland durch eine Mole verbundenen Inselchen stehen ein Turm und ein Leuchtturm, den Paoli 1857 erbaute.

In der im 19. Jahrhundert im Stil eines griechischen Tempels erbauten Markthalle an der Place Paoli werden Wurst, Gemüse, Käse, Macchiablüten-Honig, Fisch und Bauernbrot angeboten. Empfehlenswerte Läden und Restaurants scharen sich in der gut erhaltenen Altstadt nördlich des Platzes, deren Gassen zum Meer führen.

Außerhalb des Ortes ist der beliebte, weniger urbane Strand von Rindara über einen Feldweg zu erreichen.

L'Île Rousse ist zudem der Ausgangsort für Ausflüge in die Balagne *(siehe S. 76f)*, wo sich Korsikas beste Kunsthandwerker niedergelassen haben. Ihre Produkte werden in die ganze Welt exportiert.

Ein typisches Dorf der Region ist das von Olivenhainen umgebene **Monticello** mit dem Castel d'Ortica aus dem 13. Jahrhundert. Lohnend wegen der Aussicht an der Kirche aus dem 11. Jahrhundert ist auch die Fahrt nach **Santa Reparata di Balagna**.

Algajola ⑱

Straßenkarte C2. *200.* *Information (04 95 62 78 32).*

Das von einem zwei Kilometer langen Sandstrand gesäumte Algajola bietet hervorragende Wassersportmöglichkeiten. Die phönizische Siedlung diente Römern als Legionsstützpunkt und war für die Genuesen wegen ihrer zentralen Lage wichtig. Die Glanzzeit des wiederholt von Sarazenen geplünderten Ortes war im 17. Jahrhundert, als die Bastionen erbaut wurden.

Auch die Kirche **St-Georges** wurde nach einem Angriff von Barbaresken-Piraten befestigt. Die Darstellung der Kreuzabnahme aus dem 17. Jahrhundert wird dem italienischen Künstler Guercino zugeschrieben.

St-Georges
04 95 62 78 32. *Sommer: Schlüssel im Informationsbüro.*

Pigna ⑲

Straßenkarte C2. *90.* *Place Paoli, L'Île Rousse (04 95 60 04 35).* *Estivoce (Juli).*

Das Dörfchen thront inmitten von Olivenhainen an einem Berg der Balagne und verströmt mit Treppen, Gässchen und Passagen mittelalterliches Flair. Die Kirche am baumgesäumten Hauptplatz hat zwei Glockentürme.

Pigna ist ein Zentrum korsischer Volksmusik und traditionellen Kunsthandwerks. Die **Casa Musicale**, nebenbei Hotel *(siehe S. 160)* und Restaurant, agiert als Traditionswächterin korsischer Musik und Kultur. In den Werkstätten der Einrichtung werden traditionelle Musikinstrumente, darunter verschiedene Arten von Lauten, gefertigt. Das Atelier **Scat'a Musica** verkauft Spieluhren, sehenswert ist auch die Auswahl des auf korsische Produkte spezialisierten Ladens A Merendella. Traditionellen Gesängen kann man beim sommerlichen Estivoce-Festival lauschen.

Spieluhr von Scat'a Musica in Pigna

Casa Musicale
04 95 61 77 31.
www.casa-musicale.org

Umgebung: Zwei Kilometer von Pigna entfernt wurde das von Franziskanern gegründete Kloster **Couvent de Corbara** (1456) in der Französischen Revolution zerstört und im 19. Jahrhundert von Dominikanern neu aufgebaut. Pasquale Paoli war hier einst zu Gast.

Zu Füßen der Zitadelle schützt eine Mole den Hafen von Algajola

Aregno ⓴

Straßenkarte C2. 600. *Place Paoli, L'Île Rousse (04 95 60 04 35).* *Mandelfest (Anfang Aug)*

Aregno, von Oliven- und Zitrusgärten umgeben, hat eine barocke Pfarrkirche, **St-Antoine**, und eine pisanisch-romanische Kirche, **Trinité et San Giovanni**. Die Fassade des 1177 aus grünem, weißem und rosa Granit errichteten romanischen Bauwerks zieren vier Blendarkaden über dem Portal, den Giebel kleine Blendbogen und die geheimnisvolle Figur eines Mannes, möglicherweise die frühe Darstellung eines »Dornausziehers«. In der Kirche zeigen die beiden Fresken aus dem 15. Jahrhundert den heiligen Michael sowie die vier Kirchenväter.

Trinité et San Giovanni
04 95 61 70 34. *Juli, Aug; in den anderen Monaten liegt der Schlüssel im Rathaus* (mairie).

Sant'Antonino ㉑

Straßenkarte C2. *60.* *Place Paoli, L'Île Rousse (04 95 60 04 35).*

Wie ein Adlernest schwebt der Ort über den Tälern der Flüsse Regino und Tighiella. Hier, in luftigen 447 Metern Höhe, bietet sich ein herrlicher Ausblick von den schneebedeckten Bergen bis zum Meer. Das kreisförmig angelegte Dorf zählte zum Lehensbesitz der Familie Savelli und beschützte als uneinnehmbare Festung die Bevölkerung des ganzen Tales gegen die Angriffe seeräuberischer Sarazenen. Die Gässchen des Dorfes sind mit ihren Treppen und Passagen nur für Fußgänger geeignet. In den renovierten Häusern aus dunklem Granit bieten Läden einheimisches Kunsthandwerk an.

Nach Sant'Antonino führt eine lange Treppe hinauf

Glockenturm und Barockkirche von Feliceto bei Sant'Antonino

Umgebung: Etwa zehn Kilometer von Sant' Antonino entfernt liegt an der D663 **Feliceto** mit einer sehenswerten Barockkirche und einer Olivenölfabrik.

In der anderen Richtung liegt die Region Giussani. Dort verbinden Wanderwege die Dörfer **Pioggiola** und das für sein Olivenöl berühmte **Olmi-Cappella**.

Speloncato ㉒

Straßenkarte C2. *194.* *Place Paoli, L'Île Rousse (04 95 60 04 35).*

Das Dorf am Monte Tolo bietet eine wunderschöne Aussicht auf die umliegende Balagne. Der Name der Ortschaft leitet sich von den *spelunche* ab, den Höhlen in der Umgebung, zu denen beispielsweise die acht Meter lange **Pietra Tafonata** gehört. Zweimal jährlich, am 8. April und erneut am 8. September, fällt das Licht der untergehenden Sonne angeblich genau durch diesen Tunnel und erhellt kurz den Dorfplatz mit der Barockkirche **San Michele**.

Calenzana ㉓

Straßenkarte C2. *1535.* *Place Paoli, L'Île Rousse (04 95 60 04 35).* *Fête de Ste-Restitute (Ende Mai).*

Heute wie früher bilden Olivenöl, Wein und Honig die wirtschaftlichen Säulen des Balagne-Städtchens, in dem der Fernwanderweg GR20 beginnt *(siehe S. 22)*.

Die von dem Mailänder Baumeister Domenico Baina entworfene Barockkirche **St-Blaise** stammt aus dem späten 17. Jahrhundert. Das Deckenfresko des Kirchenschiffs zeigt den heiligen Blasius, der ein Kind rettet. Am Fuß des Glockenturms erinnert eine Gedenktafel an die Schlacht von Calenzana zwischen korsischen Nationalisten und Genua am 14. Januar 1732. Dabei fanden 700 deutsche Söldner den Tod.

Einen Kilometer entfernt ist die im 12. Jahrhundert über einer römischen Nekropole erbaute Kirche **Ste-Restitute** einen Besuch wert. Sie ist der in der gesamten Region verehrten korsischen Märtyrerin Restitute geweiht, deren Marmorsarkophag in der Krypta aufgestellt ist. Ihr Martyrium stellen zwei Fresken aus dem 14. Jahrhundert dar.

Umgebung: Ein kurzer Abstecher nach **Montemaggiore** an der D151 lohnt wegen der schönen Barockkirche und des fantastischen Blicks auf den Golf von Calvi.

Tour: Strada di l'Artigiani ㉔

Typische Spieluhr aus Pigna

Auf der »Straße der Künstler« lernt man die typischen Kunsthandwerke der Balagne kennen. In den hoch gelegenen Dörfern dieser fruchtbaren Region im Hinterland von Calvi und L'Île Rousse sind die Werkstätten beliebte Touristenattraktionen. Künstlerischer Hauptort ist Pigna *(siehe S. 74)*, wo sich die Casa Musicale dem Erhalt und der Pflege des reichen Kulturerbes Korsikas verschrieben hat. An der Strecke zeigen Wegweiser die verschiedenen Routen zu Dörfern wie Calenzana, Corbara, Santa Reparata, Feliceto, Pigna, Lumio, Monticello, Occiglini, Lozari, Palasca, Olmi-Cappella, Cateri und Occhiatana, in denen Architektur und atemberaubende Aussicht die Besucher gleichermaßen faszinieren.

Pigna ④
Im regionalen Zentrum des Kunsthandwerks werden Musikinstrumente, Spieluhren, Töpferwaren und Naturprodukte wie Wein, Honig, Olivenöl und Käse angeboten. In Pigna finden sich alle Arten von Werkstätten und einige der besten Künstler Korsikas.

Corbara ③
Corbara ist ein »Muss« für Liebhaber von künstlerischen Keramiken, Geschirr und Töpferwaren. Hier arbeitet man hauptsächlich mit vielseitig verwendbarem, robustem Steingut.

Lumio ②
Gleich südlich von Lumio produziert ein Familienbetrieb ätherische Öle. Im angeschlossenen Laden sind Massage- und Aromatherapieöle erhältlich, die aus den duftenden Pflanzen des Umlands gewonnen werden. In dem Gebiet findet man auch Messerschmiede und Winzer, die Rot-, Weiß-, Rosé- und Muscatweine in AOC-Qualität herstellen.

Calenzana ①
Das wohlhabende kleine Dorf im Landesinneren der Balagne ist für seinen köstlichen Affodill-Lavendel-Honig sowie für Korbwaren und die *raku* genannten Steingutartikel bekannt.

Legende

- Routenempfehlung
- Andere Straße
- Eisenbahn

Olivenöl aus der Balagne

Unter den Spezialitäten der Balagne nimmt das kalt gepresste Olivenöl eine besondere Stellung ein. Oliven, Olivenbäume und -öl haben auf Korsika immer eine große Rolle gespielt. Wie Myrte und Laricio-kiefer ist auch der Ölbaum eine hier endemische Pflanze – manche Bäume sind über 500 Jahre alt. Bei der Ernte schüttelt man die Oliven von den Ästen und fängt sie in ausgelegten Netzen auf. Die Früchte werden in hydraulischen Pressen gepresst. Olivenöl besitzt als hundertprozentiger »Fruchtsaft« einen hohen Nährwert.

Olivenernte

Routeninfos

Broschüren sind in der Information in Calvi, 97, port de Plaisance (04 95 65 16 67), oder in jeder anderen Touristeninformation in der Balagne erhältlich.

Länge: *50 km.*

Dauer: *Ein Tag für die vorgeschlagene Route, Abstecher in andere Dörfer oder kulinarische Ausflüge dauern entsprechend länger.*

Rasten: *Zahlreiche Möglichkeiten in allen Ortschaften.*

Feliceto ⑤
Das Dorf lockt besonders die Liebhaber mundgeblasener Glasobjekte an, die von zwei ansässigen Glasbläsern gefertigt werden. In den beiden Weinkellereien am Ortsrand sowie im Zentrum werden Weinproben veranstaltet.

Occhiatana ⑥
Wie in Corbara wird hier Steingutware in allen Variationen angeboten – Vasen, Lampen, Kerzenhalter und eine Vielzahl weiterer Objekte, die als typisch korsische Souvenirs zahlreiche Liebhaber finden.

Calvi ㉕

Tafel über dem Eingang der Zitadelle

Die auf einer felsigen Landzunge errichtete genuesische Zitadelle aus dem 15. Jahrhundert bildet eine Oase der Ruhe im Trubel der Stadt. Drei der vier mächtigen Wälle der Festung über dem Yachthafen und der Promenade von Calvi sind zum Meer gerichtet. 1794 konnten sie erst nach 30 000 Kanonenschüssen der britischen Flotte überwunden werden. Eine Flucht von Gassen führt zum ehemaligen Gouverneurspalast und zur Kathedrale St-Jean-Baptiste. Die Kirche wurde 1567 fast zerstört, als ein Pulverarsenal explodierte. Bei einem Spaziergang auf den Festungsmauern, zur Tour de St-Antoine und den Bastionen Teghiale und Malfetano bietet die umwerfende Aussicht ständig neue Ausblicke.

Entlang der Festungswälle führt ein von den Wachen genutzter Weg

Eingang der Zitadelle
Am Eingang der Zitadelle grüßt ein Glasschild mit den Symbolen der Seerepublik Genua die Besucher.

Palais des Gouverneurs Génois
In diesem Bauwerk von 1492 residierten von 1545 bis 1547 und erneut ab 1652 die genuesischen Gouverneure. Heute dient es als Kaserne für eine Division der Fremdenlegion.

Oratoire St-Antoine
In dem Bau von 1510 versammelten sich zwei Bruderschaften (siehe S. 61). *Zur Innenausstattung zählen Fresken des 15. und 16. Jahrhunderts sowie eine dem italienischen Künstler Sansovino zugeschriebene elfenbeinerne Christusfigur.*

NICHT VERSÄUMEN

★ St-Jean-Baptiste

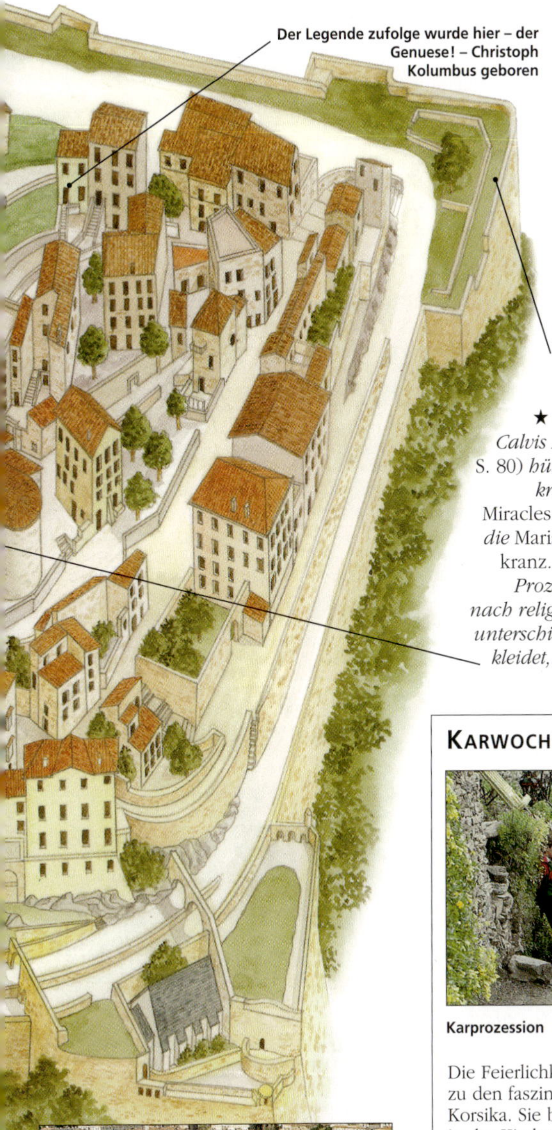

INFOBOX

Straßenkarte B2. *5600.* *Ste-Catherine, 4 km (04 95 65 88 88).* *Avenue de la République (04 95 65 00 61).* *von Marseille, Nizza, Toulon und Savona.* *97, Port de Plaisance (04 95 65 16 67).* *La Granitula (Karwoche); Festival de Jazz (Ende Juni); Chants polyphoniques (Mitte Sep); Festiventu (Mitte–Ende Okt).*
www.balagne-corsica.com

★ St-Jean-Baptiste
Calvis Kathedrale (siehe S. 80) *hütet das Ebenholzkruzifix* Christ des Miracles *(15. Jh.) sowie die* Maria vom Rosenkranz. *Sie wird bei Prozessionen, je nach religiösem Fest unterschiedlich gekleidet, getragen.*

Blick von den Bastionen
Schützend erheben sich die massiven Festungsmauern und die Tour de St-Antoine über Yachthafen und Unterstadt.

KARWOCHE

Karprozession

Die Feierlichkeiten der Karwoche gehören zu den faszinierendsten und schönsten auf Korsika. Sie beginnen am Gründonnerstag in der Kirche Ste-Marie-Majeure *(siehe S. 80)* mit der Segnung der aus Kastanienmehl gebackenen *canistrelli*. Diese kreuzförmigen Kuchen werden noch einmal nach der Büßerprozession der Erasmus- und Antoniusbruderschaften gesegnet. Am Karfreitagabend dann windet sich die Granitula-Prozession von St-Jean-Baptiste durch die Gassen der Unterstadt zur Zitadelle. Mitglieder der Bruderschaften tragen das Ebenholzkreuz des *Christ des Miracles* und die zu diesem Anlass schwarz gekleidete Marienfigur der *Jungfrau vom Rosenkranz*. Einige Teilnehmer der Prozession sind barfuß, tragen weiße Büßerkutten und Holzkreuze.

Überblick: Calvi

Fries, Notre-Dame-de-la-Serra

Die Hauptstadt der Balagne sollte man nicht nur wegen ihres langen Strandes keinesfalls verpassen. Der angeblich »wirkliche« Geburtsort von Christoph Kolumbus wurde bereits im 1. Jahrhundert n.Chr. von Römern gegründet. Ab 1278 war Calvi der wichtigste Stützpunkt der Genuesen und die wohlhabende Hauptstadt der von der Seerepublik regierten Insel. Die Zitadelle mit den jahrhundertealten genuesischen Festungswällen bildet die Oberstadt, die über die in fröhliche Ferienatmosphäre getauchte, lebhafte Unterstadt am Hafen wacht.

Sonnenbadende am weißen Traumstrand von Calvi

St-Jean-Baptiste

Den Mittelpunkt von Calvis Zitadelle bildet die Kathedrale St-Jean-Baptiste, deren Fundamente aus der Mitte des 13. Jahrhunderts stammen. Das Bauwerk hat eine dramatische Geschichte: Die Originalkirche brannte 1481 nieder, der Nachfolgebau wurde bei einem Angriff der Türken im Jahr 1553 stark beschädigt und 14 Jahre später völlig zerstört, als in der Nähe ein Schießpulverlager explodierte. 1576 wurde die Kathedrale in ihrer heutigen Form eines griechischen Kreuzes wieder erbaut.

Das Kriegerdenkmal in Calvi

Im Innenraum der Kathedrale ist das Ebenholzkruzifix *Christ des Miracles* neben dem Marmoraltar von besonderer Bedeutung. Während der türkischen Belagerung von 1553 trugen Stadtbewohner das Kruzifix durch die Straßen. Die Christusfigur veranlasste angeblich die Türken, die Stadt schnellstens zu verlassen.

Place Christophe Colomb

Der Platz unterhalb der Zitadelle verbindet Alt- und Neustadt und ist (auch wegen des großen Parkplatzes) idealer Ausgangspunkt für eine Erkundung per pedes. In der Mitte des Platzes erinnert ein Bronzedenkmal an die Gefallenen des Ersten Weltkriegs, ein Gedenkstein an das erste Bataillon der französischen Armee, die Korsika 1943 befreite. Eine Treppe führt hinunter zur Fußgängerzone Rue Clemenceau. Hier dienen Restaurants dem leiblichen Wohl und bieten Läden alles Mögliche für das Strandleben an.

Ste-Marie-Majeure

Rue Clemenceau. ◯ *tägl.*

Die roséfarbene Kirche steht nahe der Rue Clemenceau an einem kleinen Platz im Zentrum. Den ab 1765 errichteten Barockbau mit der sanft gerundeten Kuppel ergänzt seit 1838 ein Glockenturm. Zum Skulpturenschmuck der Kirche zählen eine Figur des heiligen Erasmus, des Schutzheiligen der Fischer, und eine Mariendarstellung, die bei einer Prozession durch die Stadt getragen wird. Die Kapelle im Chor ziert ein auf Leder gemaltes Ölgemälde aus Córdoba.

Marina

In Calvis prächtiger Marina ankern im bunten Miteinander Luxusyachten neben einfachen Fischerbooten und kleinen Seglern. Hier starten die eintägigen Bootstouren, die an der Westküste entlang bis zur Réserve Naturelle de Scandola *(siehe S. 104f)* zwischen Galéria und Porto oder gar bis nach Ajaccio führen. Weite Abschnitte dieser Küste mit ihren faszinierenden roten Granitformationen kann man von Nahem nur von der Meerseite aus betrachten. Im Hafen liegen aber auch die Boote der Tauchschulen. Sie bringen Sportler zu den besten Tauchgründen, etwa bei der Pointe Revellata *(siehe S. 191)*, wo kurze Einführungskurse für Tauchanfänger geboten werden.

Quai Landry

Hotels, Restaurants und Cafés säumen die von Leben erfüllte Promenade. Hier kann man sich stundenlang bei einem erfrischenden Getränk im Schatten von Palmen und bunten Markisen entspannen, den Manövern der ein-

Ferienstimmung am Quai Landry, im Hintergrund Ste-Marie-Majeure und ausfahrenden Boote zusehen oder die Passanten am Kai beobachten.

Der mittelalterliche Wachturm Tour du Sel unterhalb der Zitadelle am Ende des Kais wurde früher als Salzlager genutzt. Den weiter entfernten Hafeneingang dominiert ein Leuchtturm.

Strand

Calvis viereinhalb Kilometer langer Strand erstreckt sich von der Marina bis zur Mündung der Figarella. Der angrenzende Pinienwald wurde im 19. Jahrhundert

Die Pointe Revellata ist ein beliebter Platz zum Tauchen

Chapelle de Notre-Dame-de-la-Serra

angelegt, als das Marschland urbar gemacht wurde. Den feinen weißen Sand und die Dünen des Strands schützt ein Zaun.

Zwischen den Pinien kann man zelten oder sich z. B. Liegestühle ausleihen.

Umgebung: Vier Kilometer südlich von Calvi führt eine steile Straße links hoch in die sich zwischen erodierte Felsen duckende Macchia. Von hier fällt der Blick auf die Landzunge **La Revellata**, wo Taucher ihr Mekka finden. Die Straße endet an der Kapelle **Notre-Dame-de-la-Serra**. Sie entstand im 19. Jahrhundert über den Ruinen eines Gebäudes aus dem 15. Jahrhundert, das 1794 während der britisch-korsischen Kämpfe um Calvi zerstört wurde. Von der Terrasse mit der Statue hat man einen fantastischen Blick auf die Bucht und die Stadt. Dies ist ein beliebter Picknickplatz.

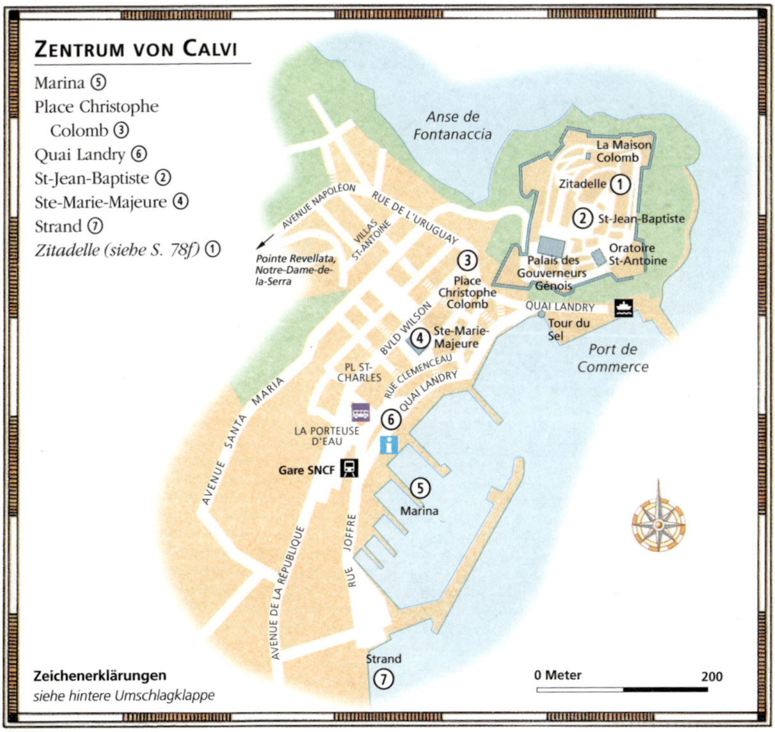

Ajaccio und die Westküste

Vom Wind gepeitschte, rau verwitterte und schroff aufragende Felsen, weiße Sandstrände zwischen roten Granitklippen: Korsikas »wilder« Westen bietet eine atemberaubende Naturlandschaft. Die drei Meerbusen von Porto, Sagone und Ajaccio gliedern die wild zerklüftete Westküste, die sich erheblich von der sanft geformten Küstenlinie des Ostens unterscheidet.

Dank der Naturschutzgebiete von Scandola und des Golfe de Girolata hat der Golfe de Porto bis heute seine wilde Schönheit bewahrt, und auch die Landschaft rund um die Sandstrände von Ajaccio und Sagone wurde durch den Tourismus nicht verschandelt.

Diesen Küstenabschnitt sollte man am besten zu Fuß erkunden, auf Pfaden durch die Macchia nach Girolata schlendern, vorbei an Felsen der Calanques zwischen Piana und Porto, oder von Ajaccio aus zur Küste bei den Îles Sanguinaires oder zu den Stränden von Capo di Feno wandern.

Die Hauptstadt von Corse-du-Sud *(siehe S. 49)* ist eine Gründung Genuas. Obwohl Ajaccio seinen Wohlstand der Seerepublik *(siehe S. 41–45)* verdankte, ist sein Name doch v. a. mit seinem berühmtesten Sohn verbunden: Napoléon Bonaparte. Und dessen Gedenken wird in Ajaccio in allen erdenklichen Varianten aufrechterhalten. Auf Schritt und Tritt begegnet man dem »großen kleinen« Korsen auf Tafeln, Statuen und in Form von Souvenirs.

Der »wilde« Westen bietet eine herrliche Küste und eine der schönsten Unterwasserwelten im Mittelmeer, aber auch malerische Täler, in denen Oliven, Kiefern und Kastanien gedeihen. Einige Bergdörfer haben die alten Hirtentraditionen behalten, in denen Forstwirtschaft und die Zucht halbwilder Schweine eine wichtige Rolle spielen. Doch wenn auch die Wildbäche wie seit Urzeiten spektakulär durch Schluchten wie die Gorges de Spelunca bei Evisa und die Gorges du Prunelli bei Bastelica rauschen: Die alten Steinbrücken gehören nicht mehr den Schafen und Mulis, sondern den Wanderern, die auf den Fernwanderwegen *Mare a Mare* und *Mare e Monti* das überwältigende Panorama genießen.

Im Golfe de Porto hält der mächtige genuesische Wehrturm noch immer Wache

◁ In den Calanques des Piana führt der »Klassiker« Sentier de Château Fort durch spektakuläre Formationen

Überblick: Ajaccio und die Westküste

Die von den Meerbusen von Porto, Sagone und Ajaccio gegliederte Westküste bietet von den Porphyrfelsen in der Réserve Naturelle de Scandola *(siehe S. 104f)* bis zu den weißen Stränden von Porticcio traumhafte Landschaften. Außer im eleganten Ajaccio mit seinen Museen spielt hier für den Besucher die Natur die erste Geige. Einige der wichtigsten Sehenswürdigkeiten gehören zum Parc Naturel Régional de la Corse *(siehe S. 99)*: Evisa und der Forêt d'Aïtone, die Vallée du Fango, die Gorges de Spelunca, die Calanques de Piana, die Gorges du Prunelli und der Golfe de Girolata. Das Gebiet ist – besonders um Porto – ein Paradies für Wanderer und kann auf zahlreichen markierten Wegen erkundet werden.

Im Golfe d'Ajaccio lockt die Traumbucht Plage de Verghia mit Sandstrand und klarem blauem Wasser

In der Réserve Naturelle de Scandola findet man aufsehenerregende Felsformationen

LEGENDE

- Hauptstraße
- Nebenstraße
- Wanderweg
- Panoramastraße
- Eisenbahn
- Pass

0 Kilometer 10

SIEHE AUCH

• ***Übernachten*** S. 161–163

• ***Restaurants*** S. 175f

Sehenswürdigkeiten auf einen Blick

Ajaccio S. 86–91 ❶
Cargèse ⓫
Forêt d'Aïtone ⓰
Forêt de Chiavari ❻
Galéria ⓲
Girolata ⓱
Gorges de Spelunca ⓯
Gorges du Prunelli ❼
Îles Sanguinaires ❹
Piana ⓬
Pointe de la Parata ❸
Porticcio ❺
Porto ⓮
Réserve Naturelle de Scandola S. 104f ⓳
Route des Sanguinaires ❷
Sagone ❿
Tiuccia ❾
Vallée de la Gravona ❽

Tour

Calanques de Piana S. 100f ⓭

Junge Lariciokiefern im dichten Forêt d'Aïtone

In den Tälern an der Westküste liegen malerische Dörfer

An der Westküste unterwegs

Bei Ajaccio führen breite Straßen nach Corte und Sartène, die Nebenstraßen in den Bergen sowie an der Küste zwischen Galéria und Porto sind sehr schmal. Auf diesen Strecken hoch über dem Meer ist äußerste Vorsicht geboten. In der Regel kommt man auf Korsika am besten mit dem Auto voran, doch gelangt man auch mit der Bahnlinie Ajaccio–Bastia nach Bocognano. Dort beginnen viele Wege durch die Vallée de la Gravona. Lohnend sind auch Bootsausflüge an der Westküste, etwa von Ajaccio oder Sagone zu den Îles Sanguinaires und zum Golfe de Porto. Porto ist der Ausgangspunkt für Ausflüge nach Girolata und in die Réserve Naturelle de Scandola.

Ajaccio ❶

Relief an Ajaccios Kathedrale

Die größte Stadt und politisches Zentrum Korsikas verströmt typisch mediterranes Flair. Ajaccio besteht aus der genuesischen Altstadt, in der pastellfarbene Häuser die engen Straßen säumen, der modernen City mit Alleen und Straßencafés sowie den sich bis hinauf in die Berge ziehenden Vororten. Von dort hat man eine herrliche Aussicht über den Golf und auf die wuchtige Zitadelle. Der bereits in der römischen Kaiserzeit von Römern besiedelte Ort entwickelte sich ab 1492 unter den Genuesen. 1553 wurde die Stadt von Sampiere Corso *(siehe S. 45)* für Frankreich erobert, doch 1559 im Rahmen des Friedensvertrags von Cateau-Cambrésis an Genua zurückgegeben. Zwar blühte Ajaccio unter den Fittichen Genuas durch den Handel, die Landwirtschaft und die Korallenfischerei auf, doch Einheimische bekamen erst ab 1592 das Recht zugesprochen, in Ajaccio zu leben. 1723 wurde Ajaccio die Hauptstadt von Westkorsika. Berühmtester Sohn der Stadt ist ohne Zweifel Napoléon Bonaparte.

Der nach Tino Rossi benannte Hafen und die Jetée de la Citadelle

Zitadelle

● *für die Öffentlichkeit.*

Die Erbauung der Zitadelle begann 1554 auf Befehl des französischen Marschalls de Thermes und wurde 1559 von den Genuesen vollendet. Der Bau im inneren Bogen des Golfs überragt die Jetée de la Citadelle, eine Mole am nach dem Schlagersänger Tino Rossi benannten Hafenteil. Die Festung wacht mit Wachgängen, Wällen und Mauern über die genuesische Altstadt.

Da hier auch heute noch Militär stationiert ist, kann sie nur von außen, das heißt vom Strand, von den Wellenbrechern oder vom Boulevard Danielle Casanova bewundert werden. Danielle Casanova war eine in Ajaccio geborene französische Widerstandskämpferin, die 1943 in Auschwitz ermordet wurde.

Musée du Capitellu

18, boulevard Danielle Casanova.

☎ *04 95 21 50 57.* ○ *Apr–Okt: Mo–Sa, So Vormittag.*

Das kleine, aber feine Privatmuseum zeigt die Geschichte Ajaccios anhand des Schicksals der alten korsischen Familie Bacciochi. Zu den Exponaten zählen etwa religiöse Artefakte, Gemälde, Porzellan, Silber sowie ein wertvolles vergoldetes Silberservice, das Napoléon auf seinen Feldzügen verwendete.

St-Erasme

Rue Forcioli-Conti.

Die 1617 als Kapelle des Jesuitenkollegs gegründete spätere Kirche des Königlichen Kollegs war während der Französischen Revolution für die Öffentlichkeit geschlossen und wurde für die Verwaltung genutzt. 1815 wurde sie neu geweiht und nach dem heiligen Erasmus benannt. An den Schutzpatron der Seefahrer erinnern Schiffsmodelle, drei Prozessionskreuze und eine Statue des Heiligen mit Engeln. Sie wird alljährlich am 2. Juni in einer Prozession zum Meer getragen.

Kathedrale

Rue Forcioli-Conti.

☎ *04 95 21 07 67.* ○ *tägl.*

Die Kathedrale von Ajaccio wurde 1582–93 von Giacomo della Porta im Stil der venezianischen Renaissance erbaut, hat aber auch barocke Elemente. Die einfache Fassade straft die üppige Innenausstattung mit Marmor und Gold Lügen. Hier wurde im Juli 1771 Napoléon getauft.

Die erste Kapelle auf der linken Seite ziert Eugène Delacroix' Gemälde *Jungfrau vom heiligen Herzen*. Der Barmherzigen Mutter, Ajaccios Schutzheiligen (der am 18. März mit einer Prozession gedacht wird, *siehe S. 32*), ist die nächste Kapelle mit der beeindruckenden Marienstatue geweiht. Den weißmarmornen Hochaltar mit den spiralig gedrehten schwarzen Säulen stiftete 1811 Elisa Bacciochi. Die Schwester Napoléons trug den Titel einer Fürstin von Lucca und Piombino.

Die schlichte Fassade der Kathedrale von Ajaccio

Hotels und Restaurants in Ajaccio und an der Westküste *siehe Seiten 161–163 und Seiten 175f*

Das Arbeitszimmer von Napoléons Vater ist wie ein Schlafzimmer des späten 18. Jh. gestaltet

Rue Bonaparte

In der alten genuesischen *carrugio dritto* (»Gerade Gasse«) lebten Kaufleute und hochrangige Bürger. Während der Herrschaft Genuas teilte die Rue Bonaparte die Stadt Ajaccio in zwei Gebiete: Nördlich davon erstreckte sich das Armenviertel Macello, südlich davon lebte die Mittelklasse. Heute befinden sich in der hübschen, lebhaften Straße Antiquitätenläden und Boutiquen aller Stilrichtungen.

Maison Bonaparte

Rue St-Charles.
04 95 21 43 89.
Mo Nachmittag–So.

Das nach umfangreichen Renovierungsarbeiten nun wiedereröffnete Geburtshaus Napoléons war ab 1682 im Besitz der Bonapartes. Seine strenge Fassade überragt die baumbestandene Place Letizia. Die dortige Büste zeigt den Sohn des Kaisers.

1793 mussten Napoléon und seine Familie durch eine Falltür vor Anhängern Pasquale Paolis *(siehe S. 46f)* aus dem Haus fliehen. Die Paolisten dürsteten nach Rache, weil Napoléon, damals Offizier der französischen Armee, seinen Truppen befohlen hatte, auf die Teilnehmer einer Kundgebung zu feuern. Das Haus wurde später von den Briten beschlagnahmt (1794–96) und teilweise als Arsenal genutzt.

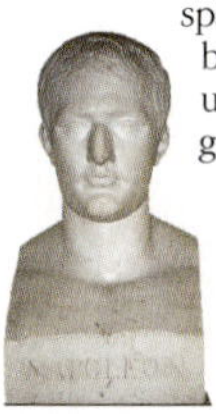

Napoléon in Marmor

1797 kehrte Napoléons Mutter Letizia Bonaparte nach Ajaccio zurück und renovierte das Haus. Seit 1923 ist die Maison Bonaparte ein staatliches Museum, das auf seinen drei Etagen mithilfe auch kurioser Exponate die Geschichte der Familie Bonaparte zeigt.

Infobox

Straßenkarte B4. *58 500.*
Campo dell'Oro, 7 km östlich (04 95 23 56 56). *Place de la Gare (04 95 23 11 03).*
von Porto Torres, Marseille, Nizza, Toulon. *3, boulevard du Roi Jérôme (04 95 51 53 03).*
Fête de Notre-Dame-de-la-Miséricorde (18. März); Nuits du Blues (Juli); Fêtes napoléoniennes (Mitte Aug).
www.ajaccio-tourisme.com

Zentrum von Ajaccio

Boulevard du Roi Jérôme ⑨
Chapelle Impériale ⑪
Cours Napoléon ⑩
Kathedrale ④
Maison Bonaparte ⑤
Marina ⑧
Musée d'Histoire Corse A Bandera ⑬
Musée du Capitellu ②
Musée Fesch S. 90f ⑫
Place Foch ⑥
Salon Napoléonien ⑦
St-Erasme ③
Zitadelle ①

Zeichenerklärungen *siehe hintere Umschlagklappe*

Überblick: Ajaccio

Logo des *Petit Train*

Ajaccio ist relativ klein und leicht zu Fuß zu erkunden. In der zur Fußgängerzone umgestalteten Hauptstraße Rue Cardinal Fesch locken Kunsthandwerk und Boutiquen, am Cours Napoléon und an den Uferstraßen Quai Napoléon und Quai l'Herminier zahlreiche Cafés. Ganz bequem lässt sich Ajaccio mit dem *Petit Train (siehe S. 184)* entdecken. Von der Place Foch aus lädt der kleine Zug zu einer 45-minütigen Stadtrundfahrt oder einer 90-minütigen Tour zur Pointe de la Parata.

Der *Petit Train* bricht an der Place Foch zur Stadtrundfahrt auf

Place Foch

Den Platz im Herzen von Ajaccio säumen von Palmen und Platanen beschattete Straßencafés. Die ehemalige Piazza Porta war früher der einzige Zugang zur Zitadelle. Auffällig ist die von vier Löwen flankierte marmorne Brunnenfigur von Jérôme Maglioli, die Napoléon als Ersten Konsul darstellt.

In einer abends beleuchteten Nische steht am Ende des Platzes in der Rue Serafini die Statue von Ajaccios Schutzheiligen, der Barmherzigen Maria.

Salon Napoléonien

Avenue Antoine Serafini.
04 95 51 52 62. *Mo–Fr.*
Feiertage.

Im Hôtel de Ville (Rathaus) führt eine große Treppe hinauf in das Napoléon und seiner Familie gewidmete Museum im ersten Stockwerk. Zu den Exponaten gehören Dokumente und Gemälde. Im Grand Salon blitzt ein zum 200. Geburtstag Napoléons gestifteter Kronleuchter aus böhmischem Kristall und hängen große Porträts der Familie. Unter den Büsten befindet sich auch eine von Napoléons Mutter, Letizia. Den Ruhm des Kaisers feiert ein Gemälde von Domenico Frassati (1840). Zu den interessantesten ausgestellten Devotionalien zählen sicherlich Napoléons Taufschein und eine Kopie seiner bronzenen Totenmaske. In einem weiteren Raum ist eine schöne Sammlung mit Münzen und Medaillen zu bestaunen.

Der Erste Konsul Bonaparte

Marina

Am Fuß der Zitadelle schützt ein langer Wellenbrecher den Hafen vor dem Westwind. Neben dem Passagierterminal der großen Fähren liegen der Yacht- sowie der Fischereihafen, in dem zahllose mit Netzen beladene bunte Fischerboote ankern. Auf dem offenen Platz vor der Place Foch findet täglich ab 7 Uhr morgens ein turbulenter Fischmarkt statt. Von diesem Kai legen zudem die Ausflugsboote zu den Îles Sanguinaires, dem Golfe de Porto und nach Porticcio ab.

Boulevard du Roi Jérôme

An dem von Hotels und Restaurants gesäumten Boulevard treffen sich vorzugsweise Einheimische zu einem Gläschen Pastis oder einem Pétanque-Spiel. Jeden Morgen schlägt auf der Fläche hinter dem Rathaus ein farbenfroher Markt seine Stände auf. Hier werden typisch korsische Produkte angeboten: *brocciu*, *lonzu* genannter Lachsschinken, *coppa* (Rollschinken), *prizuttu* (geräucherter Schinken), Pâtés, Honig, Feigenmarmelade und Myrtenlikör. Der Duft und die Farben von Gemüse und Obst tragen zum malerischen Ambiente bei.

Fröhlich-turbulent ist auch die Stimmung in den nahen Straßen und in der Fußgängerzone Rue Cardinal Foch. Sie war früher die Hauptstraße des Genuesenviertels, das ab dem 16. Jahrhundert vor den Stadtmauern entstand. Auf halber Länge residiert in dem von Napoléons Onkel, Kardinal Fesch, 1827–37 erbauten Palais Fesch ein Teil seiner umfangreichen Kunstsammlung *(siehe S. 90f)*.

Köstliche korsische Spezereien am Boulevard du Roi Jérôme

Römische Variante: Napoléon als kaiserlicher Reiter

Cours Napoléon

Ajaccios Hauptverkehrsader durchschneidet die City von Nordosten nach Südwesten. Von ihr führen zahlreiche Seitenstraßen hinunter zum Meer oder hinauf in die Berge. Den Cours Napoléon säumen Kinos, Läden, Banken und Cafés. Am berühmtesten ist das im Jahr 1821 von dem Architekten Carrayol erbaute Café Napoléon.

In der Nähe des Bahnhofs weitet sich die Straße zur Place Abbatucci, die einst die Grenze zwischen der Stadt Ajaccio und dem Umland bildete.

Etwa auf halber Länge steht die Chapelle de St-Roch aus dem späten 19. Jahrhundert, am Südende beherbergt der **Palasi Lantivy** die Präfektur und die Département-Verwaltung. Die Straße endet schließlich an der Place de Gaulle. Auf dem großen Platz stellt ein Reiterstandbild den von seinen vier Brüdern umringten Napoléon Bonaparte als römischen Imperator dar.

Chapelle Impériale

Rue Fesch. *04 95 21 48 17.*
wie Musée Fesch (siehe S. 90f).

Als die Architekten Corona, Casanova und Paccard im Jahr 1857 Kardinal Feschs Palais für Napoléon III. renovierten, befahl der Kaiser, dass der rechte Gebäudeflügel zur Kapelle umgebaut werden und die sterblichen Überreste von neun Mitgliedern der Familie Bonaparte aufnehmen sollte. In der Krypta der Kirche fanden unter anderem die Eltern des im Pariser Invalidendom bestatteten Napoléon I., Carlo Bonaparte und Letizia Ramolino, sowie Kardinal Fesch selbst die letzte Ruhe.

Die Kuppel des aus hellem Kalkstein aus St-Florent errichteten Neorenaissance-Bauwerks zieren Trompe-l'Œil-Malereien des in Ajaccio gebürtigen Architekten Jérôme Maglioli. Dort wie auch an den Buntglasfenstern finden sich die Insignien des Kardinals. Das Goldkreuz auf dem Hochaltar überreichte Napoléon seiner Mutter nach dem Ägyptenfeldzug.

Musée Fesch

Siehe S. 90f.

Musée d'Histoire Corse A Bandera

1, rue du Général Levie.
04 95 51 07 34.
tägl. *Winter: So.*

Gleich hinter der Präfektur ist die Fassade eines charmanten Gebäudes mit den Porträts bedeutender Personen der korsischen Geschichte geschmückt. Es beherbergt ein Museum, das sich der politischen und militärischen Geschichte der Insel von der Prähistorie bis hin zum Zweiten Weltkrieg widmet. In fünf Sälen wird hier eine Sammlung aus Dokumenten, Objekten, Fotografien und großen Landkarten präsentiert.

Das Museum bietet einen hervorragenden Einstieg in die korsische Geschichte. Besonders interessant sind die Landkarten, auf denen die Standorte der Megalithen auf der Insel eingezeichnet sind, die Modelle der genuesischen Schiffe, die Gemälde der Unabhängigkeitsschlachten und die Exponate zum Widerstand gegen die italienische und deutsche Besatzung sowie zur Befreiung Korsikas im September 1943.

Place d'Austerlitz

An der Westseite der Place Foch beginnt der parallel zum Meer in Richtung Pointe de la Parata *(siehe S. 92)* verlaufende Cours Gandval. Er führt zur Place d'Austerlitz, die vom imposanten Napoléon-Denkmal »U Casone« dominiert wird. Vor dem Monument wachen zwei Adler, ein Stein gedenkt der Siege und Heldentaten des Kaisers, der mit dem typischen Zweispitz, ernst auf seine Geburtsstadt Ajaccio blickend, dargestellt ist.

Wandbild im Musée A Bandera

In der Höhle links von »U Casone« soll Napoléon der Überlieferung zufolge als Kind »Kaiser« gespielt haben. Jedes Jahr gedenkt Ajaccio ausdauernd und inbrünstig zu den rührigen *Journées Napoléoniennes* rund um den 15. August, den Geburtstag Napoléons, der Kaiserzeit mit beeindruckenden Paraden in zeitgenössischen Kostümen.

Napoléon-Denkmal an der Place d'Austerlitz

Ajaccio: Musée Fesch

Kardinal Joseph Feschs Insignien

Die in Kardinal Feschs Palais (1827) untergebrachte Kunstsammlung wurde nach dem Tod von Napoléons Onkel der Stadt gestiftet. Das Hauptgebäude wartet mit der wichtigsten Sammlung italienischer Malerei in Frankreich nach dem Louvre auf, gezeigt werden zudem Werke spanischer, flämischer und holländischer Künstler. Zu den italienischen Arbeiten aus dem 13. bis 17. Jahrhundert zählen zahlreiche Madonnendarstellungen. Die Werke im zweiten Stock umfassen schöne Stillleben und stammen aus dem 17. und 18. Jahrhundert. Das Erdgeschoss steht ganz im Zeichen Napoléons. Hier findet man den Kaiser in Statuen, auf Gemälden und durch allerlei Devotionalien verewigt. Im linken Flügel ist die von Napoléons Bruder Lucien Bonaparte gegründete Stadtbibliothek untergebracht. Die hier gesammelten Bände und Handschriften wurden meist aus Klöstern entwendet.

Jesus und die Samariterin
Detail der Samariterin aus dem Gemälde von Étienne Parrocel, einem korsischen Künstler des 18. Jahrhunderts.

Heilige Familie
Das Detail zeigt die minuziöse Genauigkeit des italienischen Meisters Benedetto Gennari (17. Jh.).

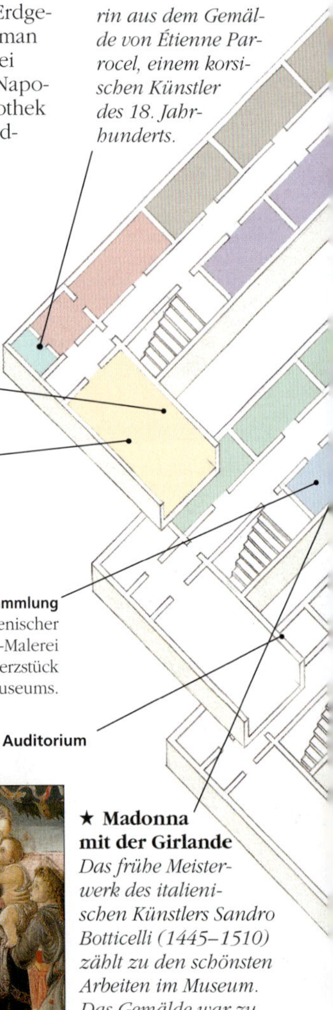

In der Grande Galerie hängen großformatige italienische Gemälde.

Die Sammlung früher italienischer Renaissance-Malerei ist das Herzstück des Museums.

Auditorium

Kardinal Fesch

Kardinal Fesch

Joseph Fesch (1763 bis 1839) war zwar Napoléons Onkel, aber nur sechs Jahre älter als der Kaiser. Der Erzdiakon von Ajaccio und Erzbischof von Lyon wurde 1803 Kardinal und zog nach Rom. Dort sammelte er 16 000 Kunstwerke, die heute zum Teil im Musée Fesch ausgestellt sind. Andere wurden zahlreichen korsischen Kirchen gestiftet. Dank Feschs diplomatischem Einsatz salbte Papst Pius VII. Napoléon in Paris bei seiner Krönung zum Kaiser. Fesch fiel in Ungnade, weil er im Konflikt zwischen Papst und Napoléon auf der Seite der Kirche stand.

★ Madonna mit der Girlande
Das frühe Meisterwerk des italienischen Künstlers Sandro Botticelli (1445–1510) zählt zu den schönsten Arbeiten im Museum. Das Gemälde war zu seiner Zeit sehr innovativ, weil es Maria stehend und offen ihre Liebe zeigend darstellt.

Landschaft
Der flämische Meister Paul Brill (spätes 16. Jh.) verwendete auf sehr eigene Weise kalte Farben und leuchtende Ockerschattierungen. Brill war ein wichtiger Erneuerer der Landschaftsmalerei.

INFOBOX

50, rue du Cardinal Fesch.
04 95 21 48 17.
Okt–März: Di–Sa; Apr–Juni, Sep: Mo Nachmittag–So; Juli, Aug: Mo Nachmittag–So durchgängig (Fr auch abends).
www.musée-fesch.com

★ Mann mit Handschuhen
Das Gemälde von Tizian (1485–1576) mit dem unbekannten venezianischen Aristokraten ist das Gegenstück zu einem Werk im Pariser Louvre.

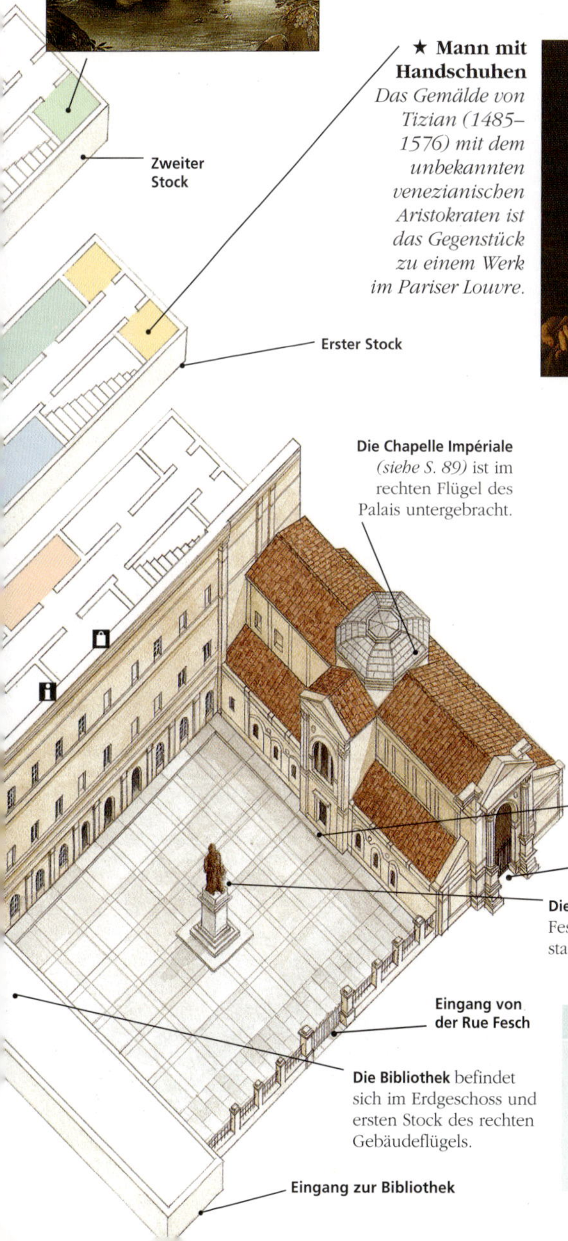

Die Chapelle Impériale (*siehe S. 89*) ist im rechten Flügel des Palais untergebracht.

LEGENDE

▢	15. Jh. Italien
▢	16. Jh. Italien
▢	17. Jh. Italien
▢	17. Jh. Rom
▢	17./18. Jh. Neapel
▢	16./17. Jh. Flandern
▢	18. Jh. Italien/Frankreich
▢	18./19. Jh. Korsika
▢	Grande Galerie
▢	Wechselausstellung

Die Statue von Kardinal Fesch im Hof des Museums stammt von Vital-Dubray.

Die Bibliothek befindet sich im Erdgeschoss und ersten Stock des rechten Gebäudeflügels.

NICHT VERSÄUMEN

★ Madonna mit der Girlande

★ Mann mit Handschuhen

An der Route des Sanguinaires reihen sich die schönen Strände

Route des Sanguinaires ❷

Straßenkarte B4. *3, boulevard du Roi Jérôme, Ajaccio (04 95 51 53 03).*

Die Panoramastraße D11 verläuft am Nordufer des Golfe d'Ajaccio und führt zu den bei den Einheimischen beliebten Sandstränden. Von den Terrassen der zahlreichen Cafés und Restaurants kann man Kormorane im Flug oder mit etwas Glück sogar spielende Delfine beobachten.

Die hiesige Küste ist mit dem Auto oder dem Fahrrad, mit dem Bus oder dem von Ajaccios Place Foch abfahrenden *Petit Train* *(siehe S. 88)* zu erkunden.

Die Küstenroute beginnt am Boulevard Lantivy und führt entlang der Plage St-Francois, dem am Fuß der Zitadelle gelegenen, zentralsten Strand Ajaccios. Sie verläuft weiter am Boulevard Pascal Rossini, wo vor dem Lycée Fesch jeden Sonntag ab 8 Uhr morgens auf einem farbenfrohen Flohmarkt herrlicher Trödel verhökert wird.

Die Straße führt weiter durch Wohngebiete, mit Blick auf den Golf und üppige mediterrane Gärten.

Am Stadtrand steht an der Place Emmanuel Arène die **Chapelle des Grecs**. Die 1632 erbaute kleine griechisch-orthodoxe Kapelle wurde von der griechischen Gemeinde genutzt, deren Mitglieder sich auf Korsika als politische Flüchtlinge vom Peloponnes angesiedelt hatten. Nahe der Hauptstraße liegt der Friedhof mit Barock- und klassizistischen Kapellen.

Fünf Kilometer außerhalb des Stadtzentrums trifft die Straße auf den Badestrand von Scudo (mit Restaurants), die schöne Bucht von Marinella und den Strand von Vignola. Dort endet auch der einfache markierte Wanderweg **Chemin des Crêtes**, der herrliche Blicke auf den Golf bietet. Die rund dreistündige Wanderung beginnt im Zentrum von Ajaccio am Bois des Anglais hinter der Place d'Austerlitz *(siehe S. 89)*. Mit der Buslinie 5 gelangt man in die Stadt zurück.

Pointe de la Parata ❸

Straßenkarte B4. *ab Place de Gaulle, Ajaccio.* *3, boulevard du Roi Jérôme, Ajaccio (04 95 51 53 03).*

Die Landzunge aus schwarzem Granit ist der dramatische Endpunkt der D111. Auf dem Kap errichteten 1608 die Genuesen die **Tour de la Parata** als Wachturm gegen Piratenangriffe. Auf einem Pfad kann man die Kapspitze zu Fuß in etwa 15 Minuten erreichen. Dort bietet sich ein besonders bei Sonnenuntergang grandioser Blick auf die Îles Sanguinaires. Ein längerer Weg beginnt etwa 500 Meter vor dem Restaurant auf der Pointe de la Parata. Auf der anderen Seite des Kaps windet sich ein Weg durch die Macchia zu einem 90 Minuten entfernten Strand bei Anse de Minaccia, der von Ajaccio aus auf der D111-B mit dem Auto zu erreichen ist. Von hier aus kann man in rund einer Stunde weiter zum windigen, von einem genuesischen Wachturm überragten Capo di Feno wandern.

Îles Sanguinaires ❹

Straßenkarte B4. *von Ajaccio.* *3, boulevard du Roi Jérôme, Ajaccio (04 95 51 53 03).*

Vielleicht waren die rötlichen Felsen namengebend für die »blutigen« (*sanguinaires*) Inseln, von Macchia bedeckte Klippen, die nahe der Pointe de la Parata aus dem Meer ragen. Da die Inseln den südlichsten Punkt des Golfe de Sagone darstellen, könnte sich ihr Name aber auch von lateinisch *Sagonares Insulae*, »Inseln des Golfs von Sagone«, ableiten.

Auf der größten Insel Grande Sanguinaire, auch Mezzumare genannt, stehen ein 1840 erbauter Leuchtturm und die Ruinen eines genuesischen Turms sowie einer Leprastation. Im Frühjahr ist die Insel mit dem Weiß der Zistrosenblüten bedeckt. Auf den Felsen leben Kormorane, Möwen und andere Vögel.

1863 wohnte im Leuchtturm der französische Schriftsteller Alphonse Daudet. Er beschrieb die Sanguinaires als ungezähmte Inseln.

Die anderen drei Inseln sind sehr klein, nur etwas größer als aus dem Meer aufragende Klippen.

Die Îles Sanguinaires mit ihren charakteristischen Felsen

Hotels und Restaurants in Ajaccio und an der Westküste *siehe Seiten 161–163 und Seiten 175f*

Bei Porticcio erstreckt sich der feine Sandstrand scheinbar endlos

Porticcio ❺

Straßenkarte B4. 👥 *320.*
🚌 ℹ *Porticcio (04 95 25 10 09).*

Porticcio liegt an der Südküste des Golfs gegenüber Ajaccio. Das Seebad hat sich in den letzten Jahren stark entwickelt und bietet heute Hotels, Wohngebäude, schöne, feine Sandstrände und Wassersportmöglichkeiten vom Segeln bis Tauchen.

Der am besten ausgestattete Strand ist **La Viva**, am spektakulärsten sind **Agosta** und **Ruppione**. Sie trennt die Halbinsel Isolella, in deren Buchten türkisfarbenes Wasser schimmert.

Auf der Landspitze steht die genuesische Tour de l'Isolella. Weiter südlich ragt im militärischen Sperrgebiet die Tour de Castagna von 1584 über die Punta di a Castagna. Zum Kap führt die D55 hinter dem Port de Chiavari und der kleinen Bucht Portigliolo. Von hier hat man einen schönen Blick auf den Golfe d'Ajaccio und auf die von Macchia bedeckte Île Piana.

Forêt de Chiavari ❻

Straßenkarte B5. ℹ *Parc Naturel Régional de la Corse, 2, rue Sergent Casalonga, Ajaccio (04 95 51 79 00).*

Der große Forêt de Chiavari erstreckt sich über 18 Quadratkilometer von der Küste bis zu den 600 Meter hohen Gipfeln der Hügel, die den Golfe d'Ajaccio und den Golfe de Valinco trennen.

Der Wald besteht v. a. aus Steineichen, Kiefern und Sträuchern wie Erdbeerbaum, Mastixstrauch oder Thymian sowie Eukalypten. Diese wurden im 19. Jahrhundert aus Australien eingeführt, um das Sumpfland zu entwässern und auf diese Weise auch die Erreger der Malaria zu bekämpfen. Das Gebiet durchziehen Fußwege und Mountainbike-Strecken unterschiedlichster Schwierigkeitsgrade. Zu den schönsten Wegen zählt der »Myrtenpfad«, Sentier de Myrte, der an der Plage de Verghia beginnt. An diesem Strand befindet sich auch ein Café.

In 485 Meter Höhe duckt sich am Waldrand der Weiler **Côti-Chiavari**. Von dessen baumbestandener Terrasse blickt man auf das fantastische Panorama des Golfs. Das von Barbaresken-Piraten im 16. Jahrhundert zerstörte Dörfchen wurde 1713 von der genuesischen Regierung mit Bewohnern der im ligurischen Golfo del Tigullio gelegenen Ortschaft Chiavari neu besiedelt – daher der Name.

Nicht weit von Côti-Chiavari findet man interessante Aussichtspunkte mit Blick auf den Golfe d'Ajaccio und den Golfe de Valinco.

An der schmalen Straße D55, die von Verghia nach Côti-Chiavari führt, liegt eine alte, im Jahr 1855 errichtete landwirtschaftliche Strafkolonie. Die Sterberate der hier Gefangenen, die das Land bearbeiteten, war aufgrund der Malaria und des ungesunden Klimas sehr hoch. Das Gefängnis wurde deshalb 1906 aufgelöst, die Insassen wurden nach Cayenne verlegt.

Ein Dorf am Rand des Forêt de Chiavari

67 Küstentürme

Neben den Festungen, die die Häfen bewachten, hinterließen die genuesischen Herrscher auf Korsika noch weitere Symbole: 67 Küstentürme, die im frühen 16. Jahrhundert auf der ganzen Insel errichtet wurden. Diese viereckigen oder runden, unterschiedlich großen Türme dienten in der Zeit der Piratenangriffe als Ausguck, boten bisweilen aber auch eine Zufluchtsstätte für die Einwohner der kleinen Küstendörfer. Einige, wie etwa die Türme von Girolata *(siehe S. 103)* oder Campomoro *(siehe S. 128)*, bildeten das Zentrum richtiger Festungen, andere waren dagegen reine Vorposten, die von den Dörfern oder benachbarten Türmen leicht zu sehen waren. In der Regel enthielten die Türme Lager und eine Zisterne, in der Regenwasser gesammelt wurde, da Trinkwasser in der Nähe der Küste eher rar ist.

Runder Wachturm

Ein Wahrzeichen der Westküste: zerklüftete Granitfelsen und genuesischer Wachturm bei Porto ▷

Gorges du Prunelli ❼

Straßenkarte C4. **ℹ** *Parc Naturel Régional de la Corse, Rue Sergent Casalonga, Ajaccio (04 95 51 79 00).*

Die wilden Wasser des Prunelli stürzen vom 2352 Meter hohen Monte Renoso in den Golfe d'Ajaccio. Der Wildbach hat eine tiefe Schlucht *(gorge)* gegraben, in die auch das Wasser aus einem Stausee fließt.

Von Ajaccio windet sich die D3 am Nordufer des Flusses entlang. In der Ortschaft **Eccica-Suarella** steht ein Gedenkstein an der Stelle, an der Genuas Gegenspieler Sampiero Corso im 16. Jahrhundert ermordet wurde *(siehe S. 45)*.

Die D3 führt weiter zum 716 Meter hohen Pass des **Col de Mercuju**. Von dort zieht sich ein Weg zu einem Aussichtspunkt mit großartigem Blick auf die umliegenden Gebiete.

Oberhalb des Sees liegt das von Gärten umgebene kleine Dorf **Tolla**. Hier trifft die Straße auf die nach **Bastelica** führende D27. Das Dorf am Monte Renoso ist nicht nur für seine exzellenten Wurstspezialitäten berühmt, sondern auch als Geburtsort von Sampiero Corso. Das Geburtshaus des Nationalhelden, an den eine Bronzestatue vor der Pfarrkirche erinnert, steht im nahen Weiler Dominacci.

Auf der Rückfahrt Richtung Ajaccio kann man auf der D27 an der Südseite der Schlucht fahren. Zwischen Col de Crecheto und Col de Marcuggio erstreckt sich die **Forêt de Pineta**, in der Kiefern, Buchen und Kastanienbäume wachsen. Ein Weg führt von der Straße hinunter zum Wildbach Èse und zur genuesischen Brücke von Zipitoli.

Ackerwindenbeeren

Umgebung: Von Bastelica führt die D27 Richtung Norden hinauf zum Col de Scalella, dann hinunter in das Dorf Tavera in der Vallée de la Gravona. Eine weitere Panoramastraße, die D27-A, führt südöstlich in das auf 1700 Meter gelegene Skigebiet Val d'Èse.

Der Damm an den Gorges du Prunelli

Vallée de la Gravona ❽

Straßenkarte C4. **ℹ** *Parc Naturel Régional de la Corse, Rue Sergent Casalonga, Ajaccio (04 95 51 79 00).*

Das breite Tal wird von der N193 durchschnitten. Diese Hauptstraße führt nach Bastia und Corte. Parallel zur N193 verlaufen auf der Höhe kurvige Panoramastraßen in die Dörfer **Peri**, **Carbuccia**, **Ucciani** und **Tavera** an der Südseite der Vallée de la Gravona.

In Carbuccia bietet **A Cupulatta** Schutz für 166 Schildkrötenarten, darunter die größte in ganz Europa (Schildkröte heißt auf Korsisch *cupulatta*). Am Fuß des Monte d'Oro liegt der von Kastanienbäumen umgebene Hauptort des Tales, **Bocognano**. Dort beginnen zahlreiche Wanderwege, u.a. der beliebte, vier Kilometer südwestlich des Dorfes an der D27 beginnende Weg zu den Cascade du Voile de la Mariée (»Brautschleier-Wasserfällen«).

Buchten und Strände entlang der Straße nach Tiuccia

Tiuccia ❾

Straßenkarte B4. *150.* **ℹ** *Sagone (04 95 28 05 36).*

Tiuccia zwischen den genuesischen Türmen von Ancone und Capigliolo am Golfe de Liscia beherrschen die Ruinen der Burg Capraja, die einst den Grafen von Cinarca gehörte. Vom 13. bis 16. Jahrhundert widersetzte sich diese Familie den Genuesen und etablierte eine Feudalherrschaft über den Süden der Insel.

An den Mündungen der Flüsse Liscia und weiter nördlich des Liamone erstrecken sich lange Sandstrände, die mit Macchia bedeckte Hügel umgeben. Die abgeschiedenen Strände und Buchten sind zu Fuß über den Ancone-Küstenweg erreichbar.

In Tiuccia legen auch die Ausflugsboote nach Girolata *(siehe S. 103)*, zu den Calanques de Piana *(siehe S. 100f)* und zum Capo Rosso ab.

Umgebung: Im fruchtbaren Gartenland **La Cinarca** im Liscia-Tal wachsen Wälder, Olivenhaine, Wein und Orangen. Die Viehzucht ist ein Haupterwerbszweig. Von den 400 bis 600 Meter hoch gelegenen Dörfern wie Sari d'Orcino und Calcatoggio hat man einen herrlichen Blick auf die Küste.

In dem Gebiet trieben früher berüchtigte Banditen wie der als »Tiger von Cinarca« bekannte Spada ihr Unwesen.

Korsische Delikatessen: Wurst und Käse

Nüsse isst man zum Käse

Zu den typisch korsischen Kulinaria gehören *prisuttu* (geräucherter Schinken), *lonzu* (geräucherter Lachsschinken), *coppa* (Rollschinken) und *figatellu* (geräucherte Leberwurst). Diese Delikatessen werden von Hand zubereitet und auf dem *fucone* geräuchert, einer offenen Feuerstelle, die mit Kastanienholz und Weinstöcken befeuert wird. Das würzige Fleisch liefern frei laufende Schweine. Andere korsische Spezialitäten sind die nach Herkunftsgebieten – etwa Niolo, Balaninu, Orezzincu, Bastelicaccia und Venaco – benannten Ziegen- und Schafkäse. Niolo ist berühmt für intensiv schmeckenden, gereiften Käse. In der Regel verzehrt man Käse mit Feigenmarmelade und Nüssen *(siehe auch S. 168f).*

Schafe grasen überall, *v. a. jedoch in höheren Regionen. Aus Schafmilch werden verschiedene Käsesorten bereitet, auch* brocciu *und* toma. *Ziegen werden hauptsächlich in der Balagne und der Castagniccia gehalten.*

Rund 45 000 verwilderte Schweine *ernähren sich in den Wäldern an den Straßen von Kastanien, Eicheln und Kräutern. Dieses Naturfutter verleiht dem Schweinefleisch einen ganz besonderen Geschmack.*

Lonzu *ist rohes Schweinefilet, das gesalzen und gepfeffert, zu dicken Würsten gerollt und geräuchert wird.*

Korsische Delikatessen
In den Ferienorten bieten die Lebensmittelläden mit verführerischen korsischen Delikatessen gefüllte Geschenkkörbe an. Man kann sich aber auch direkt beim Bauern damit eindecken.

Prisuttu *heißt der äußerst würzige Schinken, der am besten in dicke Scheiben geschnitten schmeckt.*

Brocciu *ist ein Ricotta ähnlicher Schaf- oder Ziegenkäse aus Molke und erhitzter Milch. Er ist frisch oder (länger haltbar) gesalzen erhältlich. Seit 1983 ist er ein eingetragenes Warenzeichen.*

Vertäute Boote im Golfe de Sagone

Sagone ⑩

Straßenkarte B4. *250.*
04 95 28 03 46.

Am breiten Golfe de Sagone erstrecken sich von Punta di Cargèse im Norden bis Capo di Feno im Süden lange Sandstrände, die von den Flüssen Liamone, Sagone und Liscia angeschwemmt wurden.

Sagone war eine wichtige römische Stadt, deren Wohlstand auf dem Holz aus der Forêt d'Aïtone gründete. Im 6. Jahrhundert wurde sie Bistum und erhielt im 11. Jahrhundert die am Hafen gelegene Kathedrale **Sant' Appiano**, deren Ruinen noch heute zu sehen sind. Im Mittelalter dezimierte die auf Grund der stehenden Gewässer grassierende Malaria die Bevölkerung.

Heute sind die Sümpfe trocken, und Sagone hat sich zu einem hübschen Ferienort entwickelt. Hier kann man segeln, tauchen oder mit dem Boot Ausflüge nach Scandola und Girolata unternehmen.

Umgebung: Eine schöne Straße führt 15 Kilometer lang im Tal des Liamone nach **Vico**. In dem großen Bergdorf scharen sich schmale Häuser um zwei Plätze. Noch im 18. Jahrhundert residierten in Vico die Bischöfe von Sagone.

In der Kirche des Couvent St-François ist das hölzerne Kruzifix sehenswert. Die Schnitzerei aus dem 15. Jahrhundert gilt als eine der ältesten ihrer Art auf ganz Korsika.

Die Straße führt durch üppiges Grün weiter nach **Guagno Les Bains**, wo zwei Thermalquellen sprudeln. Während die 37 °C warme Quelle Occhiu gegen Augen- und Halsleiden hilft, wird das 52 °C heiße Wasser der Venturini-Quelle bei Ischias, Rheuma und Fettleibigkeit bevorzugt. In den Heilquellen suchten schon Pasquale Paoli und Napoléons Mutter Letizia Linderung. In dem Dörfchen Soccia beginnt der Weg (hin und zurück zwei Stunden) zum von Lariciokiefern umgebenen idyllischen Bergsee **Lac de Creno**.

Schild in Guagno Les Bains

Cargèse ⑪

Straßenkarte B3. *1000.*
Rue Dr Dragacci (04 95 26 41 31).
Griechisch-orthodoxe Prozession (Ostermontag).

Mitte des 17. Jahrhunderts baten einige griechische Familien, die vor der türkischen Invasion vom Peloponnes geflohen waren, die Genuesen um Asyl. Sie siedelten sich zuerst in Paomia an, später in Cargèse. Dort konnten sie unbehelligt ihre Traditionen und Religion beibehalten. Heute steht in dem 100 Meter hoch gelegenen Dorf eine griechisch-orthodoxe Kirche, die wie ihr klassizistisches katholisches Gegenüber aus dem 19. Jahrhundert stammt. Sehenswert sind die Ikonen im byzantinischen Stil sowie das zweiseitige Gemälde der Kreuzabnahme Christi. Von beiden Kirchen aus hat man einen herrlichen Blick auf den Golfe de Sagone.

Piana ⑫

Straßenkarte B3. *500.* *Place de la Mairie (04 95 27 84 42).*
Journée du Brocciu (Datum hängt von der Käseproduktion ab).

Das mit seinen weißen Häusern, der Barockkirche und den Granitfelsen der Calanques im Hintergrund äußerst malerische Dorf liegt hoch über dem Golfe von Porto. Piana ist der ideale Ausgangsort für Ausflüge an die mit ihren vielen Stränden äußerst attraktive Küste.

Der Strand **Anse de Ficajola** zwischen roten Felsen, am Ende der sich zum Meer hinabwindenden Straße, lohnt den Besuch. Gleiches gilt für die schöne, unerschlossene und von Macchia umgebene **Plage d'Arone**, zu der die Panoramastraße D824 führt.

Eine schwierige, insgesamt vier Stunden lange Wanderung führt von der zwei Kilometer oberhalb des Strands gelegenen Straße zum **Capo Rosso** sowie zur Tour de Turghiu. Hier, in 300 Metern Höhe, bietet sich ein wunderbarer Rundblick.

Panoramablick auf Piana und den Wald

Parc Naturel Régional de la Corse

Der ganze 3300 Quadratkilometer große Naturschutzpark umfasst 143 Ortschaften und bedeckt fast zwei Drittel der Insel, von den Gipfeln des Monte Cinto, Rotondo, d'Oro, Renoso und Incudine bis zu den Aiguilles Bavella und dem Massif de l'Ospédale. Der 1972 gegründete Park soll die Bergwirtschaft unterstützen und die Naturschönheiten der Insel schützen – dichte Wälder (Aïtone, Valdu-Niellu, Vizzavona, Bavella, Ospédale), wilde Schluchten (Spelunca, Restonica, l'Asco), die herben Calanques sowie idyllische Seen wie den Creno- und den Nino-See. Den Park durchziehen viele Wanderwege, auch der GR20 *(siehe S. 22–27)*.

Das Logo des Parks

Korkeichen *zählen auf Korsika zu den am weitesten verbreiteten Baumarten. Im Park stehen sie unter Naturschutz.*

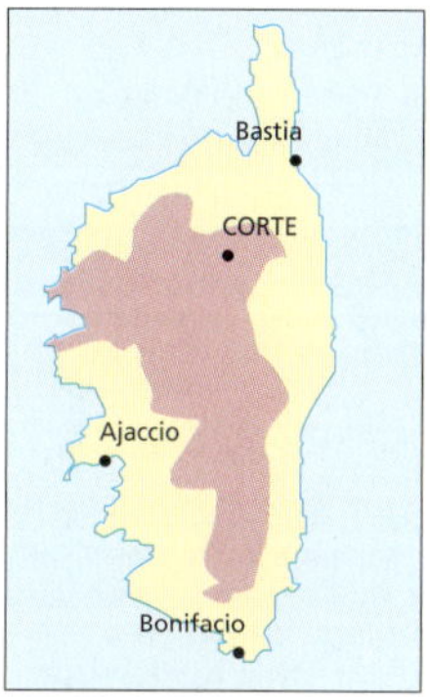

ZUR ORIENTIERUNG

Parkgebiet

Natur und Kultur

Der Parc Naturel Régional soll nicht nur die korsische Flora und Fauna schützen, sondern auch zum Erhalt der einheimischen Kultur der Bergregionen beitragen. Die meisten Bewohner des Parkgebietes stammen aus hier seit Jahrhunderten ansässigen Familien, die die Geschichte und Kultur der Region prägten.

Die Gorges de l'Asco *gehören zu den schönsten Schluchten, die die vom Landesinneren zum Meer strömenden Wildbäche in Korsikas Landschaft gegraben haben.*

Esel *gehören zu den bisweilen nur teilweise domestizierten Haustierarten, die in der Bergwirtschaft eine wichtige Rolle spielen.*

Die Bergerie *in Cagna ist ein klassisches Beispiel der Bergarchitektur. In den* bergeries *leben im Sommer die saisonalen Wanderhirten, deren hartes Leben Pater Doazan in den Jahren zwischen 1973 und 1978 in etwa 20 Tagebüchern beschrieb.*

Tour: Calanques de Piana ⓭

Typische Felsen der Calanques

Die Palette der sensationellen Farbspiele in den Granitformationen der Calanques de Piana reicht – abhängig von der Tageszeit – von Gold über Rosa bis Hellrot. Wind und Wasser haben durch ständiges Nagen aus den harten Granitfelsen faszinierende Formationen und bizarre, *tafoni* genannte Aushöhlungen geformt. Obwohl man die Wanderung in einem, ohne Mittagspause sogar in einem halben Tag schafft, sollte man – besonders in der heißen Jahreszeit – die Calanques besser in zwei Tagen entdecken. Der hier beschriebene Abschnitt der D81 ist am schönsten und wirklich überwältigend bei Sonnenuntergang.

Tête du Chien ①
Der von Wasser und Wind geformte »Hundekopf« kann bei einem Parkplatz an der D81 bewundert werden. An der auffälligen Formation beginnen zahlreiche Wanderungen.

Château Fort ②
Der festungsgleiche, massive Granitblock ist eine natürliche Plattform oberhalb der Golfe von Porto, Girolata und Capo Rosso. Vom Tête du Chien ist er in einem halbstündigen Fußmarsch durch ein Labyrinth von bizarren Felsen, Höhlen und Steinspitzen zu erreichen, das im Frühjahr blühende Sträucher bedecken.

Café les Roches Bleues ④
Zu den spektakulärsten Attraktionen an der D81 zählt das Café les Roches Bleues. Hier kann man es sich bei einem Getränk auf der Terrasse gemütlich machen und die fantastischen Felsformationen bewundern: etwa die Tortue (»Schildkröte«, *links*) oder den Aigle (»Adler«).

D81 ⑥
Zurück an der D81 spazieren Sie etwa 500 Meter in Richtung Piana. Dieser Abschnitt bietet den besten Blick auf die Calanques, deren bizarre Schönheit hier in vollen Zügen bewundert werden kann.

LEGENDE

- Routenempfehlung
- Andere Straße
- Aussichtspunkt
- P Parken

Die Tafoni

Das korsische Wort *tafone* bedeutet »Loch« und bezeichnet natürliche Höhlen und Löcher in Felsen. Sie entstehen in steilen Gebieten mit langen Trockenzeiten. Sobald nur ein einziges Granitkristall durch die Feuchtigkeit und die für solche Regionen typischen Temperaturunterschiede verwittert, setzt ein Erosionsprozess ein, an dessen Ende wahrlich faszinierende Formen stehen. In prähistorischen Zeiten wurden die *tafoni* als Felsengräber oder auch als Unterkünfte genutzt.

Eine *Tafone*-Formation in den Calanques de Piana

Routeninfos

Place de la Mairie, Piana (04 95 27 84 42).
Länge: *3 km.*
Dauer: *Etwa vier Stunden ohne Rast für die Wege plus 45–60 Minuten für den Rückweg zum Parkplatz.*
Schwierigkeitsgrad: *Durchschnittlich. Bequeme Schuhe, Hut und Sonnenbrille, ausreichend Wasser und eine genaue Karte des Gebiets sind erforderlich (kostenlos in den Informationen).*
Rasten: *Café les Roches Bleues.*
www.sipiana.com

Corniche ③
Vom Tête du Chien schlängelt sich ein weiterer Weg östlich der D81 etwa eine Stunde lang durch den Laricio-kiefernwald. Er endet nahe dem Café les Roches Bleues. Der blau markierte, anstrengende Weg belohnt die Mühe mit einer fantastischen Aussicht auf die Felsen und den Golfe de Porto.

Chemin des Muletiers ⑤
Gleich nach dem Café beginnt bei einer Marienstatue der Chemin des Muletiers, der alte Saumpfad von Porto nach Piana. Zu dem Weg durch Felsen und duftende Wälder führt ein kurzer, anstrengender Aufstieg. Nach einer einfachen einstündigen Wanderung gelangt man wieder zur D81.

Der genuesische Küstenturm bei Porto

Porto ⓮

Straßenkarte B3. *460.*
La Marine (04 95 26 10 55).

Porto ist nicht nur ein exzellent ausgestattetes modernes Seebad, sondern auch idealer Ausgangspunkt für Ausflüge ins Hinterland. Von seiner hervorragenden Lage profitierte Porto schon zu genuesischen Zeiten als einziger Hafen der Agrarregion Ota.

Zu beiden Seiten des Ortes erstrecken sich bildschöne, von hohen Klippen geschützte Strände. Der imposante genuesische Turm wurde 1549 zur Verteidigung des Hafens, des Flusses und des Tales errichtet. An dem rechteckigen Bau auf den roten Granitklippen öffnet sich ein weiter Blick auf den Golf, wo das Rot der Felsen im reizvollen Kontrast zum tiefen Blau des Meeres steht.

Die **Marina** des mit Hotels, Cafés und Läden hervorragend ausgestatteten Ortes bietet einen breiten, grauen Kiesstrand, den ein Wald aus uralten Eukalyptusbäumen begrenzt. Sie ist über eine bezaubernde Holzbrücke zu erreichen, die die Mündung des kleinen Flusses überspannt, in dem Fischerboote und Yachten ankern. Von dem kleinen Hafen legen die Boote zu den Ausflugszielen an der Küste ab. Die überwältigende Schönheit des zum Parc Naturel Régional *(siehe S. 99)* gehörenden Golfe de Porto genießt man am besten vom Meer aus. Die Ausflugsboote fahren bis zur Réserve Naturelle de Scandola *(siehe S. 104f)* und zu den Calanques de Piana *(siehe S. 100f)*.

Ein mit Früchten beladener Erdbeerbaum

Umgebung: Südlich von Porto erstrecken sich die großartigen, am Capo d'Orto 1294 Meter hohen Calanques. Nördlich liegen zwischen Granitklippen schöne Strände, die man mit dem Auto über von der D81 abzweigende Stichstraßen oder per Boot erreicht. Sehr malerisch sind die Kiesstrände von **Bussaglia** und **Gradelle** (an der Route nach Osani) und der Strand von **Caspio** mit dunklen Felsen. Zu ihm gelangt man über die Abzweigung nach dem Örtchen Partinello.

Der nach Galéria führende Abschnitt der D81 ist die schwierigste und atemberaubendste Route auf ganz Korsika. Die schwindelerregend hohe, schmale, kurvenreiche Straße belohnt mit grandiosem Panoramablick auf den Golfe de Porto und die Küste, den man von Parkbuchten aus genießen kann. Vom Aussichtspunkt **Col de la Croix** führt ein Weg zu den Stränden von Tuara (hin und zurück 75 Minuten) und Girolata (hin und zurück drei Stunden; auch per Boot zu erreichen).

Gorges de Spelunca ⓯

Straßenkarte B3. *La Marine, Porto (04 95 26 10 55).*

Die von den Wildwassern der Flüsse Aïtone und Tavulella gegrabene Schlucht ist im reizenden Tal hinter Porto zu bewundern. Einen schönen Blick auf die Gorges de Spelunca hat man auch an der D84, die im Süden des Tals nach Evisa führt.

An der Nordseite schmiegen sich auf 310 Meter Höhe die Häuser von **Ota** an den Berg. Ota war früher für seine Zitronen berühmt, die nach Europa exportiert wurden. Heute sind die Gärten teilweise von Strauchwerk überwuchert. Ota ist ein Etappenziel des Fernwanderwegs *Mare e Monti (siehe S. 27)* im Parc Naturel Régional *(siehe S. 99)*.

Sehenswert sind die genuesischen Brücken, etwa zwei Kilometer entfernt an der Straße nach Evisa. Der Übergang bei **Pianella** formt einen perfekten Bogen, die nahe Brücke von **Ota** führt über den Zusammenfluss der Wildbäche Aïtone und Tavulella. Hier verläuft auch der Saumpfad, der früher Ota und Evisa verband. Er führt durch die spektakulären Schluchten und über die Brücken bei **Vecchju** und **Zaglia** (hin und zurück 90 Minuten). Diese 1745 erbaute Brücke ist ein Juwel genuesischer Baukunst.

In der amerikanischen Canyons ähnlichen Landschaft führt ein aus dem Fels geschlagener malerischer Weg durch eine Klamm.

Die genuesische Brücke von Ota schlägt einen schönen Bogen

Hotels und Restaurants in Ajaccio und an der Westküste *siehe Seiten 161–163 und Seiten 175f*

Lariciokiefern in der Forêt d'Aïtone

Forêt d'Aïtone ⓰

Straßenkarte C3. *Juni–Sep: Paesolu d'Aïtone (04 95 26 23 62). Okt–Mai: Parc Naturel Régional de la Corse, Ajaccio (04 95 51 79 00).*

Die einem Märchenwald gleiche Forêt d'Aïtone kann auf schönen, einfachen und gut markierten Wanderwegen erkundet werden.

Der Name des alten Forstes leitet sich wohl von dem lateinischen Wort für Baum ab: *abies*. Über 24 Quadratkilometer erstreckt er sich in 800 bis 2000 Metern Höhe. Die Genuesen, die das Holz für den Schiffsbau benötigten, bauten im 16. Jahrhundert eine Transportstraße nach Sagone *(siehe S. 98)*. Der Wald besteht vornehmlich aus Lariciokiefern, einer süß duftenden Varietät der Schwarzkiefer *Pinus nigra*, die über 45 Meter hoch und über 200 Jahre alt werden kann. Weiter überragen hier Seekiefern, Tannen, Buchen und Lärchen das dichte Unterholz, in dem Wildfrüchte und Pilze gedeihen. Den Wald bewohnen Füchse, Wildschweine und Mufflons.

Westlich des Waldes liegt auf 830 Metern Höhe das von ertragreichen, erstklassigen Kastanienhainen umgebene **Evisa**, in dem alljährlich im November ein beliebtes Kastanienfest stattfindet. Durch seine Lage am Schnittpunkt der Fernwanderwege *Mare a Mare* und *Mare e Monti (siehe S. 27)* ist es ein idealer Startpunkt für Ausflüge.

Vier Kilometer hinter Evisa beginnt an der Straße zum Col de Verghio *(siehe S. 151)* der Wanderweg zu den **Cascades d'Aïtone** (hin und zurück etwa 30 Minuten). Am Fuß dieser vom Wildwasser des Aïtone gebildeten Wasserfälle laden Gumpen zum Schwimmen ein.

Der **Sentier de la Sittelle**, der »Kleiberweg«, führt vom Informationszentrum des Parks von **Paesolu d'Aïtone** durch den Wald zum **Sentier des Condamnés** (zweieinhalb Stunden). Der Rundweg wurde nach den Sträflingen benannt, die im 19. Jahrhundert die zum Feuern verwendeten Bäume fällten.

Wälle und Turm der genuesischen Festung von Girolata

Girolata ⓱

Straßenkarte B3. *100.* *La Marine, Porto (04 95 26 10 55).*

Das an einer bezaubernden Bucht windgeschützt gelegene Fischerdorf kann nur zu Fuß (90 Minuten vom Col de la Croix, *siehe S. 102*) oder mit einem der Ausflugsboote erreicht werden, die im Sommer im Hafen von Porto ablegen. Auf der Landzunge thront majestätisch eine durch Verteidigungswälle geschützte genuesische Festung.

In den Gewässern vor Girolata ergriffen die von Andrea Doria angeführten Genuesen 1540 den berüchtigten türkischen Piraten Dragut Rais.

Selbst wenn hier im Sommer zahllose Yachten ankern, besticht die Bucht dennoch durch die Schönheit des Meeres und der roten Klippen.

Galéria ⓲

Straßenkarte B3. *300.* *Carrefour des Cinq Arcades (04 95 62 02 27).*

Das abgeschiedene Dorf ist die einzig wirklich nennenswerte Siedlung zwischen Calvi *(siehe S. 78–81)* und Porto. Galéria ist ein exzellenter Ausgangsort für Ausflüge in die Réserve Naturelle de Scandola *(siehe S. 104f)* und gut geeignet für Tauch- und Wassersportler. Von hier aus kann man wunderbare Ausflüge zur Küste unternehmen, wo ein Panoramaweg durch die Macchia am Golfe de Galéria von Punta Ciuttone im Norden zur Punta Stollu im Süden verläuft.

Hinter Galéria liegt die durch den Fango gebildete *Vallée de Fango*. Am Flussdelta erstreckt sich ein weiter Kiesstrand. Durch das Tal wurden früher die Schafherden von den Bergen oberhalb der Vallée de Niolo zur Überwinterung in die Küstenregionen getrieben. Erst im Frühjahr kehrten die Hirten wieder in die Berge zurück.

Die D351 verläuft durch das Tal und etwa zehn Kilometer durch die Forêt du Fango. Dort sprudelt der Fango zwischen Felsen und bildet Gumpen mit glasklarem Wasser. Kurz vor der Ortschaft Barghiana fließen Fango und Taita spektakulär zusammen.

Der Wildbach Taita in der Vallée du Fango

Réserve Naturelle de Scandola ⑲

Roter Granit und glasklares Meer prägen das Naturschutzgebiet, in dem Kormorane und Sturmtaucher auf Felsen thronen, Fischadler ihre Kreise ziehen und Anemonen, Schwämme sowie Korallen eine farbenprächtige Unterwasserwelt schaffen. Das von der UNESCO zum Welterbe erklärte Areal erstreckt sich über 9,2 Quadratkilometer auf dem Land und zehn Quadratkilometer im Meer zwischen Punta Mucchilina im Süden und Punta Palazzo im Norden. Der Park bietet eine einmalige Vielfalt an Pflanzen- und Vogelarten sowie eine wunderbar reiche Unterwasserwelt: Verbote schützen 450 Algen- und 125 Fischarten. Hier darf man weder fischen noch Seetiere und -pflanzen sammeln oder länger als 24 Stunden ankern.

Markante Klippen aus rotem Vulkangestein

Vulkanische Felsen
Die ganze Halbinsel Scandola ist vulkanischen Ursprungs. Die Felsen stammen aus dem Oberperm und sind rund 248 Millionen Jahre alt. Zu ihnen zählen die Porphyrgesteine in Cala Ficaccia, die Lava- und Rhyolithkuppeln der Punta Palazzo und die oben abgebildeten säulenförmigen Kristallrhomben von Elbo.

Algen-ablagerungen

An den vulkanischen Felsen kleben in Höhe des Wasserspiegels Seeigel, Seeanemonen und unzählige Krustentiere.

Ablagerungen über dem Wasser

Algenablagerungen

Die Algenart *Lythophyllum* reichert während des Wachstums Kalk an und bildet an der Wasseroberfläche häufig 30 Zentimeter dicke Ablagerungen. An der Punta Palazzo findet sich die mit rund 100 Meter Länge und zwei Meter Breite größte Algenplattform im Mittelmeer. Trotz ihres robusten Aussehens ist sie sehr zerbrechlich.

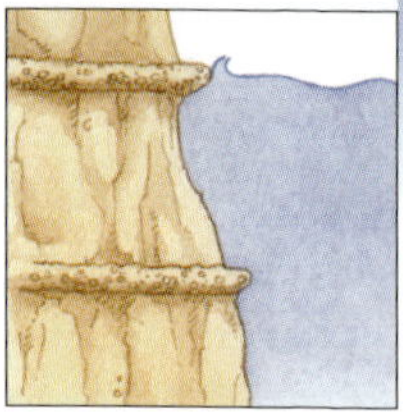

Unterwasserschichten

Euphorbia dendroides
Der im Schutzgebiet weitverbreitete Strauch wird bis zu einem Meter hoch. Zur Blüte im Mai taucht er das Areal in leuchtendes Gelb. Ende des Frühjahrs wird er trocken und nimmt eine hellbraune Färbung an, die sich erst im Spätsommer mit den ersten Herbstregen wieder grün verwandelt.

INFOBOX

Straßenkarte B3.
La Marine, Porto (04 95 26 10 55).
Bootsausflüge von Ajaccio, Calvi, Cargèse, Galéria, Porto, Propriano, Sagone (auch Schnorchelausflüge).
Juli, Aug: tägl. sechs Ausflüge; Apr–Juni und Sep, Okt: tägl. vier Ausflüge.

Der Horst des Fischadlers »schwebt« in den Klippen in luftiger Höhe über dem Wasser. Rund 20 Paare dieses großen braun-weißen Raubvogels, der beinahe ausgerottet war, brüten heute wieder in der Réserve Naturelle.

Über 450 Algenarten leben hier dank des außergewöhnlich sauberen Wassers.

TIERE IM SCHUTZGEBIET

Die Réserve Naturelle de Scandola ist ein Schutzgebiet für Seevögel und Fische. Hier finden die Vögel in den Felsspalten, in denen sie auch ihre Nester bauen, reichlich Nahrung. Kormorane, Wanderfalken und Fischadler, aber auch eine Fledermausart sind hier zu beobachten. Im kristallklaren Meer gedeiht bis in 45 Meter Tiefe eine außergewöhnlich artenreiche, faszinierende Unterwasserwelt.

***Kormorane** zählen zu den größten Seevögeln und sind akrobatische Flugkünstler.*

***Fischadler** bauen ihre Nester in die steilen Klippen der Réserve.*

***Barsche** können bis zu 1,50 Meter lang werden. Sie sind an den hellen Flecken auf dem bräunlich gefärbten Rücken zu erkennen.*

***Brassen** schmecken zwar köstlich, sie müssen im Park jedoch keine Gourmets fürchten. Hier herrscht absolutes Fangverbot!*

Panorama
Die Küste der Réserve Naturelle de Scandola mit ihren hoch aus dem Meer ragenden Klippen und dem kristallklaren Wasser ist einfach atemberaubend schön.

Bonifacio und der Süden

Von den engen Gassen des wehrhaft befestigten Bonifacio kann man die Nachbarinsel Sardinien erspähen. Um die Stadt kämpften bereits Pisa, Genua und Spanien erbittert. Doch die Geschichte Südkorsikas weist viel weiter zurück: Hier lebte in prähistorischen Zeiten eine megalithische Kultur, deren Menhir-Alleen und casteddi *(»Burgen«) Staunen und Bewunderung hervorrufen.*

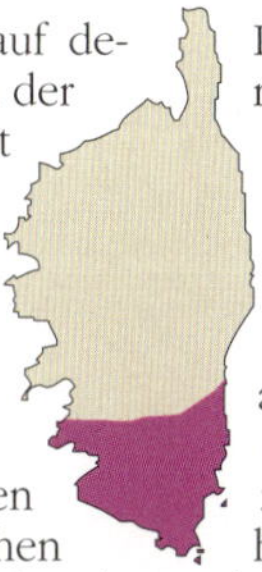

Die Bucht mit den Klippen, auf denen die trutzigen Wehrmauern der alten genuesischen Oberstadt stehen, ist idealer Ausgangspunkt für Bootsfahrten entlang der weißen Steilküste. Hier im Süden haben die Menhire von Filitosa Berühmtheit erlangt – sie sind jedoch nicht die einzigen fantastischen Zeugnisse der jungsteinzeitlichen (Bau-)Kunst. Weitere beeindruckende frühgeschichtliche Relikte sind nördlich des Golfe de Porto-Vecchio die imposanten Mauern des *casteddu* von Arragio oder südlich von Sartène die Menhir-Reihen in Palaggiu, Stantari und Renaggiu.

Einzigartig schön ist auch die vielfältige Landschaft, zu der die Wälder um Aiguilles de Bavella ebenso zählen wie die weißen Felsen der Inseln Lavezzi und Cavallo. Diese genießen den Schutz des internationalen Parc Marin de Bonifacio.

Südkorsika durchziehen unzählige Wanderwege – zumindest bis zu einem gewissen Grad sollte man die Region auch auf Schusters Rappen erkunden und in den Dörfern zwischen knorrigen Olivenhainen und eleganten Kastanienbäumen die Spuren mittelalterlicher Geschichte entdecken.

Die meiste Zeit des Jahres herrscht in den Dörfern friedliche Ruhe in den Gassen zwischen den kleinen Kirchen und alten Häusern. Diese Weltabgeschiedenheit wird nur durch den sommerlichen Urlauberstrom unterbrochen. Doch wer kann, sollte dem Zauber des korsischen Südens in der Nebensaison nachspüren.

Drei der weltberühmten anthropomorphen Megalithen in der prähistorischen Stätte Filitosa

◁ **Wie der Rumpf eines gigantischen Schiffes scheinen Bonifacios Klippen aus dem Meer zu ragen**

Überblick: Bonifacio und der Süden

Das südliche Korsika gliedert sich in zwei sehr unterschiedliche Regionen. Von Bonifacio aus laden zwei Hauptstraßen zur gemütlichen Erkundung des Gebiets ein. An der Südküste locken kleine Buchten, ruhige Strände und steile Felsklippen. Hier befinden sich die meisten der im Sommer gut besuchten Ferienorte wie Bonifacio, Propriano, Solenzara und Porto-Vecchio. Die Inlandsroute durchquert erst die Alta Rocca und führt in das für Wanderungen fantastisch geeignete Gebiet des Col de Bavella mit seinen vielen malerischen, abgeschiedenen Dörfern. Die am besten erhaltenen prähistorischen Stätten – Filitosa, Palaggiu, Renaggiu, Fontanaccia und Stantari – liegen in nächster Nähe zu Sartène. Sehenswert sind aber auch die Funde von Cucuruzzu und Capula bei Levie.

Die Zitadelle von Bonifacio

Die Menhire von Palaggiu auf dem Plateau de Cauria

Im Süden unterwegs

Die Hauptverbindungsstrecken an der Südküste sind die N196 und die in Richtung Bastia weiterverlaufende N198. Sie verbinden Bonifacio mit Sartène und Propriano bzw. mit Porto-Vecchio. Die kurvenreiche D368 führt von Porto-Vecchio in die Berge, trifft in Zonza auf die D268 und erreicht schließlich den Col de Bavella. Zu den prähistorischen Stätten gelangt man entweder über bisweilen ungeteerte Nebenstraßen oder zu Fuß. Die großen Küstenorte fahren Busse von Ajaccio oder Bonifacio aus an. In Bonifacio legen die Fähren von und nach Sardinien an bzw. ab.

Siehe auch

- ***Übernachten*** S. 163–165
- ***Restaurants*** S. 177–179

Sehenswürdigkeiten auf einen Blick

Arraggio 5
Bonifacio S. 110–117 1
Campomoro 18
Cascade Piscia di Gallo 10
Col de Bavella S. 122f 8
Cucuruzzu und Capula 13
Filitosa 21
Levie 12
Massif de l'Ospédale 4
Porto-Pollo 20
Porto-Vecchio 3
Propriano 19
Punta Fautea 6
Quenza 11
Roccapina 16
Ste-Lucie de Tallano 14
Sartène 15
Solenzara 7
Tappa 2
Zonza 9

Tour
Megalithen von Cauria 17

Die von Wind und Wasser charakteristisch geformten Granitfelsen der Îles Lavezzi

Legende

- Hauptstraße
- Nebenstraße
- Wanderweg
- Panoramastraße
- Gipfel

Die exklusive Île Cavallo umgibt ein türkisblaues Traummeer

Bonifacio ❶

Fensterrosette, Ste-Marie-Majeure

Die schwindelerregend auf einem Kreidefelsen thronende mittelalterliche Hafenstadt heißt nach dem toskanischen Grafen Bonifacio, der 828 nach einem Feldzug gegen die Mauren den Ort für sich »entdeckte«. Drei Jahrhunderte lang lebte sie von Fischfang und Piraterie und unterstand zeitweise Pisa. 1195 wurde Bonifacio eine genuesische Kolonie, in der sich ligurische Einwanderer ansiedelten. Nur kurze Zeit später stieg die Stadt zur Republik auf, erhielt das Münzrecht und begann mit dem Bau massiver Mauern. Nach einem französischen Intermezzo ab 1553 unterstand sie wieder Genua und wurde im 17. Jahrhundert mit modernen Militärbauten befestigt. Obwohl Bonifacio im 18. Jahrhundert endgültig unter französische Herrschaft fiel, bewahrte sich die Stadt im Unterschied zum Rest der Insel immer ihr italienisches Flair.

Straßencafés an der Marina

Marina

Die Kais des alten Hafens säumen Cafés und Restaurants. An der beliebten Promenade legen die Ausflugsboote zur Grotte du Sdragonatu *(siehe S. 114)* und den Îles Lavezzi *(siehe S. 117)* ab. Im Sommer herrscht hier bis spät in die Nacht Trubel.

Näher zum Ausgang der Bucht gelegen ist der Handelshafen, wo am Gare Maritime die Passagierschiffe anlegen. Im Mittelalter wurde der Hafen dem heiligen Erasmus geweiht. Des Schutzpatrons der Seefahrer und Fischer gedenkt man am 2. Juni *(siehe S. 33)* und durch eine nach ihm benannte Kirche in der Marina.

Zur Haute Ville

Die alte Oberstadt erreicht man über die Montée Rastello genannten Treppen neben der Kirche St-Erasme und weiter über die Montée St-Roch, die an der alten Porte de Gênes endet. Oder man nimmt die Straße hinter der Porte de France. Sie verläuft am Fuß der Bastion de l'Étendard und an einem Kriegsdenkmal vorbei zum Parkplatz in der Haute Ville neben dem Denkmal für die Fremdenlegionäre. Die antike römische Säule des Kriegerdenkmals wurde auf einem Inselchen ganz in der Nähe gefunden.

Bastion de l'Étendard

Juli–Aug: tägl.; Apr–Juni und Sep–Okt: Mo–Sa.

Die über den Kais der Marina und den Hafen thronende Bastion ist ein berühmtes Wahrzeichen der Stadt. Sie entstand im 16. Jahrhundert, als die bestehenden Befestigungsanlagen umgebaut wurden, und diente als Lager für die schwere Artillerie, deren Entwicklung in jenen Zeiten drastische Veränderungen in der Militärarchitektur erzwang. Zusammen mit der Porte de Gênes bildete sie das Rückgrat von Bonifacios Festung, die ihre Uneinnehmbarkeit mehrere Male unter Beweis stellte.

Von den oberen Plattformen der Bastion hat man einen herrlichen Blick auf die enge Bucht von Bonifacio und die Marina.

Vier Festungssäle beherbergen heute ein kleines Museum, in dem bedeutende historische Ereignisse von Bonifacio dargestellt werden.

Porte de Gênes

Unter genuesischer Herrschaft war die Porte de Gênes der einzige Zugang zur Oberstadt. Durch das von hohen Festungswällen umgebene Tor gelangte man zur Place d'Armes. Die Wälle waren so dick, dass man auf dem Weg zu diesem Platz acht aufeinanderfolgende, mit Eisen verstärkte Holzschranken passieren musste. Diese wurden 1588 durch eine Zugbrücke erweitert. Sie wurde durch ein kompliziertes System aus Gewichten und Gegengewichten bewegt, das heute noch im Inneren des Bauwerks zu besichtigen ist.

Die massive Bastion de l'Étendard wacht über die Marina

Offene und blinde Spitzbogenfenster von Ste-Marie-Majeure

Ste-Marie-Majeure

Rue de la Loggia. ◯ *tägl.*

Bonifacios Kathedrale war jahrhundertelang das religiöse und kulturelle Zentrum der Stadt. In der riesigen Loggia mit den eleganten Säulengängen tagte früher der Rat der Stadt und wurde Gericht gehalten. Die Loggia wurde über einer großen Zisterne errichtet, die heute als Veranstaltungsraum dient.

Die Kathedrale wurde im 12. Jahrhundert noch vor der genuesischen Eroberung von Künstlern aus Pisa begonnen und ein Jahrhundert später fertiggestellt. Dieser langen Bauzeit verdankt die Kirche einen Stilmix, der jedoch die Schönheit des Bauwerks nicht mindert. So ist etwa das erste Geschoss des Glockenturms romanisch, die anderen drei sind gotisch und mit aragonesischen Reliefen verziert. Die Innenausstattung des dreischiffigen Baus ist hauptsächlich barock.

Sehenswert ist im Innern der links vom Eingang aufgestellte römische Sarkophag aus dem 3. oder 4. Jahrhundert; den herrlichen Tabernakel fertigten genuesische Meister Mitte des 15. Jahrhunderts. Der Hochaltar von 1624 strahlt im barocken Glanz, und in der Sakristei befindet sich eine Reliquie des Kreuzes Christi.

Infobox

Straßenkarte C6. *3400.*
Figari-Sud-Corse, 21 km nordwestlich (04 95 71 10 10).
von Sardinien.
2, rue Fred Scamaroni (04 95 73 11 88). Fête de St-Érasme (2. Juni); Fête de St-Bartholomé (24. Aug). **www**.bonifacio.fr

Früher wurde sie in Zeiten großer Gefahr oder bei sehr schweren Stürmen in einer Prozession von Kurat und Bürgermeister durch die Gassen Bonifacios getragen.

Die Loggia von Ste-Marie-Majeure

Zentrum von Bonifacio

Bastion de l'Étendard ②
Escalier du Roi d'Aragon ⑦
Marina ①
Porte de France ⑤
Porte de Gênes ③
Ste-Marie-Majeure ④
St-Dominique ⑥

Zeichenerklärungen
siehe hintere Umschlagklappe

Überblick: Bonifacio

Das Herz Bonifacios ist die dramatisch über der fjordartigen Bucht und dem Hafen thronende Oberstadt Haute Ville. Zwischen der Avenue Charles-de-Gaulle und den Festungswällen liegt der älteste Teil der Stadt. Die Straßen um die Kathedrale säumen alte, schmale Häuser, die in den äußeren Reihen gefährlich an den Klippenrändern balancieren. Westlich der Stadtmauer erstreckt sich das dem Wind ausgesetzte Viertel Bosco zum Meer. Hier, auf der äußeren Landzunge, bietet sich auf der Esplanade St-François ein fantastischer Blick.

Porte de France

Der zweite Eingang zur Oberstadt (außer der Porte de Gênes) entstand 1854, als französische Militäringenieure eine Straße zur Festung St-Nicolas bauten. Auch das neue Tor war mit einer Zugbrücke versehen. Innerhalb der Stadtmauern kann man rund um die Porte de France noch heute Spuren der alten genuesischen Stadtviertel entdecken. So etwa das Lagerhaus Fondaco, das früher in der Gegend um die Place Montepagano stand.

St-Dominique

Haute Ville, bei der Place Birhakeim.
Juli, Aug.

Die 1343 erbaute Kirche steht außerhalb der Stadtmauern, aber innerhalb der Befestigungen, die früher das pisanische Viertel schützten. Sie steht auf den Überresten einer älteren romanischen Kirche, deren Bau von den Pisanern begonnen und von den Tempelrittern beendet worden war. Die heutige Kirche ist ein Werk der Dominikaner und gehörte bis zur Französischen Revolution zu einem Kloster.

Die viereckige Basis des ungewöhnlichen gotischen Glockenturms trägt einen achteckigen, mit Zinnen bekrönten Aufbau. Die weiße Kalksteinfassade ziert ein spitzbogiges Portal. Im Inneren stellt eine Figurengruppe Maria und andere biblische Frauen am Fuß des Kreuzes Christi und ein Bildnis den heiligen Bartholomäus dar.

Der Glockenturm von St-Dominique

Die Montlaur-Baracken gegenüber der Kirche wurden von den Genuesen erbaut, später waren hier Truppen der Fremdenlegion stationiert. Das Rathaus ist mit der Kirche durch einen Bogen verbunden, der früher zum Klosterbau gehörte.

Bosco

Bonifacios Stadtviertel Bosco liegt an der Spitze der Landzunge. Hier befindet sich ein Friedhof mit vielen kleinen hellen Mausoleen. Am Rand der Halbinsel erstreckt sich die zwischen den Weltkriegen erbaute Festungsanlage St-Antoine. Sie erlaubte die vollständige Kontrolle über den Schiffsverkehr in der Straße von Bonifacio.

Escalier du Roi d'Aragon

Rue des Pachas. *Apr–Okt.*

An der Westseite der Landzunge führt dort, wo die zerklüfteten Klippen mehr oder minder senkrecht aus dem Meer aufragen, eine steile Treppe zum Wasser hinunter. Der Überlieferung zufolge wurden die 187 Stufen der »Treppe des aragonesischen Königs« während der aragonesischen Belagerung Bonifacios im Jahr 1420 in nur einer Nacht aus dem harten Fels geschlagen. Sehr wahrscheinlich ist die zu einem Brunnen mit gutem Trinkwasser führende Treppe jedoch viel älter.

Der Escalier konnte von oben gut beobachtet werden und wurde deshalb nie von fremden Truppen zum Sturm auf Bonifacio benutzt.

Kein Wunderwerk einer Nacht: der Escalier du Roi d'Aragon

Trinité-Prozessionen

Drei Kilometer außerhalb Bonifacios stößt man an der D196 Richtung Sartène auf eine Kreuzung. Wer hier links abbiegt, gelangt zur Ermitage de la Trinité. Die schmale Straße schlängelt sich durch undurchdringliche Macchia bis zur kleinen Kirche. Von deren offenem Vorplatz hat man einen herrlichen Blick auf Bonifacio und den Anse de Paragnano. Am 13. Mai, dem Festtag der Muttergottes von Fatima, und am 8. September *(siehe S. 34)* kommen die Bürger von Bonifacio in Prozessionen her und verursachen dabei einen solchen Verkehrsstau, dass man besser zu Fuß geht. In der der Dreifaltigkeit geweihten kleinen Kirche befinden sich Votivgaben von Überlebenden gefährlicher Stürme in der Straße von Bonifacio.

Blick von der Ermitage

Parc Marin de Bonifacio

Die ersten Meeresschutzgebiete für die Küsten Südkorsikas wurden Anfang der 1980er Jahre eingerichtet. Heute umfassen sie die Inseln Lavezzi, Bruzzi, Monaci und Cerbicale. Selbst Berufsfischer müssen das Verbot der Unterwasserjagd und strengste Vorschriften einhalten. Die Idee eines internationalen Meeresschutzgebiets in der Straße von Bonifacio zwischen Sardinien und Korsika nahm 1986 Gestalt an, und seit 1992 arbeiten die französischen und italienischen Umweltminister in Sachen Parc Marin de Bonifacio. Sie konnten zwar nicht die Verschiffung gefährlicher Frachten verhindern, die im Falle eines Unfalls ökologischen Schaden anrichten würden, es gelang ihnen jedoch, die Fahrrinne zu begrenzen und einen Notfallplan einzuführen, der immer dann in Kraft tritt, wenn die Geschwindigkeit des hier stets starken Windes vier bis fünf Knoten überschreitet. Die steten Winde machen die Straße von Bonifacio zum Seglerparadies. Ohne Unterlass pflügen die Yachten durch die Wellen, häufig finden Regatten statt.

Yacht in der Straße von Bonifacio

Die korsische Küste

Auf der französischen Seite der Straße von Bonifacio ragen steile weiße Klippen auf, an denen die Kalksteinschichten deutlich sichtbar sind. Die extrem zerklüftete Küste zählt zu den bekanntesten des Mittelmeeres. Häufig sind die zwischen den rauen Felsen geduckten, kleinen Buchten nur mit dem Boot zu erreichen. Zu den Hauptproblemen des Schutzgebiets gehört die Frage, wie die durch den Massentourismus verursachten Umweltschäden einzudämmen sind.

Die Rote Koralle, *so weiß es die Legende, entstand aus dem Blut des abgeschlagenen Hauptes der Medusa, das Perseus ins Meer geworfen hatte.*

Die Seeanemone *ist ein häufiger Bewohner der hiesigen Küste. Das Hohltier sieht zwar aus wie eine harmlose Pflanze, ist jedoch ein sehr erfolgreicher Jäger von Kleintieren.*

Hummer *können trotz ihres delikaten Fleischs Schutz und Ruhe finden – denn der Fang ist streng reguliert.*

Die sardische Küste

Die sardische Küste ist ähnlich zerklüftet wie ihr korsisches Gegenstück. Sie ist allgemein jedoch viel flacher und lockt mit wunderschönen Sandbuchten und farbenprächtiger Unterwasserwelt. Etwas östlich liegt nicht weit entfernt der Arcipelago della Maddalena. Er besteht aus sieben größeren Inseln (etwa La Maddalena und Caprera) und mehreren kleinen Inselchen, darunter die für ihren rosa Sandstrand berühmte Isola Budelli.

Bonifacio: Küste und Klippen

Von seiner Landzunge aus bewacht Bonifacio die tief unter den Festungsmauern liegende Bucht. Das Meer, die Fischerei und der Handel sind die drei Säulen, auf denen Schönheit und Bedeutung der Stadt ruhen, die wie ein versteinertes Schiff über dem Meer schwebt. Wer die Stadt vom Wasser aus erkundet, wird ihren besonderen Zauber besser entdecken. Da trifft es sich gut, dass an den Kais der Marina Bootsfahrten zu den Meereshöhlen, dem Grain de Sable, entlang den Landzungen und Buchten zu den Îles Lavezzi oder auf das offene Meer hinaus angeboten werden.

Meerblick inklusive: Bonifacios Altstadt

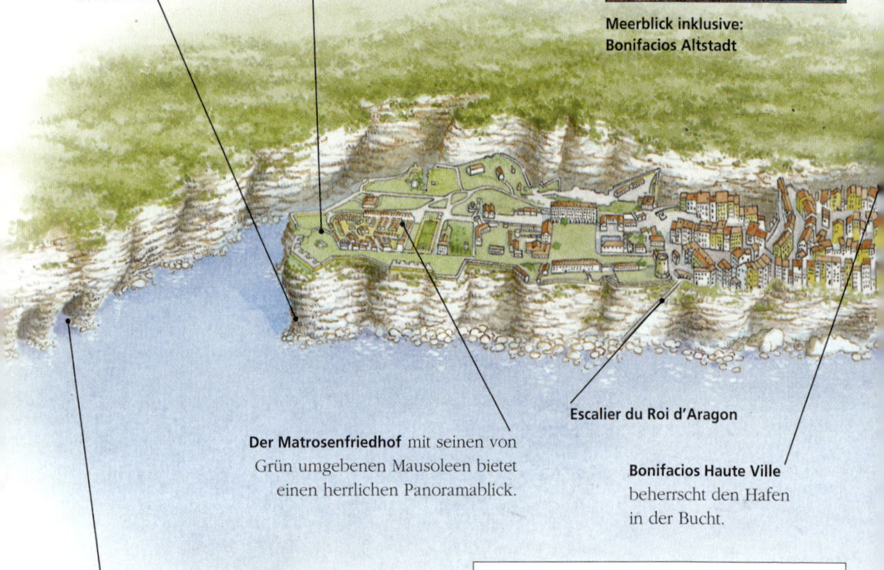

Der Matrosenfriedhof mit seinen von Grün umgebenen Mausoleen bietet einen herrlichen Panoramablick.

Bonifacios Haute Ville beherrscht den Hafen in der Bucht.

Grotte du Sdragonatu
In die vom Wasser ausgehöhlte Grotte du Sdragonatu fällt durch einen Spalt Sonnenlicht. Für die einheimischen Fremdenführer ist klar: Die lange, schmale Öffnung ist wie Korsika geformt.

Geologische Anomalien

Das an der Küste rund um Bonifacio zum Vorschein kommende Kreidegestein ist für die Entstehung der berühmten Klippen verantwortlich. Zwischen Capo Pertusato und Pointe de Sperone bestehen die Klippen aus porösem Sedimentgestein, aus dem der Wind und das Meer eine fantastisch zerklüftete Küstenlinie geformt haben. Der hiesige Kalkstein stellt eine Anomalie auf Korsika dar. Die Insel besteht v.a. aus magmatischem Gestein, besonders Granit (Col de Bavella und Calanques de Piana) und vulkanischem Rhyolith (Réserve Naturelle de Scandola).

Die Klippen weisen typische Kalkschichten auf

Grain de Sable
Der frei stehende Solitär mit dem liebevollen Spitznamen »Sandkorn« ist ein Wahrzeichen der Küste von Bonifacio. Vor rund 800 Jahren brach er von der Küstenklippe ab.

INFOBOX

Straßenkarte C6. 2, *rue Fred Scamaroni, Bonifacio (04 95 73 11 88).* *Apr–Okt: alle 15 Min. Boote zu Meereshöhlen und Grain de Sable (1 Std.).* **www**.bonifacio.fr

Leuchtturm von Capo Pertusato
Der Leuchtturm auf der südlichsten Spitze Korsikas ist nachts von der sardischen Küste aus deutlich sichtbar.

Zerklüftete Klippen
Auf den Klippen bei Bonifacio kann an unzähligen Aussichtspunkten die grandiose Schönheit dieses wilden Küstenabschnitts bewundert werden. Hier nisten u.a. Krähenscharben, Silbermöwen und die seltenen Korallenmöwen.

Capo Pertusato
Vom Meer aus wirkt der südlichste Punkt Korsikas durch die immerwährende Kraft der Wellen stark zerklüftet. Vom Land aus erkennt man eine riesige, aus dem Kalk geschwemmte Höhle. Sie gab dem Capo Pertusato seinen Namen: Im Dialekt der einst hier herrschenden Genuesen bedeutet pertusato *»durchlöchert«.*

Bonifacio: Îles Lavezzi

Auch nach dem Capo Pertusato erreichen die Klippen eine beträchtliche Höhe, und zu den wenigen Stränden gelangt man nur über steile Pfade. Nach der Pointe de Sperone kann man die Îles Lavezzi und die Île Cavallo erspähen. Der faszinierende Archipel besteht aus von feinen Sandstränden bekränzten Granitinseln, die auf den ersten Blick öde erscheinen, unter Kennern aber für ihre zahlreichen endemischen Pflanzenarten bekannt sind. Die Îles Lavezzi liegen inmitten eines riesigen Meeresschutzgebiets – Ankern ist hier streng reguliert. Für den Naturschutz arbeiten in dem Gebiet etwa 20 Parkwächter, Meeresbiologen und andere Profis.

Die Landebahn auf der Île Cavallo ist von der Luft aus deutlich zu sehen

Capo Pertusato

Der exklusive Golfclub Sperone *(siehe S. 193)* erstreckt sich über die Landspitze.

Granit und Kalk
Bei der Pointe de Sperone verläuft die »Grenze« zwischen Granit- und Kalksteinformationen. Hier sind die weißen Felsschichten mit rosa Granit gesäumt. Mit dem Gestein ändert sich auch die Vegetation, sie geht von Strauchwerk in Macchia über.

Das Wrack der »Sémillante«

Das berühmteste der zahllosen Wracks in der Straße von Bonifacio ist das der *Sémillante*. Die französische Fregatte hatte im Februar 1855 in Toulon die Segel gesetzt. An Bord waren 301 Matrosen und 392 Soldaten auf dem Weg zur Krim. In einem Sturm in der Nacht zum 15. Februar explodierte das mit Schießpulver beladene Schiff an den Felsen der Île Lavezzi und sank. Es gab keine Überlebenden, die Toten wurden auf den beiden kleinen Friedhöfen von Lavezzi begraben. Ein Jahr nach der Tragödie wurde auf einer Landzunge der Insel ein Denkmal für die Schiffbrüchigen der *Sémillante* errichtet.

Denkmal für die verstorbenen Schiffbrüchigen der 1855 vor Lavezzi untergegangenen *Sémillante*

Infobox

Straßenkarte C6.

2, rue Fred Scamaroni, Bonifacio (04 95 73 11 88).

Bootsausflüge von der Marina von Bonifacio, regelmäßig legen Boote zu den Îles Lavezzi ab (3 Std.). **www**.bonifacio.fr

Pointe de Sperone
Die unberührte Natur der windumtosten, von der Macchia bedeckten Landspitze bietet Lebens- und Nistraum für unzählige Seevögel.

Île Cavallo
Die Trauminsel befindet sich in Privatbesitz. Versteckt zwischen den Felsen und niedriger Vegetation liegen Luxusvillen und sogar ein kleiner Flughafen. An der ganzen Küste ist es verboten zu ankern.

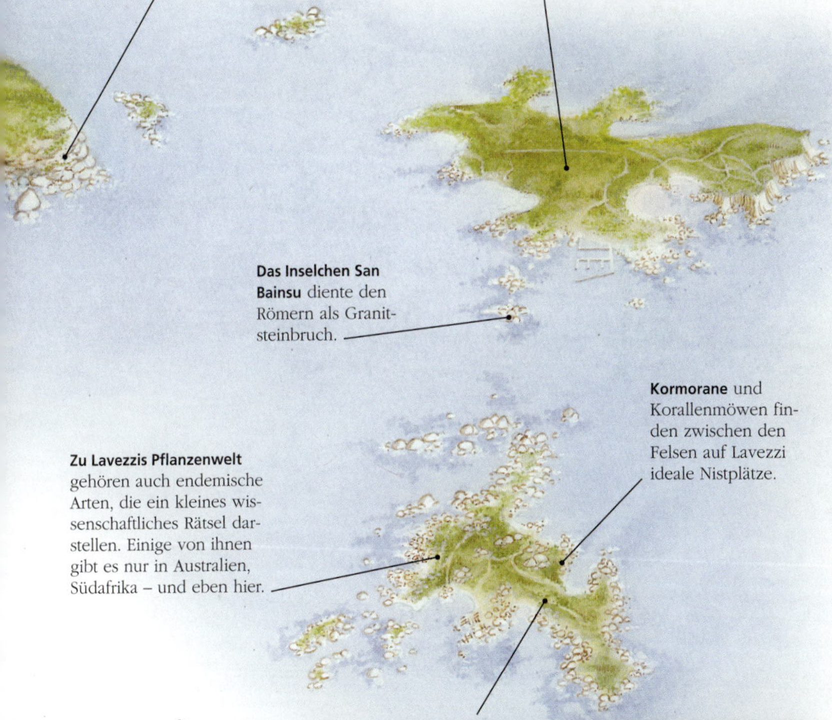

Das Inselchen San Bainsu diente den Römern als Granitsteinbruch.

Kormorane und Korallenmöwen finden zwischen den Felsen auf Lavezzi ideale Nistplätze.

Zu Lavezzis Pflanzenwelt gehören auch endemische Arten, die ein kleines wissenschaftliches Rätsel darstellen. Einige von ihnen gibt es nur in Australien, Südafrika – und eben hier.

Île Lavezzi
Die Insel ist wie der ganze Archipel Naturschutzgebiet. Die Felseninsel wartet mit faszinierenden Steinformationen und einer wissenschaftlich äußerst interessanten, vielfältigen Tier- und Pflanzenwelt auf.

Über die Marina von Bonifacio wacht die massive Bastion de l'Étendard ▷

Tappa ❷

Straßenkarte C6. *Rue Camille de Rocca Serra, Porto-Vecchio (04 95 70 09 58).* *tägl.*

Das imposante *casteddu (siehe S. 39)* Tappa steht etwa sieben Kilometer von Bonifacio entfernt in dem Dörfchen Ceccia. Zu der jungsteinzeitlichen Kult- und Wohnanlage gehören zwei Monumentalbauten, um die sich befestigte Wohnhäuser scharen. Das *casteddu*, das bis vor wenigen Jahren als Steinbruch genutzt wurde, konnte nur dank der Initiative eines Privatmannes gerettet werden, der zum Schutz der Anlage kurzerhand das dazugehörige Grundstück kaufte.

Von oben erkennt man gut die Mauern, die als Befestigung den natürlichen Schutzwällen der kleinen Siedlung angefügt wurden. Archäologische Funde belegten, dass Tappa bereits im 2. Jahrtausend v. Chr. von den nach ihren Turmbauten benannten Torreanern *(siehe S. 37)* bewohnt war und somit zu den ältesten korsischen Siedlungen zählt.

Auf der südwestlichen Seite gelangt man über eine steile Felstreppe zu einem runden, nicht befestigten Bauwerk von etwa 1350 v. Chr. In dem runden Innenraum, der Cella, wurden Nahrungsmittel und andere wertvolle Materialien gelagert. Darüber hinaus diente der Bau wahrscheinlich auch als Kultstätte und Wachturm.

Boote ankern in dem geschützten Hafen von Porto-Vecchio

Porto-Vecchio ❸

Straßenkarte C6. 8400. *von Genua, Livorno, Marseille, (04 95 70 06 03).* *Rue Camille de Rocca Serra (04 95 70 09 58).* **www**.accueil-portovecchio.com

Porto-Vecchio wurde Anfang des 16. Jahrhunderts von der genuesischen Bank des heiligen Georg *(siehe S. 44f)* gegründet. Es sollte die große Lücke zwischen den befestigten Stützpunkten an der Küste zwischen Bastia und Bonifacio schließen. Porto-Vecchio war wegen seiner wertvollsten natürlichen Ressource auch als »Stadt des Salzes« bekannt. Durch die nahen Sümpfe der Flüsse Stabiacciu und Osu war es jedoch jahrhundertelang malariaverseucht.

Um 1553, zur Zeit der von Sampiero Corso *(siehe S. 45)* angeführten Revolte, wurde Porto-Vecchio ein richtiges Piratennest. Danach lebte die Stadt bis Mitte des 20. Jahrhunderts von der Korkindustrie und den Salinen.

Als Ende des Zweiten Weltkriegs die Malaria durch Trockenlegungen ausgerottet wurde, war der Weg frei für die Entwicklung von Tourismus, Kleinindustrie und Handel. Porto-Vecchio ist heute eine wichtige Stadt und berühmt für die schönen Strände. In der Oberstadt finden sich noch heute Spuren der genuesischen Befestigungsanlagen. Im Sommer bevölkern viele Urlauber die Altstadt.

Umgebung: Südlich des Golfe de Porto-Vecchio liegen einige beliebte Ferienorte. Nach der an der **Punta di a Chiappa** endenden Wasserscheide erstrecken sich gegenüber den geschützten Îles Cerbicale die berühmten weißen Sandstrände von **Palombaggia** und **Santa Giulia** *(siehe S. 21)*.

Der Strand von Palombaggia, südlich von Porto-Vecchio

Massif de l'Ospédale ❹

Straßenkarte C5. *Rue Camille de Rocca Serra, Porto-Vecchio (04 95 70 09 58).*

Hinter Porto-Vecchio erstreckt sich eine große, felsige Waldregion mit Panoramablick und zahlreichen schönen Wanderwegen.

Das Dorf **Ospédale** liegt auf halber Höhe (800 m) des gleichnamigen Berges. Möglicherweise leitet sich sein Name – »Hospital« – davon ab, dass hier, fernab der Fiebersümpfe, die reichen Familien aus Porto-Vecchio in der heißen Jahreszeit ihr Quartier aufschlugen.

Im Dorf hat man einen wunderbaren Panoramablick über die Küste.

Die beeindruckenden Ruinen des steinzeitlichen *casteddu* Tappa

Der Stausee unterhalb der Gipfel des Massif de l'Ospédale

Eine empfehlenswerte Wanderung führt vom vier Kilometer bergaufwärts gelegenen Weiler **Cartalavonu** zum 1315 Meter hohen Gipfel **A Vacca Morta**. Die Mühen des Aufstiegs belohnt hier ein wunderbarer Blick.

Außerhalb von Ospédale bedeckt ein Wald aus Seekiefern das ganze Massiv und erstreckt sich auch rund um den Stausee. Das gesamte Gebiet ist Teil des Parc Naturel Régional *(siehe S. 99)*.

Arraggio (Araghju) ❺

Straßenkarte C5.
Rue Camille de Rocca Serra, Porto-Vecchio (04 95 70 09 58).

Nördlich von Porto-Vecchio liegt weiter im Landesinneren das Örtchen Arraggio. Von dort führt ein steiler Fußweg zu einem nahen *casteddu (siehe S. 39)*. Der schmale, anstrengende Saumpfad verläuft ohne Unterlass entlang einem Grat zwischen losen Steinen und Schafhürden bergauf. Doch plötzlich ragen auf einem Felsvorsprung die hellen, etwa vier Meter hohen und zwei Meter dicken Mauern eines massiven *casteddu* auf. Innerhalb der Befestigungen gehören zu der megalithischen Anlage einige Räume, die in prähistorischen Zeiten (16.–12. Jh. v. Chr.) als Quartiere, Küche und Lebensmittellager dienten. Der ganze Komplex erinnert sehr an die großartigen, *nuraghi* genannten prähistorischen Bauten auf Sardinien. Vom *casteddu* von Arraggio hat man einen herrlichen Blick auf den Golf und die ländlichen Gebiete rund um Porto-Vecchio.

Punta Fautea ❻

Straßenkarte D5.
Solenzara (04 95 57 43 75).

Nördlich der flachen Küste des Golfe de Porto-Vecchio beginnt am Cap Cala Rossa ein felsiger Küstenabschnitt. Zu den wenigen dortigen Stränden zählt auch die schöne **Plage de Pinarellu**. Etwa 20 Kilometer von Porto-Vecchio Richtung Solenzara entfernt liegt die Abzweigung zur Punta Fautea. Nahe der Hauptstraße steht ein **genuesischer Wachturm** aus dem 16. Jahrhundert, der 1650 teilweise abbrannte.

Von hier bis Solenzara erstreckt sich am glasklaren Meer mit faszinierender Unterwasserwelt die buchtenreiche **Côte des Nacres**. Der Name der felsigen »Perlmuttküste« stammt von den dreieckigen Muscheln, die es hier gibt. Die Innenseite der Schale dieser bis zu 50 Zentimeter langen Weichtiere bedeckt eine dünne, Perlmutt (französisch *nacre*) ähnliche Schicht.

Wandbild mit Meerjungfrauen im Hafen von Solenzara

Solenzara ❼

Straßenkarte D5. *1200.*
04 95 57 43 75.

Das ehemalige Dörfchen an der Mündung des Solenzara ist heute einer der lebhaftesten und beliebtesten Ferienorte im Südosten Korsikas. Im hiesigen Hafen können 450 Boote ankern, und ein von Eukalyptusriesen begrenzter Sandstrand lädt zum Baden ein.

Der Weg in den oberhalb von Solenzara gelegenen Weiler **Sari** lohnt wegen der fantastischen Aussicht.

Die restaurierten Ruinen des im 16. Jahrhundert erbauten Genueserturms an der Punta Fautea

Col de Bavella 8

Mufflon

Die zerklüfteten Aiguilles de Bavella gehören zu den aufregendsten Landschaften Korsikas. Die Felsnadeln ragen am Fuß des Massivs des Monte Incudine auf, der mit 2134 Metern höchsten Bergformation Südkorsikas. Die Straße über den Col de Bavella führt durch eine atemberaubende Landschaft, vorbei an bei Sonnenuntergang rot leuchtenden Felsen, durch Kiefernwälder und im Frühjahr mit Thymianblüten bedeckte Wiesen. Das Gebiet ist durch viele Wanderwege sowie durch den südlichsten Abschnitt des GR20 *(siehe S. 22–27)* erschlossen. Eine größere Herausforderung stellt die durch die Aiguilles direkt führende Route dar.

Traumhaft schön: die Aussicht am Trou de la Bombe

Lariciokiefern werden sehr hoch und nicht selten bemerkenswert alt. Viele Bäume erreichen ein biblisches Alter von 300, 400, ja sogar 800 Jahren. Früher wurden die Kiefernstämme zum Schiffsbau verwendet.

Blühende Bergminze
Zu Beginn des Frühjahrs hüllen sich die Wiesen an den Straßen und Wegen in das rosa Blütenkleid der Bergminze, in dem Hummeln eifrig nach Nektar suchen.

Trou de la Bombe

Das »Bombenloch« Trou de la Bombe ist eines der *tafoni (siehe S. 101)*, die der Wind in den harten korsischen Fels gebohrt hat. Zu dem etwa neun Meter hoch gelegenen Loch an der Punta Tafonata von Paliri können nicht nur Kletterexperten gelangen. Die insgesamt einige Stunden lange Wanderung beginnt am Brunnen U Canone unweit des Col de Bavella in Richtung Solenzara. Von dort führen eine Forststraße und anschließend ein rot markierter Wanderweg zu einem felsigen Amphitheater und der Wand, in der das riesige Loch prangt. Von hier hat man einen herrlichen Blick auf den Monte Incudine und die sich in die Felsspalten zwängenden Kiefern.

Kletterpartie zum Trou de la Bombe

INFOBOX

Straßenkarte C5. *Office du Tourisme de l'Alta Rocca, Zonza.* *04 95 78 56 33.*
Fernwanderweg GR20
Parc Naturel Régional de la Corse, 2, sergent Casalonga, Ajaccio (04 95 51 79 00).
www.parc-naturel-corse.com
www.alta-rocca.com

Aiguilles de Bavella
Die zerfurchten Felsnadeln sind für Mountainbiker und Kletterer beinahe ein »Muss«. Wen die Höhe weniger lockt, kann die spektakuläre Schönheit der Aiguilles auch von der D268 aus bewundern.

Das Aiguilles-Massiv ist das Revier zahlreicher Greifvogelarten. Mit etwas Glück erspäht man auch eines der – auf Korsisch *muvrini* genannten – Mufflons.

Zeichen und Wege
Die zahlreichen Wanderwege des Gebiets sind ausgezeichnet markiert. Auf Holzschildern sind Höhen und Entfernungen eindeutig verzeichnet, auf Felsen oder Bäume gepinselte Markierungen zeigen die Wegführung.

Am Übergang zwischen Baumgrenze und Bergwiesen wachsen Sträucher.

Inspiration Landschaft
Schon lange vor dem Massentourismus war das Bavella-Gebiet ein beliebtes Reiseziel. Der englische Künstler Edward Lear, der bevorzugt Südeuropa bereiste, schuf 1870 dieses Bild vom Wald von Bavella.

Das Dorf Zonza vor der berühmten Silhouette der Aiguilles de Bavella

Zonza ❾

Straßenkarte C5. *1800.*
Office du Tourisme de l'Alta Rocca, Zonza (04 95 78 56 33).

Inmitten der Alta Rocca residiert Zonza zwischen Kiefern- und Eichenwäldern am Oberlauf des Asinao. Im Sommer zieht der am Massiv der Aiguilles de Bavella gelegene Bergort Sportler und Naturfreunde magisch an. Die Geschäfte in der Hauptstraße verkaufen alle erdenklichen Bücher für Kletterer, Wildwasserkanuten, Forellenangler und Wanderer. Man kann aber auch Führer engagieren.

Im Jahr 1953 lebte Sultan Mohammed V. von Marokko in Zonza im Exil – aber das Klima war dem ehemaligen Regenten zu rau. Er bat deshalb, nach L'Île Rousse *(siehe S. 74)* an der Nordküste umziehen zu dürfen.

Cascade Piscia di Gallo ❿

Straßenkarte C5. *Office du Tourisme de l'Alta Rocca, Zonza (04 95 78 56 33).*

Nur zu Fuß, von einem nahe gelegenen Parkplatz an der zum Massiv de l'Ospédale führenden D368 aus, gelangt man zu den respektlos »Hahnenpiss« genannten Wasserfällen.

Der Weg verläuft entlang den Stromschnellen, die sich zu einem größeren Wasserlauf mit großen runden Gumpen vereinen, die **Marmitte dei Giganti**, »Riesentöpfe«, heißen. Plötzlich rauscht das Wasser durch eine schmale Felsspalte und stürzt in einer rund 46 Meter hohen Kaskade hinab. Den besten Blick auf die Fälle gewinnt man, wenn man dem um die Felsen verlaufenden, rechts hinabführenden Weg weiter folgt. Die Wanderung zum Aussichtspunkt dauert etwa 90 Minuten und führt durch felsiges Terrain, weshalb robustes Schuhwerk zu empfehlen ist, am besten Wanderschuhe.

Quenza ⓫

Straßenkarte C5. *750.*
Office du Tourisme de l'Alta Rocca, Zonza (04 95 78 56 33).

Ein dichter Eichen- und Kastanienwald umgibt das Dorf unterhalb des Col de Bavella. Quenza wartet mit zwei Kirchen auf: die um das Jahr 1000 gegründete romanische **Chapelle de Ste-Marie** an der Straße nach Aullène und die Dorfkirche **St-Georges**. Sehenswert ist dort die geschnitzte Kanzel in Form eines von Seeungeheuern getragenen Mohrenkopfs.

Die Fassade der Chapelle de Ste-Marie außerhalb von Quenza

Levie ⓬

Straßenkarte C5. *2200.*
Office du Tourisme de l'Alta Rocca, Zonza (04 95 78 56 33).

Die nahe den Aiguilles de Bavella gelegene Umgebung von Levie zählt zu den interessantesten prähistorischen Regionen Korsikas. Hier wurden zahlreiche bedeutende Stätten freigelegt.

In Levie steht eines der wichtigsten archäologischen Museen der Insel. Der ganze Stolz des kürzlich in einen neuen und moderneren Bau umgezogenen **Musée Départemental de Levie** ist die berühmte *Dame von Bonifacio*. Dieses Skelett einer um 6570 v. Chr. bestatteten Frau ist das älteste menschliche Relikt Korsikas. Weitere faszinierende Exponate sind die Skelette kleiner Säugetiere und eines Vorfahren der Kuh sowie die Cardium-Keramiken. Sie heißen nach den Ziermustern, die mit den scharfen Rändern von Herzmuscheln (lateinisch *cardium*) eingeschnitten wurden. Ausführliche, interessante Erläuterungen und Beschreibungen vermitteln anschau-

Ein Urahn unserer Kühe im Musée Départemental de Levie

lich umfassende Einsichten in die Entwicklung der prähistorischen Kulturen Korsikas.

Musée Départemental de Levie
04 95 78 00 78. Öffnungszeiten telefonisch erfragen.
Feiertage.

Umgebung: Acht Kilometer von Levie entfernt liegt auf der anderen Seite des tiefen Fiumicicoli-Tals das kleine Dorf **Carbini**. Hier bildete sich im späten Mittelalter (1352) die Sekte der Giovannali, gegründet von dem aus Marseille stammenden Franziskanermönch Giovanni Martini. Das von Johannes dem Täufer inspirierte Gedankengut der religiösen Bewegung fiel in Carbini auf fruchtbaren Boden und verbreitete sich bald auf der Insel. Versammlungsort ihrer Anhänger war die im 14. Jahrhundert errichtete pisanisch-romanische Kirche St-Jean-Baptiste. Die noch heute sichtbaren Überreste eines Baus neben der Kirche gehörten wohl zum Fundament eines älteren Gotteshauses, das während der grausamen Verfolgung der Giovannali zerstört wurde. 1362 wurden im Zuge des Kreuzzugs von Papst Urban V. gegen die »satanischen Ketzer« Mitglieder der Sekte unterhalb des Monte Kyrie Eleison auf dem Scheiterhaufen verbrannt. In diesem Zusammenhang gewinnt der Name des Berges (»Herr, erbarme dich«) besondere Bedeutung.

Der Glockenturm in Carbini

Cucuruzzu und Capula ⓭

Straßenkarte C5. *Maison d'Accueil des Sites Archéologiques, Office du Tourisme de l'Alta Rocca, Zonza (04 95 78 56 33). Apr–Okt: tägl.; Nov–März: nach Vereinbarung.*

Die Besichtigung der archäologischen Stätten von Cucuruzzu und Capula gestaltet sich als ein angenehmer Spaziergang in einem Eichen- und Kastanienwald, der sich auf einem Plateau erstreckt.

Rechts neben dem Kartenschalter, an dem auch Audioführer erhältlich sind, beginnt der Saumpfad, auf dem man in etwa 15 Minuten zu den Ruinen von Cucuruzzu gelangt. Dieses mehrgeschossige *casteddu (siehe S. 39)* mit Befestigung, Feuerstätten und einer Innentreppe stammt aus dem 2. Jahrtausend v. Chr. In den 1960er Jahren brachten Ausgrabungen einen 1200 Quadratmeter großen Komplex zutage. Einige der gigantischen Steinblöcke der Festungsmauer wiegen über eine Tonne.

Der Weg führt weiter zu der nahen Chapelle San Lorenzo, die aus den Quadern einer älteren, in Resten noch erhaltenen Kirche errichtet wurde. Ganz in der Nähe thronen die Ruinen der mittelalterlichen Burg von Capula. Sie wurde 1259 von Giudice della Rocca zerstört, der von den Pisanern zum Grafen von Korsika ernannt worden war.

Capula war bereits vor Jahrtausenden besiedelt – dies bezeugt die Menhir-Statue eines bewaffneten prähistorischen Kriegers (Capula I.), die bei archäologischen Ausgrabungen in der Nähe gefunden wurde.

Ste-Lucie de Tallano ⓮

Straßenkarte C5. *520.*
Office du Tourisme de l'Alta Rocca, Zonza (04 95 78 56 33).

Das Dorf liegt an der Straße, die von der Alta Rocca nach Westen Richtung Golfe de Valinco führt. Hier steht der berühmte **Couvent St-François**. Der 1492 von dem einheimischen Grafen Rinuccio della Rocca gegründete Konvent wird derzeit restauriert.

Die Kirche **Ste-Lucie** am Hauptplatz beherbergt ein wunderschönes Altarbild im katalanischen Stil mit Christus, den Heiligen Peter und Paul in der Mitte und darunter drei kleinen Heiligenfiguren. Es wird einem Meister aus Castelsardo zugeschrieben, der einigen Kunsthistorikern zufolge auch das Gemälde *Kreuzigung* schuf, das man ebenfalls hier bewundern kann. Der Künstler, der im späten 15. und frühen 16. Jahrhundert arbeitete, kam wahrscheinlich aus dem großen Franziskanerkloster Castelsardo auf Sardinien.

Ste-Lucie
Schlüssel im einzigen Café am Platz.

Wildromantisch hoch über dem Tal: Ste-Lucie de Tallano

Sartène, die »korsischste aller korsischen Städte«

Sartène ⑮

Straßenkarte C5. 3600. *Cours Sœur Amélie (04 95 77 15 40). Büßerprozession Catenacciu (Karfreitag).*

Für Prosper Merimée, der im 19. Jahrhundert auf Korsika Altertümer inspizierte, war Sartène die »korsischste aller korsischen Städte«. Das Labyrinth seiner Altstadtgassen säumen dunkle Häuser, aber auch Domizile der Aristokratie. Über die Passagen wölben sich oft Bogen oder Gewölbe. In der Umgebung des hoch über dem Rizzanese gelegenen Städtchens finden sich zahlreiche prähistorische Ruinen. Zudem blickt Sartène auf eine grausame, an Vendetten reiche Geschichte zurück.

Alljährlich beginnt am Karfreitag an der Barockkirche **Ste-Marie** an der Place de la Libération die uralte Zeremonie der Catenacciu-Prozession *(siehe S. 32)*, die den Kreuzweg nach Golgatha nachvollzieht. Der *Catenacciu* (»Gekettete«) ist der Große Büßer. Er verbringt zwei Fastentage in völliger Isolation und trägt dann, angetan mit einer traditionellen langen roten Tunika und einer auch das Gesicht verbergenden Kopfbedeckung, das Kreuz und schwere Ketten durch die Straßen. Der Weiße Büßer hilft ihm als »Simon von Kyrene« das große Eichenkreuz zu tragen. Dahinter tragen acht schwarz gekleidete Gestalten die Statue des toten Christus. Die langsam voranschreitende Prozession wird von dem traditionellen Gesang »*Perdonu, miu Diu*« (»Herr, vergib mir«) begleitet, bis sie wieder an der Kirche angekommen ist. Nach dem Segen endet die Zeremonie.

Sartène lohnt aber auch einen Besuch wegen des **Musée de Préhistoire Corse et d'Archéologie** in seinem neuen Gebäude. Es ähnelt dem Museum in Levie *(siehe S. 124f)* und beschäftigt sich mit der langen Geschichte der Insel. Sehenswert sind die hier ausgestellten Cardium-Keramiken *(siehe S. 38)* sowie die Obsidian-Pfeilspitzen aus Sardinien und die Sammlung von Urnen aus dem 2. und 1. Jahrtausend v. Chr.

Musée de Préhistoire Corse et d'Archéologie
1, rue Croce. *04 95 77 01 09.*
Mai–Sep: tägl. 10–12, 14–18 Uhr; Okt–Apr: tägl. 10–12, 14–17 Uhr.

Roccapina ⑯

Straßenkarte B6. *6 Rue de Borgo, Sartène (04 95 73 45 11).*

Etwa 25 Kilometer südlich von Sartène bietet sich an der nach Bonifacio führenden N196 auf einer Bergterrasse ein fantastischer Blick auf den Golfe de Roccapina und die Pointe de Roccapina mit ihren schon in prähistorischen Zeiten besiedelten rosa Granitfelsen. Ein Felsen wird von einem massiven genuesischen Turm flankiert und gleicht verblüffend einem kauernden Löwen. Er heißt demzufolge auch **Le Lion de Roccapina**, der »Löwe von Roccapina«.

Der Golfe de Roccapina

Handgefertigte Messer

Die Messer mit geschwungenen Klingen und sich perfekt in die Hand schmiegenden Griffen waren immer ein unverzichtbares Werkzeug der Schäfer. Traditionell war die Klingenspitze gesägt, und der Griff bestand aus Holz oder Ziegenhorn. Diese von den Korsen *cursina* genannte Messerart schützt heute ein eingetragenes Warenzeichen und wird von einem runden Dutzend Handwerker gefertigt. Größe und Verhältnis von Griff- und Klingenlänge sind seit Urzeiten gleich geblieben, verändert hat sich jedoch die Bandbreite der Werkstoffe. Die Klingen sind heute aus Damaststahl, die Griffe können auch aus weißem Zedernholz oder Mantarochen-Haut bestehen. Traditionelle korsische Messer sind zudem das Klappmesser *runchetta* und das kleine, spitze *temperinu*. Am berühmtesten ist das *stiletto*, das im 19. Jahrhundert zur Grundausstattung der Banditen gehörte und heute als Souvenir verkauft wird – beschriftet mit »Vendetta«.

Zwei klassische *cursine*

Tour: Megalithen von Cauria ⑰

Allein in der Region von Sartène hat die archäologische Forschung in den letzten 200 Jahren nicht weniger als 500 prähistorische Stätten erkundet. Den Fachleuten zufolge war in prähistorischen Zeiten der Süden Korsikas viel dichter besiedelt als der Norden. Auf einer Fahrt über das Cauria-Plateau südlich von Sartène können einige der wichtigsten Stätten mit megalithischen, in Alignements aufgestellten Monumenten *(siehe S. 39)* besichtigt werden. Auch wenn Palaggiu nicht leicht zu erreichen ist, sollte man die Menhir-Allee, die zu den bedeutendsten in der ganzen Welt zählt, keinesfalls verpassen.

Routeninfos

ℹ *Cours Sœur Amélie, Sartène (04 95 77 15 40).*
Länge: *Von Sartène nach Palaggiu rund 15 km; von der D48-A Abzweig nach Stantari, etwa 5 km.*
Dauer: *1 Tag.*
Rasten: *Sartène und Tizzano.*

Palaggiu ①
Das grandiose Alignement aus 258 Menhiren entdeckte man Ende des 19. Jahrhunderts. Fünf Kilometer nach dem Abzweig Cauria an der D48 beginnt an einem Metallgitter ein Saumpfad, auf dem man in 20 Minuten zum »Steinwald« gelangt.

Stantari ②
Auf den großen, bei Sonnenuntergang rosa scheinenden Menhiren finden sich Spuren von gemeißelten Gesichtern und Waffen.

Fontanaccia ④
Der am besten erhaltene Dolmen (Steingrabkammer) Korsikas wurde 1840 von Prosper Merimée entdeckt, der damals Inspektor für Altertümer war. Er steht nur etwa 100 Meter vom Parkplatz entfernt.

Renaghiu ③
Die älteste jungsteinzeitliche Siedlung Korsikas wartet mit zwei Menhir-Alignements auf. Die ältesten stammen von etwa 4000 v. Chr. Zu ihren Füßen finden sich Reste runder Feuerstätten.

Die ruhige Bucht von Campomoro lockt mit glasklarem Wasser

Campomoro 18

Straßenkarte B5. *260.*
Port de Plaisance, Propriano (04 95 76 01 49). **Tour de Campomoro**
Sommer: tägl.

In dem kleinen, beschaulichen Dorf an der Südküste des Golfe de Valinco lässt es sich auch in der Hochsaison herrlich entspannen.

Ein zehnminütiger Spaziergang auf einem markierten, mit Informationstafeln ausgestatteten Weg führt zur **Tour de Campomoro**. Der von den Genuesen im 16. Jahrhundert errichtete Turm ist der größte auf ganz Korsika. Hier kann man nicht nur einen typischen Wehrturm besichtigen, sondern auch einen herrlichen Blick auf den Golf genießen. Ein anderer schöner Küstenweg verläuft südlich von Campomoro.

Propriano 19

Straßenkarte B5. *3500.*
Port de Plaisance (04 95 76 01 49).
www.propriano.net

Das tief im Bogen des Golfe de Valinco gelegene Städtchen duckt sich zwischen den grünen Hügeln und dem klaren blauen Mittelmeer. Der beliebte Yachthafen und Ferienort lockt mit schönen Stränden und Buchten entlang der Küste des Golfes.

Wegen seiner strategisch exzellenten Lage war Propriano immer heiß begehrt gewesen. In der Antike entwickelte es sich hauptsächlich im 2. Jahrhundert v. Chr. zu einem berühmten Hafen, Landeplatz und Handelszentrum für Etrusker, Griechen, Karthager und Römer. In den 1980er Jahren fand man bei Renovierungsarbeiten im Hafen zahlreiche Artefakte aus jenen Zeiten.

Im Mittelalter regierten in Propriano erst die Pisaner und ab 1230 die Genuesen. Im Jahr 1563 landete hier Sampiero Corso *(siehe S. 45)* und initiierte eine Reihe von Revolten gegen Genua. Sampieros Aktivitäten sollten für Propriano jedoch katastrophale Folgen nach sich ziehen: Das nun schutzlos den Piratenangriffen ausgesetzte Dorf wurde gründlich zerstört. In dieser Zeit ging auch die wunderschöne, in Chroniken erwähnte Abtei Giulia di Tavaria unter, von der heute nur noch Ruinen vorhanden sind.

Im 19. Jahrhundert erwachte Propriano aus seinem Dornröschenschlaf und stieg zum besonders Anfang des 20. Jahrhunderts wichtigen Hafen für die gesamte Region auf.

Heute ist Propriano einer der führenden Ferienorte auf Korsika – turbulent und fröhlich, professionell ausgestattet und mit exzellenten Stränden.

Umgebung: Etwa neun Kilometer nordwestlich thront an der N196, 870 Meter über dem Golf, **Olmeto**. Oberhalb des Dorfes ragen die Ruinen des **Castello della Rocca** auf. Die Burg diente Arrigo della Rocca in den Anfangszeiten der von ihm geführten Rebellion gegen die Genuesen als Stützpunkt. Della Rocca regierte 1376–90 die ganze Insel, nur Bonifacio und Calvi unterstanden der Fremdherrschaft.

Der weiße Leuchtturm von Propriano

Porto-Pollo 20

Straßenkarte B5. *340.*
Office du Tourisme de Sollacaro (04 95 74 07 64).

Der gänzlich unaufgeregte, ruhige kleine Ferienort an der Mündung des Taravo bietet dem Erholungsuchenden im Sommer Ruhe und einen schönen Strand am Golfe de Valinco.

Nicht weit entfernt steht an der Pointe de Porto-Pollo der genuesische Wachturm **Tour de Capriona**.

Die Gewässer an der Landzunge sind bei Tauchern äußerst beliebte, interessante Reviere. Besonders attraktive Tauchziele sind die sogenannten *cathédrales*, in etwa zehn Meter Tiefe steil aufragende Felsnadeln.

In dem runden Turm wachten die Genuesen über Campomoro

Filitosa ㉑

Straßenkarte B5. *Office du Tourisme de Sollacaro (04 95 74 07 64).* *Apr–Okt: tägl.; Nov–März: nach Vereinbarung (04 95 74 00 91).*

Die berühmteste prähistorische Stätte Korsikas wird mit größter Sorgfalt von den Erben Charles-Antoine Cesaris verwaltet, der hier im Jahr 1946 die ersten Funde machte.

Filitosa umweht der Hauch von rund 5000 Jahren Geschichte. In dem bereits vor Jahrtausenden besiedelten, fruchtbaren und leicht zu verteidigenden Gebiet wurden zwischen 1800 und 1100 v. Chr. Menhire und große Bauwerke errichtet. Die befestigte Stadt dominierte das Tal des kleinen Flusses Taravo. Hier fand man zwischen Mauersteinen eines der bedeutendsten Alignements von anthropomorphen Menhiren *(siehe unten)*. Noch heute sind die in den Stein gemeißelten Details der Gesichter, Waffen und Helme der Krieger deutlich sichtbar. Die meisten Ruinen von Filitosa datieren aus der Zeit zwischen dem späten 2. Jahrtausend v. Chr. und 700 v. Chr. Mit dem Siegeszug des Christentums wurden die als heidnisch geltenden Menhire zerstört und wie einfache Feldsteine zu Haufen aufgestapelt. Dort mussten sie dann viele Jahrhunderte lang auf ihre Entdeckung warten.

Vorderseite von Filitosa V

Den Rundgang in Filitosa leitet eine großartige Statue (Filitosa V) ein, die am Weg zum *oppidum*, zur befestigten Siedlung, wacht. Das mittlere der drei Monumente in den Ruinen des Dorfes ist gut erhalten. Darunter liegt in einem kleinen Tal der Steinbruch, aus dem der Stein für die Skulptur stammt. Einige in der Umgebung gefundene Statuen wurden rund um den Steinbruch aufgestellt.

Detailansicht des zentralen Monuments

Neben dem Eingang zur Stätte informiert ein kleines Museum über die Geschichte des Ortes. Ausgestellt sind Fragmente von drei Menhir-Statuen, darunter der berühmte Menhir Scalsa Murta (1400 v. Chr.). An den Steinen sind die gemeißelten Rüstungen und Waffen sowie Löcher in den Köpfen zu erkennen. In den Löchern steckten einst wahrscheinlich schmückende Kuhhörner.

Die Entwicklung der anthropomorphen Menhire

Mit dem Totenkult verbundene megalithische Monumente aus der Jungsteinzeit (6000–2000 v. Chr.) fand man auf den Mittelmeerinseln Korsika, Sardinien, Malta, Mallorca und Menorca.

Die megalithische Kultur Korsikas wird in die Perioden Megalithikum I, II und III unterteilt, in denen eine Entwicklung der Bestattungspraktiken nachvollziehbar ist. Die frühen unterirdischen, in Erdhügeln gefundenen Steinkistengräber aus behauenen Steinplatten wurden von überirdischen Dolmen abgelöst, deren horizontale Monolithen wohl den Geist der Verstorbenen symbolisieren. Im in sechs Perioden unterteilten Megalithikum III wurden statt waagerechter Steinplatten vertikale anthropomorphe (menschlich geformte) Statuen aufgestellt. Diese sind je nach der Kultur, in der sie entstanden, verschieden gestaltet. So tragen die Statuen aus der Zeit der Invasionen Waffen, spätere sind unbewaffnet dargestellt. Gegen Ende des Megalithikums III besiedelten die Torreaner *(siehe S. 37)* Korsika und führten turmartige Bauwerke ein. Mit der Zeit lösten diese die anthropomorphen Statuen vollständig ab.

Vorderansicht von Filitosa IV

Statuen der Perioden 5 und 6 des Megalithikums III. *Die unten abgebildeten berühmten Statuen heißen nach ihren Fundstätten auf Korsika. Die römischen Zahlen geben an, ob an derselben Stätte mehr als eine Statue entdeckt wurde.*

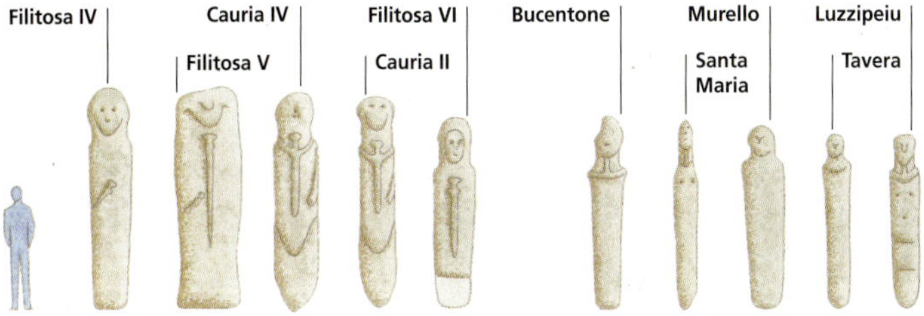

Corte und das Landesinnere

Als die Römer Korsika 259 v. Chr. eroberten, waren sie sich der strategischen Bedeutung Cortes als geografisches Zentrum der Insel vollauf bewusst. Aus der Festung Corte entwickelte sich eine Stadt, die zum Symbol Korsikas und seiner Unabhängigkeit wurde. Heute ist Corte nicht nur Sitz des Parlaments und der Universität, sondern für Reisende auch das Tor zu den Tälern des Landesinneren.

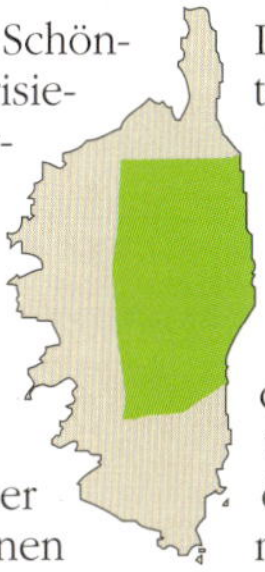

Korsika wird immer mit der Schönheit des Mittelmeeres, den irisierenden Farben seiner Unterwasserwelt und den faszinierenden Formationen seiner zerklüfteten Küsten gleichgesetzt. Doch zu Korsika gehört auch eine imposante Bergwelt, die am Monte Cinto beeindruckende 2706 Höhenmeter erreicht. Die gut erschlossenen Gebirge bieten Wanderern und Naturfreunden ideale Bedingungen.

Im Zentrum dieser ganz eigenen Welt mit ihren schroffen Felsen, reißenden Wildbächen und dichten Wäldern liegt Corte in einer Region, in der dank ihrer günstigen Lage schon viele Eroberer – auch Römer – gescheitert sind. Nicht zufällig entstand im 18. Jahrhundert Korsikas erste Nationalverfassung in Corte – seitdem ist die Stadt das Symbol der Insel und der korsischen Identität, ihrer Kultur und ihres tiefen Wunsches nach Unabhängigkeit. Auf Cortes Zitadelle, in der heute das Musée de la Corse residiert, bietet sich eine wahrlich imponierende Aussicht auf das Umland: westlich die wildesten Täler und höchsten Gipfel, östlich das bewaldete Hügelland mit seinen kleinen Dörfern und Altertümern, das zur Küste hin abfällt. Dort liegt Aléria, das die Römer als ihre erste Kolonie auf Korsika gründeten. Die schönsten der in verschiedenen Baustilen errichteten Kapellen, Kirchen und Kathedralen im Bozio, Fiumorbo und in der nach ihren reichen Kastanienwäldern benannten Castagniccia und Inbegriff korsischer Religiosität sind die romanische Kirche La Canonica und das barocke Juwel La Porta.

Fresko in der kleinen Kirche San Pantaleo in der Castagniccia

◁ **Die markante Punta Larghia zählt zu den schönsten Gipfeln im Haut-Asco**

Überblick: Corte und das Landesinnere

Corte ist das geografische, aber auch das kulturelle und politische Zentrum Korsikas. Die Stadt liegt inmitten des hohen, zerklüfteten Hauptgebirgszugs der Insel. Monte Rotondo, Monte d'Oro und Monte Renoso erheben sich südwestlich von Corte, Monte Cinto und Capo Tafonato ragen im Nordwesten auf. Im Nordosten erstrecken sich die hügeligen Regionen Bozio und Castagniccia bis hin zum Meer. In diesen lieblicheren Gebieten entstanden seit der genuesischen Ära ab dem späten 12. Jahrhundert zahlreiche kleine Dörfer. Zu den weit bekannten Delikatessen des Umlandes von Corte zählen Spezialitäten aus Wild und Wildschweinen sowie traditionell zubereitete Käsesorten.

Legende

- Hauptstraße
- Nebenstraße
- Wanderweg
- Panoramastraße
- Eisenbahn
- Gipfel
- Pass

Mächtige Felswände türmen sich im Hintergrund des malerischen Dorfs Sovéria in der Nähe von Corte auf

Im Landesinneren unterwegs

Corte liegt an der N193, die in Ajaccio beginnt und den Col de Vizzanova sowie die Täler des Landesinneren kreuzt. Sie teilt sich nördlich von Corte bei Ponte Leccia und führt weiter Richtung Nordosten als N193 nach Bastia oder verläuft in den Norden nach L'Île Rousse und Calvi (N1197 und N197). Von der Hauptverkehrsader N193 zweigen zahlreiche Nebenstraßen ab in die grandiosen Seitentäler, führen nach Westen tiefer in die Berge oder nach Osten in den Bozio und die Castagniccia. Äußerst unterhaltsam ist eine Fahrt mit der Bahn von Bastia oder Ajaccio nach Corte. Der Zug, der an fast allen Bahnhöfen hält, wird auch liebevoll-spöttisch »TGV«, *Trains Grandes Vibrations* (»Schüttelzug«), genannt.

Siehe auch

- ***Übernachten*** S. 165
- ***Restaurants*** S. 179

Sehenswürdigkeiten auf einen Blick

Aléria 8
Calacuccia 22
Casamaccioli 23
Cascade des Anglais 6
Cervione 15
Col de Verghio 25
Col de Vizzavona 5
Corte S. 134–137 1
Forêt de Valdu-Niellu 24
Forêt de Vizzavona 4
Gorges de la Restonica 3
Gorges du Tavignano 10
La Canonica 16
La Porta 13
Ponte-Novo 18
Scala di Santa Regina 21
Sovéria 11
St-François de Caccia 20
Vallée d'Alesani 14
Vallée de l'Asco 19
Vallée du Tavignano 9
Vescovato 17

Touren

Kirchen des Bozio 2
Hügel der Castagniccia 12
Das wilde Fiumorbo 7

Pferde auf der Hochweide bei Calacuccia im Tal des Verghio

Corte ❶

Die Stadt im Herzen der Insel wurde 1419 von dem aragonesischen Vizekönig Vincentello d'Istria befestigt. Nach einem genuesischen und später französischen Zwischenspiel entwickelte sich Corte zur Keimzelle des korsischen Patriotismus. In der Bergstadt wurde die Verfassung für ein unabhängiges Korsika geschrieben, 1755 wurde sie die Hauptstadt des von Pasquale Paoli befreiten Korsika, zehn Jahre später gründete der »Vater der Nation« hier die erste Universität der Insel.

Korsischer Nationalstolz ist auch heute Teil des besonderen Flairs der Stadt. Auf seinen Spuren wandelt man auf einem Spaziergang durch die Altstadt und die Zitadelle, in der das Musée de la Corse residiert. Die Schönheit der Landschaft entdeckt man dagegen bei einer Wanderung zum Belvedere oberhalb der Gorges du Tavignano und der Gorges de la Restonica.

An der Place Gaffori steht das Denkmal für den Nationalhelden

Place Paoli

Der nach Pasquale Paoli *(siehe S. 47)* benannte, große, lebhafte Platz erstreckt sich unterhalb der Haute Ville, der Oberstadt. In der Mitte des von Huguenin Anfang des 20. Jahrhunderts angelegten Platzes erinnert ein großes Denkmal an den Helden des korsischen Unabhängigkeitskampfes.

Place Gaffori

Westlich der Place Paoli führt die Rue Scoliscia in das Stadtzentrum und zur Place Gaffori. In der Mitte des Platzes steht die Statue des Generals Gian Pietro Gaffori. Zwei Basreliefe auf dem Sockel des Denkmals erinnern an seine Heldentaten und die seiner Frau Faustina *(siehe S. 46)*. An der Place Gaffori stehen zudem die Église de l'Annonciation und Gafforis Geburtshaus.

Église de l'Annonciation

Place Gaffori. *tägl.*

Die Mitte des 15. Jahrhunderts gegründete Kirche ist eines der ältesten Gebäude in Corte. Ihre heutige Fassade stammt aus dem 18. Jahrhundert. Das vom späteren Bischof von Aléria, Alexandre Sauli, beauftragte Bauwerk zieren fünf Pilaster mit korinthischen Kapitellen. Der hohe, schlanke Glockenturm stammt aus dem Barock. Im Kircheninneren sind einige Barockskulpturen und ein Altar aus lokalem grauem Marmor sehenswert.

Hauptschiff in der Église de l'Annonciation

Ein kurzer Spaziergang in der Rue Feracci führt steil hinunter zu der schönen Barockvilla Maison Palazzi.

Ste-Croix

Rampe Ste-Croix. *tägl.*

Hinter der Maison Palazzi ragt die strenge Fassade der Kirche Ste-Croix (17. Jh.) auf. Ihr säulenloses Schiff deckt ein Tonnengewölbe, ein Flügel ist mit grauem Marmor gepflastert. Den Altar schmücken ein farbenprächtiger Barockaufsatz und ein großes Medaillon mit einem Relief der *Madonna der Apokalypse*.

Die Kirche ist Sitz der Ste-Croix-Bruderschaft, die immer eine führende Rolle im religiösen Leben der Stadt spielte.

Gian Pietro Gaffori

Gian Pietro Gaffori gilt neben Pasquale Paoli als einer der Helden der korsischen Unabhängigkeitsbewegung. Der 1704 in Corte geborene Arzt wurde 1745 während des Aufstands gegen die genuesischen Besatzer ins Triumvirat der »Beschützer der Nation« gewählt. Zu seinen größten Heldentaten zählt der Sturm auf Corte 1746. Der Überlieferung zufolge missbrauchten die genuesischen Truppen Gafforis Sohn als lebenden Schutzschild. Gaffori zauderte deshalb mit dem Angriff, nicht jedoch seine Frau Faustina, die die korsischen Nationalisten zur Attacke antrieb (die der Sohn zum Glück überlebte). Zum General befördert, gelang es Gaffori, den größten Teil der Insel zu erobern. Er fiel jedoch einem Mordanschlag zum Opfer, den sein eigener, im Dienst der Genuesen stehender Bruder organisiert hatte. An der Place Gaffori gedenkt man des Helden mit einer Statue, an seine Taten erinnern die immer noch sichtbaren Einschusslöcher in seinem Haus gegenüber der Église de l'Annonciation, die 1746 während der Belagerung Cortes entstanden.

Statue von Gian Pietro Gaffori

Hotels und Restaurants in Corte und im Landesinneren *siehe Seite 165 und Seite 179*

Fontaine des Quatre-Canons

In der Nähe erstreckt sich unterhalb der Kirche ein Platz mit der Fontaine des Quatre-Canons.

Fontaine des Quatre-Canons

Place des Quatre-Canons.

Der von Ludwig XVI. in Auftrag gegebene, 1778 fertiggestellte Brunnen »der vier Kanonen« sollte die hiesige Garnison mit dem dringend benötigten Trinkwasser aus dem Wildbach Orta versorgen. Vom Platz führen Aufgänge zu den massiven Festungsmauern der Zitadelle hinauf *(siehe S. 136f)*.

Place du Poilu

An dem Platz vor dem Eingang zu den Zitadellenbastionen steht das Geburtshaus von Napoléons General Arrighi di Casanova. Hier lebte die Familie Bonaparte vor ihrem Umzug nach Ajaccio, und hier erblickte 1768 Napoléons Bruder Joseph, der spätere König von Spanien, das Licht der Welt.

An der Place du Poilu steht zudem der im 17. Jahrhundert errichtete **Palais National**. In der ehemaligen Residenz der genuesischen Gouverneure und Pasquale Paolis wurde die korsische Unabhängigkeit erklärt. 14 Jahre lang (1755–69, *siehe S. 46f*) tagte hier das neue korsische Parlament. Heute ist der Palast Sitz des Hochschulinstituts für korsische Studien, einer Fakultät der in der Zitadelle ansässigen Universität von Corte.

Schild am Geburtshaus von Joseph Bonaparte

Infobox

Straßenkarte C3. *5700.*
04 95 46 00 97.
Station Touristique de l'Intérieur, Citadelle (04 95 46 26 70).
Osterprozession (Gründonnerstag–Karfreitag); Theophilus-Prozession (19. Mai); Festival des Arts Sonnés (2. Wochenende im Mai); Corti'n Ballo (Aug). *Fr.*
www.corte-tourisme.com

Belvedere

Vor der Besichtigung der Zitadelle lohnt ein Spaziergang an der Bergstraße, die entlang der Festungsmauern verläuft. Sie führt zur Aussichtsplattform Belvedere, von der aus sich eine großartige Sicht auf die Burg, den Turm Nid d'Aigle (»Adlerhorst«), die Stadt und den Zusammenfluss von Tavignano und Restonica bietet.

Vom Belvedere führt ein steiler Weg zum Ufer des Tavignano. Der dortige Blick auf die beeindruckenden Felsklippen der Zitadelle belohnt für die schweißtreibende Kraxelei.

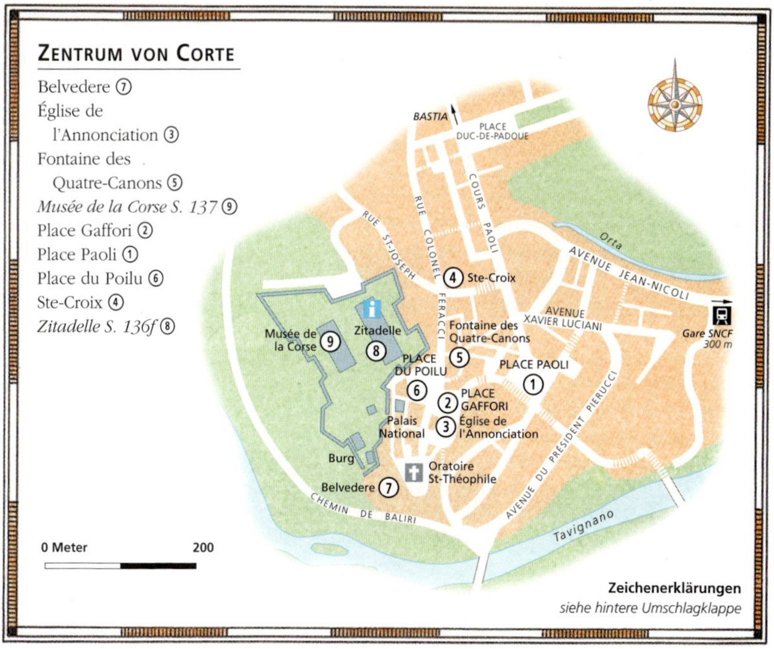

Corte: Zitadelle

Mohrenkopf, Musée de la Corse

Die bereits vor der genuesischen Eroberung im 13. Jahrhundert befestigte Zitadelle wurde 1419 zur Festung umgebaut. Nach den langen Jahren der Fremdherrschaft wurde sie zum Symbol des korsischen Unabhängigkeitskampfes. Dieser erlebte durch Pasquale Paolis Gründung der ersten korsischen Universität in Corte eine enorme Stärkung. Als Frankreich 1769 die Herrschaft über Korsika antrat, wurde die Zitadelle zum Militärgebiet deklariert. Heute residieren hier das Informationsbüro, der Fond Régional d'Art Contemporain, das Musée de la Corse und historische Archive in den alten Barracken auf der unteren Ebene. Über die Flusstäler von Restonica und Tavignano wacht die höher gelegene Burg mit dem höchsten Turm Nid d'Aigle.

★ Burg
Der älteste Teil der Zitadelle wurde 1419 von Vincentello d'Istria auf der Südspitze eines Felsvorsprungs erbaut.

Nid d'Aigle
Oberhalb der Bastionen bietet sich vom Nid d'Aigle (»Adlerhorst«) genannten Turm ein beeindruckender Blick auf die Zitadelle.

Der Fond Régional d'Art Contemporain organisiert Ausstellungen moderner Kunst aus der Region.

Eingang zur Zitadelle
Das für Militärarchitektur angemessen strenge, massive Tor besteht aus einem einfachen Bogen mit Giebelfeld.

NICHT VERSÄUMEN

- ★ Burg
- ★ Musée de la Corse

Blick auf die Zitadelle
Die auf einem Felsen thronende Zitadelle ist von Corte und dem weiten Umland aus sichtbar. Sie zählt zu den bedeutendsten Wahrzeichen Korsikas.

Infobox

Musée de la Corse und Zitadelle ☎ *04 95 45 25 45.* *Apr–Okt: Di–So (Mitte Juni–Mitte Sep: tägl.); Nov–März: Di–Sa.* *1. Mai, Feiertage.* **Fond Régional d'Art Contemporain** ☎ *04 95 46 22 18.* *Mo–Sa Nachmittag.*
www.musee-corse.com

Überblick: Musée de la Corse

Kern der schönen volkskundlichen Sammlung des Museums sind die ab den 1950er Jahren von Abt Louis Doazan gesammelten Objekte. Gezeigt werden verschiedene historische Relikte aus ganz Korsika. Die Bandbreite reicht von den Kostümen der Bruderschaften von Corte, Bonifacio und anderen Orten bis zu bäuerlichen Gerätschaften. An interessanten Ständen können Besucher traditionelle sakrale oder weltliche Musik aus der Region anhören. Im ersten Stock finden Wechselausstellungen statt, zudem organisiert das Museum hier Konzerte mit traditioneller korsischer Musik. Nicht weit entfernt steht der Nid d'Aigle. Zu dem Turm mit der fantastischen Aussicht gelangt man durch die Ausgänge im ersten Stock.

Der Eingang des Musée de la Corse ist eine schmale Öffnung in der Bastionsmauer

Die Bastionen zeigen typische Militärarchitektur des späten 18. Jahrhunderts. Auf den großen Kasematten und Terrassen konnten Artilleriewaffen platziert werden, durch die die Zitadelle praktisch uneinnehmbar wurde.

★ Musée de la Corse
Die Ausstellungen befinden sich in den früher von der Fremdenlegion genutzten Sérurier-Baracken.

Tour: Kirchen des Bozio ❷

Kunstfreunde machen in den Bergregionen des Bozio und der Castagniccia *(siehe S. 146f)* besonders östlich und nordöstlich von Corte schöne und überraschende Entdeckungen. Die Kunst blüht hier eher im Verborgenen, zeigt sich nicht in imposanten Kathedralen oder majestätischen Glockentürmen, sondern in den Kapellen in und bei den malerischen kleinen Dörfern. Sie zu finden, erfordert bisweilen Geduld, die – immer höflich-charmanten – Wächter der Schlüssel für diese Kleinode aufzutreiben, manchmal sogar detektivischen Spürsinn. Das Fremdenverkehrsbüro des Bozio organisiert Führungen zu den mit Fresken ausgestatteten Kapellen des Gebiets. Die Regionen östlich von Corte bestechen aber auch durch ihre landschaftliche Schönheit, ihre Berge, Schluchten und traumhaften Täler. Wer die Höhen langsam auf serpentinenreichen Straßen erklimmt, wird mit fantastischen Ausblicken belohnt.

Omessa ②
In dem Dörfchen oberhalb der Vallée du Golo ziert die 1596 erbaute Chapelle de l'Annonciade eine marmorne Marienfigur. Hoch über die Dächer des Weilers ragt der barocke Glockenturm der Kirche St-André.

Chapelle St-Michel de Castirla ①
Die präromanische Kapelle steht auf dem Dorffriedhof von Castirla bei Corte. Sie zieren die wunderbar erhaltenen Symbole der Evangelisten, die das oben abgebildete Christus-Fresko flankieren.

Chapelle St-Nicolas ③
Kurz hinter Sermano liegt an der D41 das dunkle Schieferkirchlein St-Nicolas. Die im 13. Jahrhundert errichtete Kapelle schmücken einige der am besten erhaltenen Fresken in der Region.

Routeninfos

Station Touristique de l'Intérieur, Citadelle, Corte (04 95 46 26 70); Sant' Andrea di Bozio Information (04 95 48 69 33; geöffnet Apr–Okt).
Länge: 60 km, inkl. Rückfahrt nach Corte, länger mit Abstechern.
Dauer: Ein Tag, einschließlich Besichtigung der Kirchen.
Rasten: In den Dörfern entlang der Route.

Chapelle Ste-Marie ④
In der Nähe von Favalello steht diese kleine Kapelle an einer kurvigen Straße. Die 500 Jahre alten Fresken spiegeln die tiefe Religiosität der damaligen korsischen Künstler wider. Die Kapelle ist gewöhnlich mittwochs geöffnet.

Legende

Routenempfehlung

Andere Straße

Gorges de la Restonica ❸

Straßenkarte C3. *Juli, Aug: kostenlose Busverbindung durch das ganze Tal; in dieser Zeit kann der letzte Abschnitt der D623 wegen Stau für Privatwagen gesperrt sein.*
Station Touristique de l'Intérieur, Citadelle, Corte (04 95 46 26 70).
Tuani Camping *04 95 46 11 65.*

In dem engen Tal, das sich von den sieben Seen des Monte Rotondo *(siehe S. 24)* nach Corte zieht, haben sich zwischen den steilen Berghängen einige atemberaubende Schluchten ausgeformt. Auch nach der fürchterlichen Feuersbrunst im Jahr 2000, die den jahrhundertealten Bergwald zerstörte, ist das faszinierende Tal jedes Jahr ab dem Frühjahr bevorzugtes Ziel von Wanderern, die auf dem Weg am felsigen Ufer des Bergbaches die erfrischende Kühle genießen.

Nach Corte führt die Restonica-Straße (D623) hinter dem kleinen Hotel Dominique Colonna hoch hinauf in die Berge. Bisweilen wird die Schlucht so tief, dass sie wie aus dem Fels geschlagen erscheint. Nach 14 Kilometern gelangt man auf 1375 Meter Höhe zu den Bergeries de Grottelle mit ihren typischen Steinhütten. In den Bergeries leben im Sommer die mit den Schafherden zur Sommerweide gewanderten Schäfer. Hier endet die befahrbare Straße, im Frühjahr und Sommer sind hier ein paar Kioske geöffnet.

Von den Bergeries de Grottelle führt

Der Bergfluss Restonica sprudelt in seinem felsigen Bett zu Tal

ein steiler Weg über die Felsen. An den schwierigsten Abschnitten sind Metallleitern angebracht, die bei Regen sehr rutschig werden. Nach etwa einer Stunde erreicht man den 1711 Meter hoch gelegenen Lac de Mélo. Dort bietet sich Sicht auf die Berge und die Vallée de la Restonica.

Der nächste See ist auf 1930 Höhenmetern der von steilen Felsen umgebene Gletschersee Lac du Capitellu.

Oberhalb der in etwa 2000 Meter Höhe verlaufenden Baumgrenze erstreckt sich eine weite, beeindruckende Landschaft. Links ragt der 2622 Meter hohe Monte Rotondo auf, rechts der 2295 Meter hohe Gipfel des Capo Chiostro.

Zu beiden Seiten des Tales führen zahlreiche Wege zu den Seen und Bergeries. Im Sommer bietet der Campingplatz Tuani (berühmt für leckere Pizza) an der D623 die Möglichkeit zum Übernachten.

Eckflügler sind »lebende Juwelen«

Überwältigende Natur bieten die Gorges de la Restonica

Korsikas Landesinneres durchziehen unzählige Wildbäche ▷

Die Forêt de Vizzavona bedeckt ein riesiges Gebiet

Forêt de Vizzavona ❹

Straßenkarte C4. *Vizzavona.* *Station Touristique de l'Intérieur, Citadelle, Corte (04 95 46 26 70).*

Die Forêt de Vizzavona ist einer der beliebtesten Wälder im großen grünen Herzen der Insel. Das Gebiet ist auch deswegen so bekannt, weil es der Fernwanderweg GR20 durchzieht *(siehe S. 25)*. Im Frühjahr und Sommer steigen die Wanderer in Gruppen an dem kleinen, drei Kilometer entfernten Bahnhof von Vizzavona aus.

Im Wald wachsen Haselnüsse und Edelkastanien sowie Schwarzkiefern und andere Nadelbaumarten. An der Durchgangsstraße befindet sich ein Stützpunkt der Fremdenlegion.

Durch die Forêt de Vizzavona führen zudem die N193 (Ajaccio–Bastia) und eine 1894 eingeweihte Bahnlinie.

Haselnüsse

Col de Vizzavona ❺

Straßenkarte C4. *Vizzavona.* *Station Touristique de l'Intérieur, Citadelle, Corte (04 95 46 26 70).*

Die Straße N193 von Bastia nach Ajaccio ist eine der Hauptverbindungen der Insel. Sie führt durch die Berge des Landesinneren und über den Pass am Col de Vizzavona. Dieser 1161 Meter hohe Berg bildet die Grenze zwischen den Départements Haute-Corse und Corse-du-Sud *(siehe S. 49)*. Am Pass laden Tische und Bänke zu einem Picknick ein – die dort umherstöbernden Schweine lassen sich von Besuchern jedoch keinesfalls aus der Ruhe bringen.

Am oft recht windigen Col de Vizzavona bietet sich ein schöner Blick auf den imposanten, 2389 Meter hohen Monte d'Oro.

Ein einfacher Weg führt nördlich der N193 Richtung Bastia zu den ungefähr 400 Meter entfernten Ruinen einer genuesischen Festung. Neben dem GR20 *(siehe S. 22–27)* verlaufen noch viele weitere Wanderwege durch das Gebiet.

Cascade des Anglais ❻

Straßenkarte C4. *Vizzavona.* *Station Touristique de l'Intérieur, Citadelle, Corte (04 95 46 26 70).*

Zu den beliebtesten Wanderungen in diesem Gebiet zählt der Abschnitt des GR20 *(siehe S. 22–27)*, der von der Straße bei dem Dörfchen La Foce zur Cascade des Anglais führt. Der »Wasserfall der Engländer« ist nach den ersten englischen Besuchern benannt, die schon früh dieses wunderschöne Naturschauspiel »entdeckten«. Die Wanderung führt auf einem leichten, gut markierten Weg am Wildbach Agnone entlang und dauert insgesamt weniger als zwei Stunden.

Nach der 1100 Meter hoch gelegenen Cascade des Anglais hat der Fluss einige tiefe Becken gegraben, in denen man im herrlich kalten Wasser schwimmen kann.

Bei gutem Wetter und mit der geeigneten Ausrüstung ist es möglich, bis zum Talende Richtung Monte d'Oro zu wandern. Diese anspruchsvolle, sieben bis acht Stunden lange Tour sollten jedoch nur trainierte, erfahrene Wanderer in Angriff nehmen.

Vom Gipfel des Monte d'Oro sieht man alle bedeutenden korsischen Gipfel und sogar die italienische Küste.

Genuesische Brücken

Die genuesischen Herrscher hinterließen auf Korsika nicht nur Bauwerke und Plätze, Zitadellen und Wachtürme *(siehe S. 29 und 93)*, sondern auch eine Unmenge von Brücken. Jahrhundertelang garantierten diese, dass die Gebiete des von zahllosen, oft reißenden Wildbächen durchzogenen Landesinneren nicht von der Außenwelt abgeschnitten wurden. Viele der ab 1284 errichteten Brücken sind noch heute intakt und in Benutzung. Die ohne Mörtel in Trockenmauertechnik errichteten Brücken überspannen in einem höchstens 20 Meter langen Bogen die Flussläufe. In der Regel stehen sie auf zwei Pfeilern, die im oberen Teil oft verstärkt sind. Durch runde Öffnungen an der Seite des Bogens können bei Hochwasser die Fluten strömen. Die ursprünglich sehr einfachen Brücken wurden erst nach der Renaissance ausgeschmückt.

Die genuesische Brücke in der Vallée de l'Asco

Tour: Das wilde Fiumorbo ❼

Das Gebiet heißt nach dem »blinden Fluss« Fium'Orbu, der am Monte Renoso entspringt und sich seinen Weg ins Tal durch die steilen Schluchten Strette und Inzecca bis zur Ostküste bahnt, wo er südlich des antiken Aleria ins Mittelmeer mündet. Die Region unterwarf sich sehr spät und nach erbittertem Widerstand den französischen Eroberern; legendär sind die Kämpfe zwischen französischer Armee und Einheimischen. Heute ziehen die malerischen, seit 200 Jahren fast unveränderten Dörfer viele Besucher an. Äußerst lohnend ist eine Rundfahrt durch die raue Landschaft und abgeschiedenen Weiler.

Routeninfos

i *Route Nationale 198, Ghisonaccia (04 95 56 12 38).*
Länge: *90 km.*
Dauer: *Ein bis zwei Tage, je nach Anzahl und Dauer der Pausen.*
Rasten: *Möglichkeiten gibt es in den Dörfern.*

Auberge Vecchia Mina ⑤
Das reizende kleine Hotel steht in der Nähe von Ghisoni. An seiner linken Seite führt ein Weg zur schönen genuesischen Brücke Ponte a Mela hinab.

Défilé de l'Inzecca ④
Die von der Küste nach Ghisoni verlaufende D344 führt durch die enge Schlucht Défilé de l'Inzecca, vorbei am Lac de Sampolo und durch die Défilé des Strette.

Pietrapola ②
Bei Pietrapola sprudeln Thermalquellen, deren Heilkräfte schon die in Aleria ansässigen Römer kannten und die noch heute in Gebrauch sind.

Prunelli-di-Fiumorbo ③
Das Hauptdorf der Region wird von einer schlichten, befestigten Kirche beherrscht. Hier bietet sich eine herrliche Aussicht auf die Umgebung und die Küste.

0 Kilometer 3

Legende

Routenempfehlung
Andere Straße

Serra-di-Fiumorbo ①
Oberhalb des parallel zur Vallée du Fium'Orbo verlaufenden Flusstales des Abatesco bietet das Serra-di-Fiumorbo einen großartigen Blick auf die Küste, das antike Aleria und den kleinen Étang de Palo.

Aléria ❽

Straßenkarte D4. *2500.*
Route Nationale 198 (04 95 57 01 51). **www**.corsica-costaserena.com

Bereits Mitte des 6. Jahrhunderts v. Chr. gründeten hier an der sumpfigen Küste griechische Kolonisten einen Handelsposten namens Alalia. Dieser Stützpunkt war von strategischer Bedeutung für den Handel mit den Küstenbewohnern des heutigen Italien und Südfrankreich. Für die Griechen war Korsika zudem eine unerlässliche Quelle für Rohstoffe, von Holz bis Blei und Kupfer aus den Minen des Landesinneren.

Nach einem karthagischen Zwischenspiel wurde Alalia 259 v. Chr. von römischen Truppen unter Konsul Lucius Cornelius Scipio eingenommen. Die Römer benannten die Stadt in Aleria um und begannen mit der Eroberung Korsikas, die über ein Jahrhundert dauern sollte. Aleria stieg in der Kaiserzeit zur korsischen Hauptstadt auf und wurde von Augustus, Hadrian und Diokletian mit großartigen Bauwerken verschönert.

Hof im Fort Matra, dem Sitz des Musée Jérôme Carcopino

Im 5. Jahrhundert n. Chr. verwaiste die Stadt aufgrund der Malaria und der Invasion der Vandalen.

Die Besichtigung der Stätten beginnt am genuesischen Fort Matra. Das 1484 errichtete Bauwerk ist heute Sitz des nach einem einheimischen Wissenschaftler benannten **Musée d'Archéologie Jérôme Carcopino**. Es erzählt über die Geschichte der Siedlung und ihre beeindruckenden Handelsbeziehungen mit dem gesamten Mittelmeerraum. So fand man auf dem Hügel, auf dem sich die Stadt erstreckte, griechische, phönizische, römische, apulische und etruskische Vasen und Keramiken. Zu den interessantesten Funden zählen zwei Trinkgefäße aus dem griechischen Attica, die *rhyton* genannt werden. Sie sind in Form eines Maultierkopfes bzw. eines Hundes gestaltet.

Vor dem Museum liegen die Ruinen der einst äußerst leistungsfähigen römischen Stadt mit all den typischen Annehmlichkeiten jener Zeiten. An der linken Seite des Forums steht ein großer, von zwei Portiken flankierter Tempel, rechts stehen das Praetorium, in dem der Gouverneur der Insel residierte, und das Capitol. Zudem wurden in dem Gebiet Gräber und Relikte anderer Kulturen, die bis aus dem 6. Jahrhundert v. Chr. stammen, gefunden.

Musée d'Archéologie Jérôme Carcopino und archäologische Stätten von Aléria
Fort Matra. *04 95 57 00 92.*
tägl. *Mitte Okt–Mitte Mai: So.*

ALÉRIAS ARCHÄOLOGISCHE STÄTTEN

Balneum (Bad) ⑨
Bastionen ⑲
Becken ⑬
Caldarium (Warmbad) ⑩
Capitol ⑮
Decumanus ⑱
Domus cum Domus (Stadthaus) ③
Domus cum Impluvium (Wasserspeicher) ④
Forum ①
Läden ⑤
Nordbogen ⑯
Nordportikus ⑦
Praetorium (Gouverneursresidenz) ⑭
Südbogen ⑰
Südportikus ⑥
Tempel ②
Thermen ⑧
Wirtschaftsgebäude ⑫
Zimmer ⑪

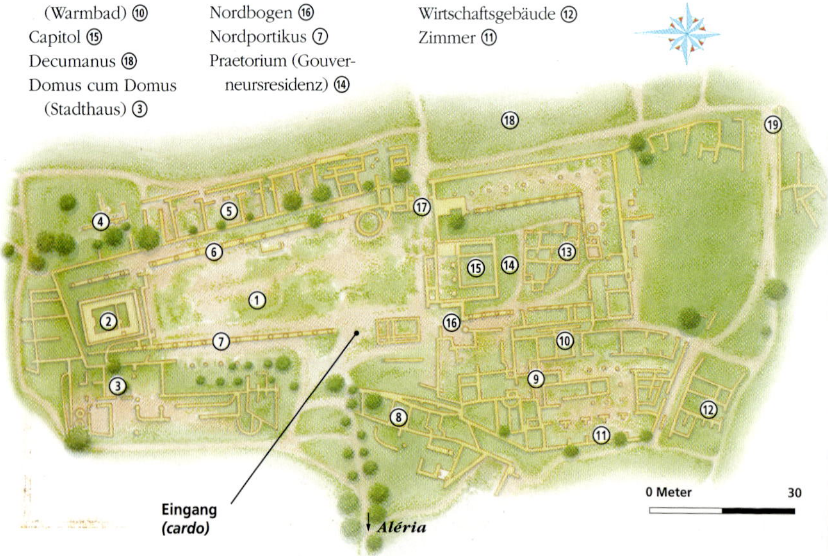

Die Genueserbrücke von Altiani zieren kleine Blendbogen

Vallée du Tavignano ❾

Straßenkarte C3. *Station Touristique de l'Intérieur, Citadelle, Corte (04 95 46 26 70).*

Durch die Vallée du Tavignano führt die N200 zwischen Aléria und Corte, eine der ältesten Straßen Korsikas. Von Aléria aus verläuft sie entlang dem Tal des Tavignano und zu einer Reihe von engen Schluchten. Der Tavignano entspringt im Lac de Nino im Herzen Korsikas.

An der Nordseite des Tals führt die schmale D14 zu für diese Region typischen Dörfern, die sich malerisch an die Berghänge schmiegen. Einen schönen Blick auf die Küste hat man von **Piedicorte di Gaggio** aus. Dort kann man zudem einen altrömischen Architrav in der Mauer des zur Pfarrkirche gehörenden Glockenturms bewundern.

Die Konstrukteure der genuesischen Brücke bei **Altiani** versprachen einst, dass diese »außer bei einer Flut« stets stehen würde – bis jetzt scheint sich dies zu bewahrheiten.

Das Dörfchen Piedicorte in der Vallée du Tavignano

In **Erbajolo** oberhalb des Tavignano bietet sich ein herrlicher Blick auf Monte Renoso und Monte d'Oro. Am Aussichtsplatz informiert ein Schild über Natur- und historische Sehenswürdigkeiten.

Gorges du Tavignano ❿

Straßenkarte C3. *Station Touristique de l'Intérieur, Citadelle, Corte (04 95 46 26 70).*

Bevor der Unterlauf des Tavignano bei Aléria ins Mittelmeer mündet, verläuft der Fluss westlich von Corte durch ein schmales Tal. Dort hat er einige faszinierende Schluchten gegraben, die man nur zu Fuß erreicht, auf einfachen, natürlichen Stufen folgenden Wegen, deren Steinpflaster auf weiten Strecken noch aus dem Mittelalter stammt.

Unterhalb der Zitadelle von Corte beginnt ein Weg zum Felsbogen Arche de Corte, auch Arche de Padule genannt. Ihn umgeben in 1500 Meter Höhe einige Bergeries. Der Weg führt zuerst durch Kastanienwälder, die auf ca. 1000 Metern in Nadelwälder übergehen. Die nicht sehr schwierige, aber anstrengende Wanderung dauert einfach über fünf Stunden.

Von der Schlucht aus sieht man den imposanten Felsen der Zitadelle, die immer noch die gesamte Region zu kontrollieren scheint.

Sovéria ⓫

Straßenkarte C3. *Sovéria.* *Station Touristique de l'Intérieur, Citadelle, Corte (04 95 46 26 70).*

Unweit von Corte liegt hoch über der Vallée du Golo die hübsche Ortschaft Sovéria. Sie ist auch nur einen Katzensprung entfernt von der Vallée de l'Asco, dem Bozio und der Castagniccia. In diesem Dorf sind besonders die harmonisch gestalteten Häuser sehenswert.

Nische mit Statue, Santa Mariona

Im Altertum war die Umgebung von Sovéria ein Zentrum für Weinanbau und -produktion. Heute jedoch sind die sanften Hügel von Eichen- und Kastanienwäldern bedeckt. Die Gegend ist berühmt für die Produktion erstklassigen Nougats.

An der D18 steht außerhalb von Corte die romanische Kirche **Santa Mariona**. Von dem Originalbau aus dem 10. Jahrhundert sind lediglich die doppelten Apsiden verblieben. Sie sind aus grauem Stein errichtet, der in den Schieferbergen der Umgebung abgebaut wurde.

Tour: Hügel der Castagniccia ⓬

Die sanften grünen Hügel östlich von Corte unterscheiden sich erheblich von Korsikas gebirgigem Landesinneren. Die nach ihren Kastanienwäldern »Castagniccia« benannte Region war eines der ersten besiedelten Gebiete der Insel. Zu den Sehenswürdigkeiten einer Tour durch die Castagniccia gehören malerische kleine Dörfchen, Barockkapellen aus dem 16. Jahrhundert mit wunderbaren Fresken und die großartige Architektur der Kirchen La Porta und Piedicroce. Die Castagniccia spielt zudem eine wichtige Rolle in der Geschichte Korsikas: Hier, in Morosaglia, kam der »Vater der Nation«, Pasquale Paoli, zur Welt. Darüber hinaus war die Region während der korsischen Revolution ein Zentrum der Waffenindustrie.

San Tommaso di Pastoreccia ①
Die Kapelle hat die Renovierung der 1930er Jahre überstanden, die 50 Prozent des Originalbaus zerstörte. Sehenswert sind in der Apsis der *Christus Pantokrator* und die *Verkündigung* sowie an den Wänden Reste eines *Jüngsten Gerichts.*

Morosaglia ②
Für die Korsen ist der Geburtsort des Freiheitskämpfers Pasquale Paoli *(siehe S. 46f)* von besonderer Bedeutung. In Morosaglia fand der Nationalheld auch seine letzte Ruhe. In der Nähe des Museums Maison Paoli steht die kleine Kirche Santa Reparata, deren Skulpturenschmuck die romanischen Wurzeln dieses Bauwerks verdeutlicht.

San Pantaleo ③
Das Kirchlein San Pantaleo steht an der D639, die von Morosaglia in Richtung Saliceto führt. Sehenswert sind in der wunderbaren Apsis die Fresken aus dem 15. Jahrhundert.

San Quilico ④
Die pisanische Kapelle San Quilico an der D639 ziert ein wunderschönes Giebelfeld. Es zeigt Adam und Eva, die gerade von der Schlange verführt werden. Ein Basrelief stellt einen Mann dar, der mit bloßen Händen mit einem Drachen kämpft.

LEGENDE

Routenempfehlung

Andere Straße

0 Kilometer 5

ROUTENINFOS

Information, Piedicroce-Castagniccia (04 95 35 82 54).
www.en-castagniccia.com
San Pantaleo: *Die Schlüssel werden in dem einzigen Haus des Weilers Pieditermini verwahrt.*
Sts-Pierre-et-Paul: Piedicroce. *04 95 35 81 86. tägl.*
Länge: *120 km.*
Dauer: *Je nach Geschwindigkeit zwei bis drei Tage.*
Rasten: *In den Ortschaften entlang der Strecke.*

La Porta ⑤
Die Kirche St-Jean-Baptiste ist ein Meisterwerk des korsischen Barock. Das von einem hohen Glockenturm flankierte Bauwerk überragt das Dörfchen La Porta.

Piedicroce ⑥
In Piedicroce ragt die Barockkirche Sts-Pierre-et-Paul über die sanften, grünen Hügel auf. Die helle Fassade des 1691 errichteten Bauwerks zieren weiße Pilaster und Friese. Der Innenraum weist Fresken und Dekorationen im Stil des Rokoko auf.

Couvent d'Orezza ⑦
1751 übertrug eine Versammlung in diesem großen Kloster am Rand von Piedicroce die militärische und exekutive Macht an Gian Pietro Gaffori *(siehe S. 134)*. Der Bau wurde im Zweiten Weltkrieg zerstört.

La Porta ⓭

Straßenkarte D3. *250.*
Mairie (Rathaus, 04 95 39 21 48).
St-Jean-Baptiste *tägl.*

Der Name ist Programm: »das Tor«. Das Dorf in einem fruchtbaren Waldgebiet liegt an der früher einzigen Zugangsstraße in die Castagniccia und verdankt dieser Tatsache nicht nur seinen Namen, sondern auch seinen Wohlstand.

Heute ist La Porta hauptsächlich bekannt für die herrliche Kirche **St-Jean-Baptiste**, die als das vollständigste Barockbauwerk Korsikas gilt. Mit ihrem imposanten Glockenturm ragt sie hoch über die Schieferdächer des Dorfes. Die Bauzeit des 1648 begonnenen Meisterwerks von Domenico Baina dauerte fast 50 Jahre, die 1707 vollendete Fassade wurde später verändert. Bei den letzten Restaurierungen erhielt die Kirche ihren ursprünglichen, ockerfarbenen Anstrich zurück, der sich ideal mit den weißen Pilastern ergänzt und den Bau besonders eindrucksvoll wirken lässt.

Der untere Teil der Fassade ist streng gestaltet: Hohe Pilaster bilden ein geradliniges Muster. Dieses wird im oberen Teil durch die aufwendigen, bereits an das Rokoko gemahnenden Elemente aufgelockert: Pilasterstreifen, geschwungene Voluten und Kartuschen. Der barocke Einfluss ist auch besonders in der Gestaltung rund um den Eingang mit den auffälligen Friesen vorherrschend. Den Überschwang des italienischen Barock verhindert die Kombination der streng gestalteten Basis mit den reich verzierten oberen Gebäudeteilen, wobei die Harmonie des Baus genial erhalten wurde. Der 45 Meter hohe, fünfgeschossige Glockenturm ist ähnlich gestaltet – einfacher an der Basis und zunehmend aufwendiger von Stockwerk zu Stockwerk.

Kanzel in St-Jean-Baptiste

Im einschiffigen Innenraum der Kirche sind die Seitenkapellen durch Säulen mit korinthischen Kapitellen voneinander getrennt. Wände und Decke zieren Stuck und Trompe-l'Œil-Malereien von Girolamo da Porta aus dem späten 19. Jahrhundert. Die herrliche Orgel über dem Eingang wird für Konzerte benutzt. Sehenswert sind zudem der Hochaltar aus weißem Carrara-Marmor, die von zwei kleinen Säulen flankierten Altarbilder und die Kanzel.

Zur Innenausstattung zählen zahlreiche wunderbare Kunstwerke – beispielsweise *Die Enthauptung des heiligen Johannes des Täufers* auf der rechten Seite des Chores sowie die hölzernen Christus- und Marienfiguren aus dem 17. Jahrhundert.

Der barocke Glockenturm der Kirche überragt das Dörfchen La Porta

Vallée d'Alesani ⓮

Straßenkarte D3. 190.
Information, Piedicroce-Castagniccia (04 95 35 82 54).

Am Oberlauf des Alesani liegen mehrere kleine Weiler. Die Region ist eng verbunden mit dem Aufstieg und Fall von Theodor von Neuhoff *(siehe S. 46)*. Korsikas erster und einziger König wurde im Jahr 1736 im **Couvent St-François d'Alesani** in Perelli gekrönt. Das bereits 1236 gegründete Kloster residiert heute in einem 1716 errichteten Barockbau. Nicht versäumen sollte man das frühgotische Tafelbild der *Jungfrau mit der Kirsche* von 1450 in einer Seitenkapelle. Das Meisterwerk wird dem aus Siena stammenden Sano di Pietro zugeschrieben.

Eine andere Berühmtheit des Dörfchen ist der legendäre Grosso-Minuto.

Der Glockenturm von Ste-Marie-et-St-Erasme in Cervione

Klein, dick, witzig: Grosso-Minuto

Der Volksheld der Castagniccia, 1715 in Perelli d'Alesani geboren, hieß eigentlich Pietro Giovanni Ficoni. Der arme Hausierer erhielt wegen seines zarten Körperbaus den Spitznamen Minuto (der Winzige) – das despektierliche Grosso (der Dicke) kam später aus unübersehbaren Gründen hinzu. Grosso-Minuto kämpfte viele Jahre an der Seite von Pasquale Paoli und war für seine Schlagfertigkeit berühmt. Gerne erzählt man die Episode mit dem Esel: Eine Frau fragte Minuto, ob sein Esel so schreie, weil er verliebt sei. Seine Antwort: »Aber nein, Madame, er hat wahrscheinlich nur eine Eselin gerochen ...«

Korsischer Esel

Cervione ⓯

Straßenkarte D3. 1350.
Information, Piedicroce-Castagniccia (04 95 35 82 54).

Am Fuß des Monte Castello erstreckt sich Cervione am östlichen Rand der Castagniccia malerisch zwischen Weingärten, Olivenhainen und Kastanienwäldern. Das Städtchen wurde nach der Zerstörung Alérias Bischofssitz und erhielt deshalb die Kathedrale St-Erasme. 1714 wurde dieses Gotteshaus durch die heutige Kathedrale **Ste-Marie-et-St-Erasme** ersetzt. In den zur gleichen Zeit errichteten Gebäuden des Bischofspalais und des Seminars ist heute ein kleines volkskundliches Museum untergebracht.

In Cervione beginnt die Panoramastraße D330, besser bekannt als **Corniche de la Castagniccia**. Etwa zwei Kilometer von Cervione entfernt steht an der Straße die bereits im 9. Jahrhundert errichtete Chapelle Ste-Christine mit ihren doppelten Apsiden und sehenswerten Fresken.

La Canonica ⓰

Straßenkarte D2.
Rue Notre-Dame-de-Lourdes, Bastia (04 95 38 43 40).
Sommer: tägl.

Während der römischen Eroberung Korsikas um 259 v. Chr. wurden auf der Insel mehrere Kolonien gegründet, deren Hauptstadt Aleria war *(siehe S. 144)*. Die näher bei Bastia gelegene Kolonialstadt Mariana wurde nach dem römischen General Marius benannt, der im Jahr 100 v. Chr. nahe dem Étang de Biguglia eine Kolonie für die Veteranen seiner Armee schuf. Mariana war wegen seines von Augustus erbauten Hafens am Golo Ausgangsort für die Eroberung des Cap Corse, aber auch für die Urbarmachung und Kultivierung der ganzen Ebene. Im 5. Jahrhundert wurde Mariana wie Aleria von Vandalen zerstört, seinen Todesstoß gab ihm die Malaria, die im Mittelalter die Bevölkerung der Küstenebene dezimierte.

Detail eines Frieses, La Canonica

Die pisanische Kathedrale La Canonica wurde im Jahr 1119 vom Erzbischof von Pisa geweiht. Dieser residierte im benachbarten Bischofspalais, von dem nur Spuren der Fundamente verblieben sind. Die eigentlich Santa Maria Assunta benannte Kirche wurde bereits zwei Jahrhunderte später verlassen – der damalige Bischof zog lieber in die weitaus sichereren und gesünderen Hügel von Vescovato. Die Kirche La Canonica gilt als der Inbegriff pisanischer Romanik auf Korsika. Das

Die elegante romanische Kirche La Canonica

dreigeteilte Schiff der Basilika endet in einer halbrunden Apsis; die schlichte Eleganz des Bauwerks entstand durch die geschickte Verarbeitung verschiedenfarbiger Steine (aus Steinbrüchen von Cap Corse) und den sparsamen Einsatz baulich-dekorativer Elemente. Friese über dem Hauptportal stellen Geier, ein Lamm, einen Wolf und ein von einem Hund gejagtes Reh dar. Einst dachte man, in den Aushöhlungen an den Außenmauern seien ursprünglich farbige Steine gesteckt. Tatsächlich sind es von Gerüsten verursachte Schäden.

Bei Ponte-Novo tobte die berühmte korsisch-französische Schlacht

Vescovato ⓱

Straßenkarte D2. *2350.*
Mairie (Rathaus, 04 95 38 93 12).

Das an einem Berghang im hohen Norden der Castagniccia gelegene Städtchen wurde von Flüchtlingen aus dem von Invasionen und der Malaria geplagten Mariana gegründet.

Jahrhundertelang war Vescovato die Hauptstadt der kleinen, zwischen dem Golo und der Vallée du Fium'Alto gelegenen Bergregion Casinca. In diesem äußerst fruchtbaren Gebiet lebten lange Zeit die meisten Menschen auf ganz Korsika. Der zuvor Belfiorito genannte Ort wurde 1269 Bischofssitz und deshalb in Vescovato (»Bistum«) umbenannt. Im Jahr 1570 verlegte man das Bistum nach Bastia.

Bei einer Besichtigung parkt man am besten das Auto an dem einzigen baumbestandenen Platz und erkundet die Gassen zu Fuß. Im Zentrum des Städtchens steht die Barockkirche **San Martino** mit ihrem Tabernakel, den der italienische Künstler Antonello Gagini im 16. Jahrhundert gestaltete.

Brunnen am Hauptplatz von Vescovato

Eine Passage neben der Kirche führt zum Hauptplatz mit dem schönen, von einer Adlerskulptur bewachten Brunnen.

Die ehemalige Bischofsstadt wartet mit drei weiteren Gotteshäusern auf: der Kirche des Kapuzinerklosters, der Kapelle der Bruderschaft Ste-Croix und der romanischen Chapelle San Michele.

Weitaus profaneres, unterhaltsames Badevergnügen bieten dagegen die Strände und Ferienorte an der Küste östlich von Vescovato, deren Beliebtheit zusehends wächst.

Vescovato war früher Bischofssitz

Ponte-Novo ⓲

Straßenkarte D2. An der N193 etwa 8 km nordöstlich von Ponte Leccia.
Station Touristique de l'Intérieur, Citadelle, Corte (04 95 46 26 70).

Der nach einer genuesischen Brücke benannte Ort hat durch die Schlacht, die hier an den Ufern des Golo stattfand, traurige Berühmtheit erlangt. An dieser Stelle trafen die vom Grafen de Vaux kommandierten französischen Truppen auf die von Pasquale Paoli *(siehe S. 46f)* angeführten korsischen Freiheitskämpfer.

Am 8. Mai 1769 wollten die ein Jahr zuvor bei Borgo unterlegenen französischen Invasionstruppen einen Zugang in das von den Separatisten kontrollierte Landesinnere erobern. Dabei drängten sie die 2000 korsischen Kämpfer bis zu der Brücke zurück und besiegten diese. Nach dieser Niederlage musste Pasquale Paoli seinen Kampf gegen Frankreich aufgeben und im Juni 1769 die Insel ins englische Exil verlassen. Der korsische Traum von Freiheit und Unabhängigkeit war vorerst ausgeträumt.

Die Brücke wurde im Zweiten Weltkrieg zerbombt und nie mehr aufgebaut; über den Fluss führt heute ein neuer Übergang. An die Schlacht erinnern ein Denkmal, ein Schild und Flaggen mit dem korsischen Nationalsymbol des Mohrenkopfs *(siehe S. 47)*. Der Besucher kann am Ponte-Novo den Herzschlag der korsischen Freiheitsliebe spüren.

Der Cirque de Trimbolocciu im Haut-Asco

Vallée de l'Asco ⓳

Straßenkarte C2–C3.
Station Touristique de l'Intérieur, Citadelle, Corte (04 95 46 26 70).

Die lange, diagonale Vallée de l'Asco verläuft rund 30 Kilometer lang südwestlich von Ponte Leccia und gehört zu den abgeschiedensten Gebieten auf ganz Korsika. Die hiesige Straße folgt den Windungen des Asco bis zur imposantesten Bergkulisse der Insel, die von den dunklen Hängen des mit 2706 Meter höchsten Bergs Korsikas, des **Monte Cinto**, dominiert wird. Nicht minder spektakulär ist der benachbarte **Cirque de Trimbolocciu** am Ende der Vallée de l'Asco.

Am Talboden liegt das Dorf **Asco**, das im 16. Jahrhundert ein Zentrum des korsischen Widerstands gegen die genuesischen Truppen war. Von der Ortschaft windet sich in unzähligen Haarnadelkurven eine ungeteerte Straße hinab zum Flussufer und zu einer schönen genuesischen Brücke, die den Asco im typischen Bogen überspannt.

Mit zunehmender Höhe verändert sich die Vegetation im Tal: Die Sträucher weichen langsam den Kiefern und Lärchen des **Forêt de Carozzica**. Nach dem Wald endet die Straße in einem kleinen Skigebiet von **Haut-Asco**. Das 1450 Meter hoch gelegene Gebiet gehört zu den beliebtesten Startpunkten für Wanderungen auf den Monte Cinto (acht Stunden) oder auf dem Fernwanderweg GR20 *(siehe S. 22)*, der das Haut-Asco bei der 2556 Meter hohen Punta Minuta quert und zur Tighjiettu-Hütte führt *(siehe S. 23)*.

Bei Asco führt eine genuesische Brücke über den Fluss

St-François de Caccia ⓴

Straßenkarte C2. Castifao.
Office de Tourisme, Ghjunssani (04 95 47 22 06).

Am Anfang der Vallée de l'Asco führt ein vier Kilometer langer Abstecher von der D47 gen Moltifao zu den Ruinen des Klosters St-François de Caccia in der Nähe von Castifao.

Das im frühen 16. Jahrhundert gegründete und 1553 von den Genuesen zerstörte Kloster sowie die dazugehörige Kirche konnten dank der Initiative des Mönchs Augustinu da Populasca neu errichtet und Franziskanermönchen übergeben werden. Die im Jahr 1569 errichtete, 1750 wiedererbaute Kirche brach 1782 zusammen. Hier nahm im Jahr 1755 Pasquale Paoli *(siehe S. 47)* an der verfassungsgebenden Versammlung der korsischen Delegierten teil.

Scala di Santa Regina ㉑

Straßenkarte C3.
Office de Tourisme, Niolu (04 95 47 12 62).

Die Vallée du Golo war schon immer eine wichtige Verbindung zwischen dem Landesinneren und der korsischen Westküste.

Die Straße folgt dem Flusslauf des Golo und führt zum höchsten befahrbaren Pass der Insel hinauf, dem Col de Verghio in 1464 Metern Höhe. Von der Passhöhe führt sie wieder hinunter in Richtung Porto und Ajaccio.

Im Tal erstreckt sich rechts von der Straße die Schlucht Scala di Santa Regina. Den Volkslegenden zufolge entstand die Schlucht, als der heilige Martin einen schweren Kampf mit dem Teufel bestehen musste, in den die Jungfrau Maria eingriff. Von der Straße aus bietet die enge, streckenweise in die leuchtend roten Granitfelsen regelrecht gefräste Schlucht einen atemberaubenden Anblick.

Von einer Teerstraße auf der gegenüberliegenden Seite des Tales kann man noch heute Teile des schmalen Saumpfades erkennen, auf dem früher Waren transportiert wurden.

Die beeindruckende Schlucht Scala di Santa Regina

Wilde Pferde bei Calacuccia

Calacuccia ㉒

Straßenkarte C3. 350.
Office de Tourisme, Niolu (04 95 47 12 62).

Der Hauptort in den Bergen des Niolo liegt auf 1000 Metern Höhe am Pass zum Col de Verghio. Calacuccia ruht wunderschön am Ufer eines Sees, der durch eine Talsperre, die den Golo staut, entstanden ist. Die im Sommer gut besuchten Hotels und Restaurants bieten Entspannung und eine herrliche Aussicht auf den Monte Cinto im Nordwesten *(siehe S. 23)* und den Capo Tafonato neben dem Col de Verghio.

Fünf Kilometer südwestlich von Calacuccia führen gegenüber einem großen weißen Kreuz am westlichen Rand von Albertacce orangefarbene Wegmarken zum **Pont de Muricciolu**. Von dieser alten genuesischen Brücke aus sieht man einige natürliche Becken, die sich hervorragend zum Baden eignen.

Am Südufer des Stausees liegen der Weiler Casamaccioli und der 1592 Meter hohe Pass **Bocca di l'Arinella**. Von der ungeteerten Passstraße aus bietet sich ein überwältigender Blick auf den See und die Berge.

Casamaccioli ㉓

Straßenkarte C3. 90.
Station Touristique de l'Intérieur, Citadelle, Corte (04 95 46 26 70).
La Santa (7.–10. Sep).

Gegenüber von Calacuccia liegt am anderen Ufer des Stausees auf 850 Meter Höhe Casamaccioli. Der Weiler mit weniger als 100 ständigen Bewohnern bietet nicht nur eine fantastische Aussicht auf den See, den Monte Cinto und die weiten Kastanienwälder der Umgebung, sondern lockt mit einer weiteren Attraktion viele Besucher an: In der Pfarrkirche Nativité steht neben einer Holzstatue des heiligen Rochus eine Figur der Jungfrau Maria, auf korsisch *La Santa* genannt. Diese Statue wird zu der uralten, jährlich am 7.–10. September abgehaltenen Marienwallfahrt *(siehe S. 34)* bei der Prozession getragen.

Forêt de Valdu-Niellu ㉔

Straßenkarte C3.
Office de Tourisme, Niolu (04 95 47 12 62).

Südwestlich von Casamaccioli erstreckt sich zur linken Seite der Straße der größte Wald Korsikas. Obwohl er in den letzten Jahrzehnten mehrmals von Großfeuern heimgesucht wurde, bedeckt er immer noch ein über 46 Quadratkilometer großes Berggebiet. Der Wald auf 1000 bis 1600 Metern besteht hauptsächlich aus Birken, Buchen und Lariciokiefern. Diese Kiefernart wächst nur auf Elba, in einigen Regionen Kalabriens und auf Korsika. In der Forêt de Valdu-Niellu sind Vertreter dieser seltenen Kiefernart über 500 Jahre alt.

Den Wald durchziehen zahlreiche, unterschiedlich anspruchsvolle Wanderwege. So dauert die Wanderung vom Popaja-Forsthaus in das grüne Herz des Waldes und zu den Bergeries de Colga nur etwa eine Stunde. Ein schwierigerer Weg führt in dreieinhalb Stunden zum Bergsee Lac de Nino auf 1743 Meter, in dem der Tavignano entspringt *(siehe S. 24)*. Der Abstieg zu den Cascades de Radule dauert weitere 90 Minuten.

Col de Verghio ㉕

Straßenkarte C3.
Station Touristique de l'Intérieur, Citadelle, Corte (04 95 46 26 70).

Die Straße nach Porto (D84) führt über den Col de Verghio, den höchsten Punkt des korsischen Straßennetzes. Östlich des Col de Verghio liegt an der Strecke der kleine, im Sommer von Wanderern frequentierte Wintersportort **Verghio**.

Dort beginnt der Aufstieg zum kleinen Lac de Nino *(siehe S. 24)*, in dessen von Wiesen bedecktem Becken im Sommer kleine Wildpferdherden grasen.

Den wilden, windgepeitschten Col de Verghio überquert auch der Fernwanderweg GR20 *(siehe S. 22)*, der weiter nördlich an den Cascades de Radule vorbei- und zur Ciuttulu-di-i-Mori-Hütte hinaufführt. Diese steht am Fuß des majestätischen Capo Tafonato und der benachbarten Paglia Orba.

Feuchtes Grasland in der Umgebung des Col de Verghio

1846
BAR
CARTE D'OR
CARTE D'OR
Kronenbourg

Zu Gast auf Korsika

Übernachten

Die bunte Palette der rund 400 verschiedenen Unterkünfte auf Korsika reicht vom Feriendorf an der Küste bis zur Privatpension auf dem Bergbauernhof. Das größte Zimmerangebot findet man an der Küste, an den Meerbusen von Ajaccio, Calvi, Porto-Vecchio und Bonifacio. Luxushäuser mit Pool und Privatstrand befinden sich meist in der Nähe der großen Badeorte. Besonders im Süden der Insel bieten Apartments in Ferienwohnanlagen oder Ferienhäuser eine interessante Alternative. Wer es lieber naturverbunden und preiswert mag, schlägt sein Zelt auf einem der vielen Campingplätze an der Küste oder im Gebirge auf. Einen unterhaltsamen Einblick in das korsische Alltagsleben auf dem Lande erhält man in entspannter Atmosphäre bei einem Urlaub auf dem Bauernhof. Diese kleinen, gemütlichen Familienbetriebe heißen *Gîtes ruraux*.

Logo der Gîtes de France

Hotelkategorien

Wie in ganz Europa werden auch auf Korsika die Hotels mit Sternen ausgezeichnet. Häuser mit einem Stern sind einfache Unterkünfte mit ebensolchem Service, vier Sterne erhalten hingegen First-Class-Hotels, in denen der Gast König ist.

Die höchste Auszeichnung erhalten nur Luxushäuser wie La Villa *(siehe S. 159)* in Calvi, das Dolce Vita *(siehe S. 161)* in Ajaccio, Le Genovese *(siehe S. 163)* in Bonifacio und Le Goéland *(siehe S. 164)* in Porto-Vecchio.

Drei-Sterne-Hotels bieten oft ein exzellentes Preis-Leistungs-Verhältnis. Dazu zählen Bonifacios Centre Nautique *(siehe S. 163)*, das Castel Brando *(siehe S. 159)* in Erbalunga und das Dolce Notte *(siehe S. 160)* in St-Florent.

Haupteingang der Hostellerie de l'Abbaye *(siehe S. 159)* in Calvi

Am Pool des Hotels Pietracap *(siehe S. 158)* in Bastia

Alle Vier-Sterne- und fast alle Drei-Sterne-Häuser an der Küste warten mit einem Pool oder, wenn sie direkt am Wasser gelegen sind, mit einem eigenen Strand auf.

Angenehme Unterkunft können aber auch Zwei-Sterne-Hotels wie das Splendid Hôtel *(siehe S. 159)* in L'Île Rousse oder das Hôtel Rossi *(siehe S. 165)* in Sartène bieten.

Da Einzelzimmer eher selten sind, müssen allein Reisende häufig den Preis für ein Doppelzimmer berappen. Andererseits entstehen auch für jedes zusätzliche Bett in einem Zimmer Extrakosten.

Den Bedürfnissen von Behinderten werden nur neue oder frisch renovierte Häuser gerecht. Es empfiehlt sich daher, gegebenenfalls vor der Buchung nachzufragen.

Haustiere sind in vielen korsischen Unterkünften willkommen.

Preise

Hotels in Frankreich sind gesetzlich verpflichtet, im Haus und in jedem Zimmer eine Preisliste mit den TTC-Preisen (*Toutes Taxes Comprises*, »inklusive aller Steuern«) für jede Saison auszuhängen. Diese dürfen nicht überschritten werden. In den gezeigten (oder bei der Buchung genannten) Preisen ist der Service enthalten.

Im Sommer zeigen die Hotels an der Küste häufig nur den Preis für die obligatorische Halbpension.

Nicht alle Hotels haben ein eigenes Restaurant, in der Regel ist das Frühstück nicht im Preis enthalten. Dies gilt auch für Getränke, die auf dem Zimmer oder zu den Mahlzeiten serviert werden oder aus der Minibar stammen. Da Telefonate in den Hotels meist recht teuer sind, empfehlen sich öffentliche Telefone.

◁ In allen korsischen Städten kann man in Straßencafés und Gartenrestaurants entspannen und schlemmen

Saison und Hotelreservierung

Die meisten Hotels auf Korsika haben nur während der Saison von April bis Oktober geöffnet. Als Hochsaison gelten die Sommermonate, besonders die Monate Juli und August. Wer in diesen Wochen an der Küste seinen Urlaub verbringen möchte, sollte auf jeden Fall bereits sehr zeitig eine Unterkunft reservieren, da viele Hotels in der Hochsaison ausgebucht sind.

Von November bis März kann es besonders in kleineren Ferienorten schwierig sein, überhaupt ein Zimmer zu finden. Die Hotels in den Hauptorten haben dagegen in der Regel ganzjährig geöffnet.

Bei der Zimmerreservierung werden Sie meist entweder um eine anteilige Vorauszahlung oder um Angaben über Ihre Kreditkarte gebeten.

Die Aussichtsterrasse im Dolce Vita *(siehe S. 161)* in Ajaccio

Clubs und Résidences

An der Küste kann man in Ferienclubs und Résidences genannten Ferienanlagen seinen Urlaub in noch entspannterer Atmosphäre als im Hotel verbringen. Die Bandbreite reicht von einfachen Zimmern in Bungalows mit angeschlossenem Restaurant und Animation bis zu Wohnungen für Selbstversorger.

In allen Clubs sind Unterhaltungsprogramme, ein oder mehrere Pools sowie vielfältige Sportangebote wie Tennis, Windsurfen, Tauchen oder

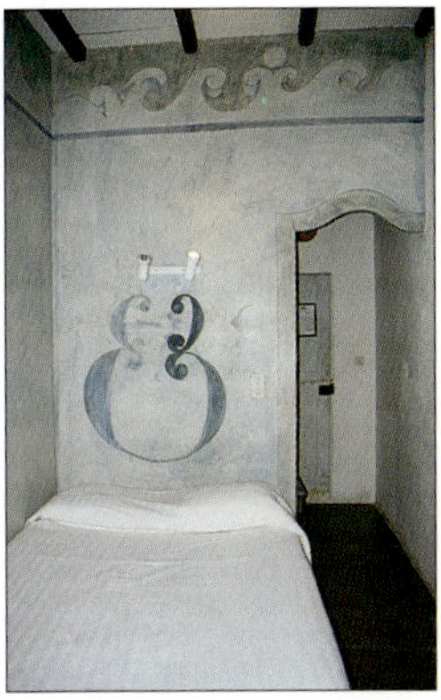

Zimmer in der Casa Musicale *(siehe S. 160)* in Pigna

Segeln selbstverständlich. Einige Clubs bieten ihren Gästen sogar einen Babysitter-Service.

Zu den besten Adressen zählen die Feriendörfer von Club Med in Cargèse und Sant'Ambroggio in der Nähe von Calvi.

Die Preise für All-inclusive-Angebote berechnen sich pro Urlaubswoche. In diesen Pauschalangeboten ist alles – sogar die Drinks an der Bar – enthalten. In manchen Clubs mietet man hingegen nur die Unterkunft und entscheidet vor Ort, welche Serviceleistungen, Sport- und Unterhaltungsangebote man in Anspruch nimmt.

Wer länger als eine Woche auf Korsika bleiben und dabei nicht auf Bequemlichkeit und Unabhängigkeit verzichten möchte, für den könnte es sich lohnen, ein Ferienhaus zu mieten.

Über Clubs können Sie sich bei den jeweiligen Veranstaltern informieren. Näheres zu den Résidences erfahren Sie beim **Syndicat National des Résidences de Tourisme** in Paris. Broschüren sind zudem bei der **Agence de Tourisme de la Corse** erhältlich. Listen von privat vermieteten Ferienhäusern und -wohnungen der jeweiligen Gebiete geben die lokalen Touristeninformationen aus.

Camping

Ein Campingurlaub ist eine preiswerte Alternative zu Club und Hotel. Die meisten der etwa 200 Zeltplätze Korsikas liegen zwischen Bonifacio und Porto-Vecchio, an der Küste der Balagne und am Golfe d'Ajaccio. In der Mehrzahl haben sie von Ostern bis Oktober geöffnet. Ganzjährige Campingplätze sind dagegen die Ausnahme.

Die Plätze unterscheiden sich erheblich bezüglich Service und Ausstattung. Einige sind nur sehr einfach ausgestattet, warten mit minimalen sanitären Einrichtungen und einigen Bäumen als Schattenspender auf. Andere bieten Swimmingpools, Sportmöglichkeiten, Supermärkte, Pizzerien (bisweilen sogar Restaurants) und Waschsalons. Auf manchen Plätzen kann man sogar Bungalows mit Bad und Küche für zwei bis vier Personen mieten.

Auf manchen Bauernhöfen kann man sein Zelt gegen eine geringe Gebühr aufschlagen und die sanitären Einrichtungen vor Ort nutzen.

Es ist jedoch verboten, wild zu campen oder am Strand zu zelten. Wer auf Privatland übernachtet, muss den Besitzer um Erlaubnis fragen.

Am besten reserviert man seinen Zeltplatz – besonders bei längeren Aufenthalten – bereits länger im Voraus.

Camping ist eine preiswerte, naturverbunde Alternative zum Hotel

Selbstversorger

Mini-Apartment in Bonifacio oder Villa mit Garten und Swimmingpool in der Balagne: Domizile für Selbstversorger (*locations saisonnières*) sind eine kostengünstige Alternative für Familien (besonders mit Kleinkindern) oder befreundete Reisende.

Sie sollten vor allem dann in Betracht gezogen werden, wenn der geplante Aufenthalt auf Korsika zwei oder mehrere Wochen dauern soll. Für einen einwöchigen Urlaub lohnen diese Quartiere meist wegen der stets gleichen Fixkosten, etwa für die Reinigung, nicht.

Auf Korsika gibt es eine Vielzahl verschiedenster Häuser und Wohnungen zu mieten – buchen Sie Ihr Traumobjekt jedoch besser vorab. Die lokalen Fremdenverkehrsbüros geben Listen mit Ferienhäusern aus, aber auch Immobilienmakler bieten bisweilen kurzfristig zu mietende Wohnungen und Häuser an.

Bevor Sie den Mietvertrag abschließen, sollten Sie um eine genaue Beschreibung des Hauses oder der Wohnung bitten, sich nach Lage und Ausstattung des Domizils, aber auch nach den Angeboten und Einrichtungen in der Umgebung erkundigen. Manchmal entdeckt man zu spät, dass das gemietete Objekt wirklich zu weit vom Strand entfernt ist oder die Betten eigentlich nur Klappsofas sind. Achten Sie darauf, ob Gas und Strom in der vereinbarten Miete enthalten sind – Gleiches gilt beispielsweise auch für die Benutzung von Pool und Garten.

In den Berghütten finden Wanderer eine gemütliche Unterkunft

Chambres d'hôtes

Die französische Version des Bed and Breakfast: *Chambres d'hôtes* sind privat vermietete Zimmer mit Frühstück. Diese Unterkünfte eignen sich besonders für Gäste, die viel herumreisen und Korsika etwas besser kennenlernen möchten. Adressen von *Chambres d'hôtes* geben die lokalen Fremdenverkehrsbüros aus.

Hütten und Herbergen

Auf Korsika konzentrieren sich die vielen Berg- und Schutzhütten (*Refuges* und *Gîtes d'étapes*), v.a. entlang des Fernwanderwegs GR20 *(siehe S. 22–27 und 188)*. Sie sind alle auf den offiziellen IGN-Karten eingezeichnet. Die eher kleinen Hütten bieten 20 bis 50 Schlafplätze (oft in Schlafsälen) und meist nur einen Duschraum. Die *Gîtes d'étapes* sind auch für Selbstversorger eingerichtet.

Auf den von Juni bis September bewirtschafteten Hütten findet man in der Hochsaison nur schwer Platz – Reservierungen sind nicht möglich. Man kann dort jedoch immer biwakieren.

Malerisches Domizil im Landesinneren – Ferien auf dem Bauernhof à la Corse

In einigen wenigen Hütten kann man zudem Essen (etwa Käse und Wurst) und Getränke kaufen.

Die beiden einzigen, preiswerten Jugendherbergen *(Relais de Jeunesse)* Korsikas finden sich in Calvi.

Ferien auf dem Bauernhof

Einfache Unterkünfte in traumhaft schöner Landschaft bieten die *Gîtes ruraux*. Leider findet sich bislang auf Korsika nur wenig Gelegenheit für angenehmen und preiswerten Urlaub auf dem Bauernhof, bei dem man nebenbei noch interessante Einblicke in das korsische Landleben und die hiesigen Traditionen erhält.

Die Höfe werden mit ein bis vier Weizenähren von der **Maison des Gîtes de France** ausgezeichnet. Oft kann man nicht nur Zimmer (in der Regel mit Bad und Frühstück), sondern auch ganze Wohnungen mit Küche und Bad mieten, die in umgebauten Ställen oder ehemaligen Kelterräumen eingerichtet wurden.

Da alle Gäste am selben Tisch essen, eignen sich die Unterkünfte nicht für ausgesprochene Einzelgänger. Sie sind jedoch ideal für Gäste, die keine steifen Hotels mögen, und für Familien mit Kindern, die sich hier austoben können. Die angegebenen Preise umfassen den Höchstpreis für ein Doppelzimmer mit Frühstück inklusive Steuern und Service.

Auf einen Blick

Information

Agence de Tourisme de la Corse
17, blvd du Roi Jérôme, Ajaccio.
04 95 51 00 00.
www.visit-corsica.com

Résidences

Arinella
Route du Bord de Mer, Lumio.
04 95 60 60 60.

Baies des Voiles
Santa Manza, Bonifacio.
04 95 73 03 55.

Belvédère de Palombaggia
Route de Palombaggia, Porto-Vecchio.
04 95 70 95 70.

Carole Leandri
Pian di Leccia, Baracci, Propriano.
04 95 76 19 48.

Les Pins
Route de Porto, Calvi.
04 95 65 28 20.

Sarl Immobilière de Balagne
Cocody Village, Baie de Sant'Ambroggio, Lumio.
04 95 60 72 76.

Syndicat National des Résidences de Tourisme
Paris.
01 47 38 35 60.
www.snrt.fr

Le Thyrrénéen
Solenzara.
04 95 57 47 59.

Campingplätze

Arinella Bianca
Ghisonaccia.
04 95 56 04 78.
www.arinellabianca.com

Barbicaja
Route des Sanguinaires, Ajaccio.
04 95 52 01 17.

Belgodère
Les Campéoles, Lozari.
04 95 60 20 20.

Benista
Pisciatello, Porticcio.
04 95 25 19 30.
http://benista.free.fr

Le Clos du Mouflon
Route de Porto, Calvi.
04 95 65 03 53.

Dolce Vita
Route Nationale 197, Calvi.
04 95 65 05 99.

Kallisté
Route de la Plage de la Roya, St-Florent.
04 95 37 03 08.

Kalypso
Route Nationale 198, Santa Maria, Poghju.
04 95 38 56 74.

Marina d'Aléria
Boîte Postale 11, Aléria.
04 95 57 01 42.

Les Oliviers
Porto (Ota).
04 95 26 14 49.

Ostriconi
Palasca. 04 95 60 10 05.

La Pinède
Lieu-dit Serrigio, St-Florent.
04 95 37 07 26.

Torraccia
Baghiuccia, Cargèse.
04 95 26 42 39.

U Prunelli
Pont du Prunelli, Porticcio.
04 95 25 19 23.

Immobilienmakler

Agence du Golfe
111, cours Napoléon, Ajaccio. 04 95 22 19 09.

Agence Sud Corse Immobilier
27, rue du 9 Septembre, Propriano.
04 95 70 30 69.

Bastia Immobilier
45, blvd Paoli, Bastia.
04 95 31 48 05.

Calvi Balagne
8, blvd Wilson, Calvi.
04 95 65 11 40.

Immobilier Alias
Marina di Fiori, Porto-Vecchio. 04 95 70 21 30.

Millénaire Immobilier
12, rue St-Jean-Baptiste, Bonifacio.
04 95 73 59 51.

Chambres d'hôtes

Alberte Bartoli
L'Orca di San Gavinu, Figari. 04 95 71 01 29.

A Pignata
Route du Pianu, Levie.
04 95 78 41 90.

A Tinedda
Sartène.
04 95 77 09 31.

Jean-Jacques Bartoli
Tasso.
04 95 24 50 54.

Kyrn Flor
Route Nationale 193, U San Gavinu, Corte.
04 95 61 02 88.

Stéphane Natalini
Ferme Auberge, Altu Pratu, Erbajolo.
04 95 48 80 07.

Jugendherbergen

BJV Corsotel
43, ave de la République, Calvi.
04 95 65 14 15.

U Carabellu
Route de Pietramaggiore, Calvi.
04 95 65 14 16.

Bauernhöfe

Maison des Gîtes de France et du Tourisme Vert
Paris.
01 49 70 75 75.
www.gites-de-france.fr

Relais Régional des Gîtes Ruraux
77, cours Napoléon, Boîte Postale 10, Ajaccio.
04 95 10 06 14.
www.gites-corsica.com

Hotelauswahl

Die Hotels wurden nach Qualität, Lage, Service und Preis-Leistungs-Verhältnis ausgewählt. Alle Zimmer haben Bad oder Dusche. Rollstuhlfahrer sollten vor der Reservierung nachfragen, ob das Hotel entsprechend ausgestattet ist *(siehe S. 197)*. Die Kartenverweise beziehen sich auf die Straßenkarte auf der hinteren Umschlagseite.

PREISKATEGORIEN
für eine Übernachtung in der Hauptsaison im Doppelzimmer mit Bad oder Dusche, inklusive Steuern und Service, aber ohne Frühstück:
€ unter 65 Euro
€€ 65–100 Euro
€€€ 100–150 Euro
€€€€ 150–200 Euro
€€€€€ über 200 Euro

BASTIA UND DER NORDEN

ALGAJOLA Hôtel Beau Rivage €€€
Algajola, 20220 ☎ *04 95 60 73 99* FAX *04 95 60 79 51* ***Zimmer*** *36* ***Straßenkarte*** *C2*

Das Beau Rivage hat eine Terrasse direkt am Strand und eher schlichte Zimmer, die aber alle einen eigenen Balkon aufweisen. Das Restaurant bietet gutes Essen und Meerblick. Genießen Sie die Stille hier – Algajola ist noch immer eine verschlafene Küstenstadt mit authentischer korsischer Kultur. **www.hotel-beau-rivage.com**

ARGENTELLA Auberge Ferayola €€€
Argentella, 20260 ☎ *04 95 65 25 25 oder 06 10 82 07 33* FAX *04 95 65 20 78* ***Zimmer*** *14* ***Straßenkarte*** *B2*

Die Auberge Ferayola zwischen Calvi und Porto ist eines der wenigen Hotels an diesem kurvigen Abschnitt einer Westküstenstraße. Geboten werden Zimmer und Bungalows sowie Ruhe fernab der Urlaubermassen. Der herrliche Argentella-Strand liegt zehn Gehminuten entfernt. Preise inklusive Halbpension (obligatorisch). **www.ferayola.com**

BASTIA Hôtel Posta Vecchia €
Quai des Martyrs de la Libération, 20200 ☎ *04 95 32 32 38* FAX *04 95 32 14 05* ***Zimmer*** *49* ***Straßenkarte*** *D2*

Im Herzen der Stadt, in der Nähe des quirligen, farbenfrohen alten Hafens mit vielen Restaurants und Cafés, findet man dieses Hotel. Bitten Sie um ein Zimmer nach vorne raus, damit Sie die Anwohner beim Abendspaziergang am Kai beobachten können. Parkplätze sind vorhanden. **www.hotel-postavecchia.com**

BASTIA Hôtel Central €€
3, rue Miot, 20200 ☎ *04 95 31 71 12* FAX *04 95 31 82 40* ***Zimmer*** *22* ***Straßenkarte*** *D2*

Charme, exzellente Lage und freundliches Personal bietet das Hôtel Central. Eine Kombination aus klassisch französischem Dekor (Terrakottakacheln, gemusterte Tapeten) und raumsparenden modernen Elementen (verspiegelte Badtüren) kennzeichnet die Zimmer. Das Frühstück gibt es in einem gemütlichen Raum. **www.centralhotel.fr**

BASTIA Hôtel Ostella €€
Avenue Sampiero Corso, Sortie Sud Bastia, 20600 ☎ *04 95 30 97 70* FAX *04 95 33 11 70* ***Zimmer*** *52* ***Straßenkarte*** *D2*

Dem Hotel im Gewerbegebiet am Stadtrand fehlt es zwar an Historie und ästhetischem Charme, aber es bietet erstklassigen Komfort, dazu gehören ein türkisches Bad, ein Fitnesszentrum, ein Pool und ein hervorragendes Restaurant. Die Zimmer sind sonnig und hell, und alle haben Balkon. **www.hotel-ostella.com**

BASTIA Hôtel Pietracap €€
Route San Martino, San Martino di Lota, 20200 ☎ *04 95 31 64 63* FAX *04 95 31 39 00* ***Zimmer*** *39* ***Straßenkarte*** *D2*

Dieses überaus behagliche Hotel genießt eine wunderschöne Lage an Bastias Küstenstraße. Ein Park mit 100-jährigen Olivenbäumen trennt das Hotel vom Meer. Eines der Highlights ist der große Swimmingpool, an dem es auch Snacks gibt. Eigene Parkplätze. ● *Dez–Apr.* **www.hotel-pietracap.com**

BASTIA Les Voyageurs €€
9, avenue Maréchal Sébastiani, 20200 ☎ *04 95 34 90 80* FAX *04 95 34 00 65* ***Zimmer*** *24* ***Straßenkarte*** *D2*

Das Hotel unweit des Bahnhofs rühmt sich seiner schnörkellosen, hellen und geräumigen Gästezimmer mit weiß gestrichenen Holzmöbeln. In einer Stadt ohne adäquate öffentliche Bereiche ist die Lobby ein idealer Ort für Geschäftsbesprechungen. **www.hotel-lesvoyageurs.com**

CALENZANA A Flatta €€€
Calenzana, 20214 ☎ *04 95 62 80 38* FAX *04 95 62 86 30* ***Zimmer*** *5* ***Straßenkarte*** *C2*

Folgen Sie von Calenzana aus den Schildern zu diesem drei Kilometer entfernten, herrlich gelegenen Rückzugsort. Das A Flatta wird Sie nicht enttäuschen: Es bietet seinen Gästen einen Pool mit grandioser Aussicht über die Landschaft und darüber hinaus ein exzellentes Restaurant. **www.aflatta.com**

CALVI Hôtel Balanea €€
6, rue Clemenceau, 20260 ☎ *04 95 65 94 94* FAX *04 95 65 29 71* ***Zimmer*** *38* ***Straßenkarte*** *B2*

Das komfortable Hotel im Zentrum genießt eine wunderbare Aussicht über die Bucht bis zu den Bergen. Die Gästezimmer sind groß und schön dekoriert und haben geräumige Badezimmer. Abends können Sie sich zu der kosmopolitischen Schar in den vielen Restaurants am Hafen gesellen. ● *Jan.* **www.hotel-balanea.com**

Zeichenerklärungen *siehe hintere Umschlagklappe*

CALVI Hôtel Les Aloes €€

Lieu-dit Poggiale, Quartier Donateo, 20260 04 95 65 01 46 FAX 04 95 65 01 67 **Zimmer** 21 **Straßenkarte** B2

Am Ende einer verkehrsberuhigten Straße steht in einem Garten mit großen Aloen und Kletterpflanzen das Hôtel Les Aloes. Die schlichte Terrasse mit gestreiften Sonnenschirmen überblickt Calvi und die Küste. Die ruhige Lage und die Privatbibliothek machen es zum idealen Ort zum Entspannen. **www.hotel-les-aloes.com**

CALVI Les Clos des Amandiers €€

Route de Pietramaggiore, 20260 04 95 65 08 32 FAX 04 95 65 37 76 **Zimmer** 24 **Straßenkarte** B2

Dieses Hotel, ein beschauliches Refugium, hat einen großen Pool sowie eine Terrasse mit Mandelbäumen zu bieten, auf der man zu Abend essen kann. Das Haus liegt perfekt für nicht motorisierte Feriengäste, denn zum Zentrum und zur Avenue Christophe Colomb sind es zu Fuß gerade mal zehn Minuten. **www.clos-des-amandiers.com**

CALVI Hostellerie de l'Abbaye €€€

Route Santore, 20260 04 95 65 04 27 FAX 04 95 65 30 23 **Zimmer** 43 **Straßenkarte** B2

Das hübsche, von Efeu bedeckte Hotel wurde auf den Mauern einer Abtei aus dem 16. Jahrhundert errichtet. Es steht in einem makellos gepflegten Garten an einem Hang über dem Hafen, abseits der Straße. Zu Fuß ist man in fünf Minuten im Stadtzentrum. *Winter.* **www.hostellerie-abbaye.com**

CALVI Hôtel Christophe Colomb €€€

Place Christophe Colomb, 20260 04 95 65 06 04 FAX 04 95 65 29 65 **Zimmer** 25 **Straßenkarte** B2

Dieses frisch renovierte Hotel gegenüber von Calvis Zitadelle und nahe dem Hafen bietet sonnige Zimmer, farbenfrohe Kunstwerke und alte Fotografien an den Wänden sowie internationale Zeitschriften in der Lobby. Ein angenehmes Haus mit heimeligem Flair.

CALVI Hôtel Le Magnolia €€€

Rue Alsace Lorraine (Place du Marché), 20260 04 95 65 19 16 FAX 04 95 65 34 52 **Zimmer** 11 **Straßenkarte** B2

Le Magnolia ist eine schöne Villa aus dem 19. Jahrhundert in Calvis Zentrum. Das romantisch-elegante Hotel ist am schönsten im Spätfrühling, wenn der riesige, 100 Jahre alte Magnolienbaum im Garten blüht. Die Zimmer sind klein, und in der Hauptsaison kann es durch die zentrale Lage auch etwas lauter werden. **www.hotel-le-magnolia.com**

CALVI Château Hôtel La Signoria €€€€€

Route de la Forêt de Bonifato, 20260 04 95 65 93 00 FAX 04 95 65 38 77 **Zimmer** 24 **Straßenkarte** B2

Für das luxuriöse Hôtel steht zwischen dem Flughafen St-Catherine und der Stadt brauchen Sie einen eigenen Wagen. Erholen Sie sich im Eukalyptus-Garten, am Privatstrand oder am Pool, im türkischen Bad und im Gourmetrestaurant, oder lassen Sie sich vom hauseigenen Masseur verwöhnen. **www.auberge-relais-lasignoria.com**

CALVI La Villa €€€€€

Chemin Notre Dame de la Serra, 20260 04 95 65 10 10 FAX 04 95 65 10 50 **Zimmer** 53 **Straßenkarte** B2

Luxus pur: Einen Infinity-Pool mit Liegefläche, ein Restaurant mit Blick auf die Zitadelle und sogar private Villen mit eigenem Pool bietet La Villa auf einem Hügel über Calvi. Das kleine Paradies ist auf Ruhe bedacht, weshalb in den öffentlichen Bereichen sogar die Benutzung von Handys verboten ist. **www.hotel-lavilla.com**

CALVI The Manor (Chambres d'hôtes) €€€€€

Chemin Saint-Antoine, 20260 04 95 62 72 42 FAX 04 95 62 72 42 **Zimmer** 4 **Straßenkarte** B2

Das wunderschön restaurierte Haus mit großem Grundstück liegt eineinhalb Kilometer außerhalb der Stadt. Zwei Zimmer haben eine Verbindungstür und können als Suite angemietet werden. Oder man reserviert gleich das ganze Haus samt Personal. Das Frühstück ist inklusive. **www.manor-corsica.com**

CENTURI Le Vieux Moulin €€€

Centuri Port, 20238 04 95 35 60 15 FAX 04 95 35 60 24 **Zimmer** 22 **Straßenkarte** D1

Le Vieux Moulin ist ein umgebautes Gebäude im Stil eines amerikanischen Wohnhauses des 19. Jahrhunderts im Fischerdörfchen Centuri in der nordwestlichen Ecke des Cap Corse. Es bietet wunderbare Sicht auf den Hafen sowie ein bekanntes Gourmetrestaurant *(siehe S. 173)*, eines der besten auf der Halbinsel. **www.le-vieux-moulin.net**

ERBALUNGA Hôtel Demeure Castel Brando €€€

Erbalunga, 20222 04 95 30 10 30 FAX 04 95 33 98 18 **Zimmer** 45 **Straßenkarte** D1

Dies ist eines der zauberhaftesten Hotels ganz Korsikas in einem der malerischsten Ortschaften der Insel. Im ummauerten Garten kann man unter Olivenbäumen frühstücken. Am Strand ist man zu Fuß in fünf Minuten. Das Dekor ist eine Mischung aus Eleganz und Komfort. **www.castelbrando.com**

L'ÎLE ROUSSE Hôtel Le Grillon €

10, avenue Paul Doumer, 20220 04 95 60 00 49 FAX 04 95 60 43 69 **Zimmer** 16 **Straßenkarte** C2

Eine exzellente und preiswerte Unterkunft im hübschen Küstenort L'Île Rousse, gerade mal fünf Gehminuten vom Hauptplatz entfernt. Das Personal ist freundlich, die Gästezimmer sind schlicht und sauber – fragen Sie nach einem Zimmer im rückwärtigen Teil, weil dies die ruhigsten sind. **www.hotel-grillon.net**

L'ÎLE ROUSSE Splendid Hôtel €€

Avenue Comte Valéry, 20220 04 95 60 00 24 FAX 04 95 60 04 57 **Zimmer** 51 **Straßenkarte** C2

Das Highlight des Splendid ist sein großer Swimmingpool. Die strohgedeckte Bar inmitten von Palmen unterstreicht das exotische Inselflair. Die Zimmer mit hellen Wänden und großen Fenstern sind schlicht eingerichtet. Das Frühstück ist im Preis inbegriffen. **www.le-splendid-hotel.com**

L'ÎLE ROUSSE Hôtel Santa Maria €€€

Route du Port, 20220 04 95 63 05 05 FAX 04 95 60 32 48 **Zimmer** 56 **Straßenkarte** C2

Das bezaubernde Hotel an der Straße nach L'Île Rousse hat einen eigenen kleinen Strand. In ein paar Minuten ist man zu Fuß auf dem Hauptplatz der Stadt mit vielen Läden und Restaurants. Alle Zimmer haben eine Terrasse mit Berg- oder Meerblick. Im Juli und August gibt es im Restaurant Mittagessen. **www.hotelsantamaria.com**

L'ÎLE ROUSSE L'Escale Hôtel €€€

22, rue Notre Dame, 20220 04 95 63 01 70 FAX 04 95 39 22 10 **Zimmer** 12 und 2 Suiten **Straßenkarte** C2

Das Hotel L'Escale über dem gleichnamigen Restaurant schafft mit modernen Farben und ebensolchem Design ein echt zeitgenössisches Flair. Von den verspiegelten Fenstern hat man Blick auf das wenige Meter entfernt beginnende Meer – der Sonnenuntergang ist hier fantastisch. Sehr zuvorkommendes Personal. **www.hotellerousse.com**

L'ÎLE ROUSSE Hôtel Napoléon Bonaparte €€€€

3, place Paoli, 20220 04 95 60 06 09 FAX 04 95 60 11 51 **Zimmer** 92 **Straßenkarte** C2

Das Napoléon Bonaparte war einst die Residenz von Mohammed V., dem im Exil lebenden Sultan von Marokko. Paul Theroux wohnte hier 1978, als er die Insel erkundete. Das Hotel verströmt noch immer Grandeur, auch wenn es heute zumeist Pauschaltouristen beherbergt. Rufen Sie an, um nach freien Zimmern zu fragen.

MACINAGGIO U Libecciu €€€

Route de la Plage, 20248 04 95 35 43 22 FAX 04 95 35 46 08 **Zimmer** 30 **Straßenkarte** D1

Dieses Hotel beim Hafen von Macinaggio ist eine hervorragende Basis für die Erkundung des nördlichen Teils des Cap Corse. Das Dekor ist vielleicht etwas altmodisch, der Infinity-Pool und der Privatstrand fügen jedoch einen modernen Touch hinzu. Der Concierge organisiert gerne Ausflüge und andere Aktivitäten. **www.u-libecciu.com**

NONZA Casa Lisa (Chambres d'hôtes) €

Paule Patrizi Olmeta, 20217 04 95 37 83 52 oder 06 11 70 45 73 **Zimmer** 5 **Straßenkarte** D1

Nonza hoch über einem schwarzen Sandstrand sollte man unbedingt besuchen. Casa Lisas oft ausgebuchte Zimmer gen Westen muss man weit im Voraus reservieren – von hier sieht man die Sonne abends über dem Meer untergehen. Den gleichen Blick bietet die Terrasse, auf der die Gäste ihren Abendcocktail genießen können. **casalisa.free.fr**

PATRIMONIO U Lustincone €€

Route de Cap, 20253 04 95 37 15 28 **Zimmer** 9 **Straßenkarte** D2

Für Weinliebhaber ist ein Ausflug in Korsikas Patrimonio-Region Pflicht. Übernachten kann man im U Lustincone, einem freundlichen Hotel mit hervorragendem Restaurant. Frühstück ist inklusive. Die meisten Kellereien in der Nähe bieten Führungen an und schicken die eingekauften Weine für die Kunden nach Hause. **www.u-lustincone.com**

PIETRACORBARA Macchia e Mare €€

Marine de Pietracorbara, 20233 04 95 35 21 36 FAX 04 95 36 67 25 **Zimmer** 8 **Straßenkarte** D1

Im Macchia e Mare unweit Pietracorbaras weitläufigem Sandstrand hat man die Wahl zwischen Zimmern mit Terrasse und welchen mit kleinem Garten. Fast das ganze Jahr über geht es in Pietracorbara sehr geruhsam zu, und man kann herrliche Wanderungen unternehmen. Frühstück ist im Preis inbegriffen. **www.macchia-e-mare.com**

PIGNA Casa Musicale €€

Pigna, 20220 04 95 61 77 31 FAX 04 95 61 74 28 **Zimmer** 7 **Straßenkarte** C2

Pigna war in den 1960er Jahren das erste Balagne-Dorf, das sich um den Erhalt seines kulturellen Erbes bemühte. In diesem kleinen Hotel, zugleich Pignas Kulturzentrum, findet alljährlich das Festivoce, ein Festival traditioneller korsischer Musik, statt. Die Gästezimmer sind nach Musikrichtungen (z. B. Bassa) benannt. **www.casa-musicale.org**

SAINT-FLORENT Hôtel Maxime €

Route La Cathédrale, 20217 04 95 37 05 30 FAX 04 95 37 13 07 **Zimmer** 19 **Straßenkarte** D2

Abseits der Straße zur Kathedrale Santa Maria Assunta aus dem 12. Jahrhundert steht diese Villa, eine Oase der Ruhe und doch nur fünf Gehminuten vom turbulenten Hafen Saint-Florents entfernt. Die hübschen, luftigen Gästezimmer im obersten Stock bieten grandiose Sicht übers Meer.

SAINT-FLORENT Hôtel du Centre €€

Rue du Centre, 20217 04 95 37 00 68 FAX 04 95 37 41 01 **Zimmer** 12 **Straßenkarte** D2

Das Hôtel du Centre ist eine preisgünstige Unterkunft mitten in der Altstadt. Die Zimmer sind zwar eher klein, doch die zentrale Lage ist einfach unschlagbar. Die Gäste haben in unmittelbarer Umgebung die Wahl unter unzähligen Bars und Restaurants. *Nov–Apr.*

SAINT-FLORENT Hôtel de l'Europe €€

Place des Portes, 20217 04 95 37 00 03 FAX 04 95 37 17 36 **Zimmer** 17 **Straßenkarte** D2

Das Hôtel de l'Europe ist nicht das billigste in der Stadt, doch die Zimmer dieses Familienbetriebs haben viel Charakter, Terrakottaböden, weiße Leinenwäsche und dunkle Holzmöbel. Bitten Sie um ein Zimmer zum Hafen hin. Das exzellente Restaurant L'Auberge *(siehe S. 175)* befindet sich im selben Haus. **www.hotel-europe2.com**

SAINT-FLORENT Dolce Notte €€€

Plage de l'Ospedale, Route de Bastia, 20217 04 95 37 06 65 FAX 04 95 37 10 70 **Zimmer** 20 **Straßenkarte** D2

Etwas außerhalb der Stadt, in Richtung Cap Corse, steht dieses Refugium für Sonnenanbeter direkt am Strand. Die Zimmer im Erdgeschoss haben eine (gemeinsam genutzte) Terrasse. Ein wunderbarer Ort, um den Sonnenuntergang zu bestaunen. **www.hotel-dolce-notte.com**

Preiskategorien *siehe S. 158* **Zeichenerklärungen** *siehe hintere Umschlagklappe*

Ajaccio und die Westküste

AJACCIO Hôtel Kallisté €

51, cours Napoléon, 20000 Tel. *04 95 51 34 45* FAX *04 95 21 79 00* **Zimmer** 48 **Straßenkarte** B4

Obwohl das Hotel am verkehrsreichen Cours Napoléon steht, sind die sauberen Gästezimmer des Kallisté erstaunlich ruhig. Schmiedeeiserne Treppengeländer und unverputzte Steinwände geben dem Gebäude von 1864 einen rustikalen Touch. Unweit von Bahnhof und Busbahnhof. **www.hotel-kalliste-ajaccio.com**

AJACCIO Hôtel Fesch €€

7, rue Cardinal Fesch, 20000 Tel. *04 95 51 62 62* FAX *04 95 21 83 36* **Zimmer** 77 **Straßenkarte** B4

Dieses renommierte Hotel in einer verkehrsberuhigten Straße im Zentrum ist ganzjährig geöffnet und eine gute Ausgangsbasis für Ausflüge zu historischen Stätten in der Gegend. Zu Fuß ist man in ein paar Minuten an Napoléon Bonapartes Haus und am Museum Fesch. Die großen Zimmer haben solides Mobiliar. **www.hotel-fesch.com**

AJACCIO Hôtel Marengo €€

2, rue Marengo, 20000 Tel. *04 95 21 43 66* FAX *04 95 21 51 26* **Zimmer** 18 **Straßenkarte** B4

Eines der nettesten Hotels der Stadt mit kleinem Obst- und Blumengarten, nur einen Kilometer westlich der Altstadt gelegen, unweit vom Strand. Seit Langem ist das wunderbar abgeschieden wirkende Haus vor allem bei preisbewusst Reisenden beliebt. **www.hotel-marengo.com**

AJACCIO Hôtel du Palais €€

5, avenue Bévérini Vico, 20000 Tel. *04 95 22 73 68* FAX *04 95 20 67 11* **Zimmer** 14 **Straßenkarte** B4

Preisgünstige, sehr angenehme Unterkunft, etwa zehn Gehminuten von Ajaccios Altstadt entfernt. Nutzen Sie die Lage des Hotels, und bummeln Sie durch die umliegenden Straßen, um einen Eindruck vom Alltagsleben in dieser schönen Stadt zu bekommen. Frühstück ist im Preis inklusive. **www.hoteldupalaisajaccio.com**

AJACCIO Stella di Mare €€

Route des Îles Sanguinaires, 20000 Tel. *04 95 52 01 07* FAX *04 95 52 08 69* **Zimmer** 60 **Straßenkarte** B4

Das Stella di Mare ist ein erschwingliches Hotel direkt am Strand. Die Gäste können den Pool nutzen und auf der Terrasse einen Aperitif nehmen, während sie beobachten, wie der Sonnenuntergang die Îles Sanguinaires blutrot färbt. Halbpension gibt es nur im Juli und August (180 Euro). **www.hotel-stelladimare.com**

AJACCIO Hôtel du Golfe €€€

3, boulevard Roi Jérôme, 20000 Tel. *04 95 21 47 64* FAX *04 95 21 71 05* **Zimmer** 50 **Straßenkarte** B4

Das Hotel in Ajaccios Zentrum, gegenüber dem täglichen Lebensmittelmarkt, bietet Blick auf den belebten Hafen der Stadt. Ideal für Urlauber ohne eigenen Wagen, denn die öffentlichen Verkehrsmittel sind in unmittelbarer Nähe. Das Frühstück ist im Übernachtungspreis inbegriffen. **www.hoteldugolfe.com**

AJACCIO Hôtel Napoléon €€€

4, rue Lorenzo Vero, 20181 Tel. *04 95 51 54 00* FAX *04 95 21 80 40* **Zimmer** 62 **Straßenkarte** B4

Das etwas verschlissene Napoléon hat eine exzellente Lage – mitten im Stadtzentrum, nahe dem Hafen und dem Casino, gleich hinter dem Postamt – sowie überaus freundliche, hilfsbereite Angestellte. Fragen Sie nach einem Zimmer zum malerischen Zitrusgarten hin. Der kabellose Internet-Anschluss ist gratis. **www.hotelnapoleonajaccio.fr**

AJACCIO Hôtel San Carlu €€€

8, boulevard Danielle Casanova, 20000 Tel. *04 95 21 13 84* FAX *04 95 21 09 99* **Zimmer** 40 **Straßenkarte** B4

Die Zimmer des San Carlu sind zwar eher klein, aber die Lage des Hotels ist unschlagbar: am Rand der Altstadt, zwei Gehminuten von Napoléons Geburtshaus entfernt. Die Gäste können übers Meer und auf die imposante Zitadelle aus dem 15. Jahrhundert blicken. **www.hotel-sancarlu.com**

AJACCIO Eden Roc €€€€€

Route des Îles Sanguinaires, 20000 Tel. *04 95 51 56 00* FAX *04 95 52 05 03* **Zimmer** 40 **Straßenkarte** B4

Das exquisite Eden Roc wird seinem paradiesisch anmutenden Namen gerecht. Die Zimmer haben Blick auf den Golf von Ajaccio und die Îles Sanguinaires. Den Tag verbringt man entweder am Pool oder am Privatstrand – oder man lässt sich im Wellness-Bereich oder im türkischen Bad verwöhnen. **www.edenroc-corsica.fr**

AJACCIO Hôtel Dolce Vita €€€€€

Route des Îles Sanguinaires, 20000 Tel. *04 95 52 42 42* FAX *04 95 52 07 15* **Zimmer** 32 **Straßenkarte** B4

In den 1970er Jahren war das Dolce Vita ein Lieblingsort der französischen Prominenz, und noch immer steht es für Luxus und Eleganz. Dinieren Sie auf der Terrasse mit Meerblick, oder nippen Sie auf einer Terrasse unter einem Sonnenschirm an einem Cocktail. Halbpension ist obligatorisch und im Preis inbegriffen. **www.hotel-dolcevita.com**

AJACCIO Hôtel Palazzu u Domu €€€€€

17, rue Bonaparte, 20000 Tel. *04 95 50 00 20* FAX *04 95 50 02 19* **Zimmer** 45 **Straßenkarte** B4

Das Palazzu u Domu, eines der wenigen Hotels in Ajaccios Altstadt, verströmt unaufdringliche Eleganz. Jedes der individuell gestalteten Zimmer mit Steinböden und sanften natürlichen Farben ist einfach wunderschön. Das Gebäude selbst war einst das Wohnhaus des Grafen Pozzo di Borgo. **www.palazzu-domu.com**

Straßenkarte *siehe hintere Umschlaginnenseiten*

CARGÈSE Le Continental €

Route de Piana, 20130 ☎ *04 95 26 42 24* FAX *04 95 26 42 24* **Zimmer** *8* **Straßenkarte** *B3*

Das Continental in einem höher gelegenen Teil des Fischerdorfs Cargèse bietet grandiose Sicht aufs Meer und zur nahe gelegenen Plage du Péro. Die Zimmer sind schlicht, aber das Personal ist zuvorkommend, und das Restaurant serviert schmackhaftes Essen. Die beste Unterkunft in Cargèses Zentrum. **continentalhotel.free.fr**

CARGÈSE Hôtel Résidence Hélios €€€

Menasina, 20130 ☎ *04 95 26 41 24 oder 06 71 00 89 95* FAX *04 95 26 47 19* **Zimmer** *17* **Straßenkarte** *B4*

Das von Blumen bewachsene Hélios an einer Bucht bei Cargèse ist meist schon ab Februar ausgebucht, weshalb man frühzeitig reservieren sollte. Die wochenweise vermieteten Apartments für Selbstversorger haben eigene Terrassen und gemeinsame Gärten – ideal für den Familienurlaub. **www.locations-corse-cargese.com**

CARGÈSE Motel Ta Kladia €€€

Plage du Péro, 20130 ☎ *04 95 26 40 73* FAX *04 95 26 41 08* **Zimmer** *30* **Straßenkarte** *B3*

Genießen Sie ein geruhsames Abendessen unter tropischen Palmen und dazu den Blick auf den Sandstrand. Das Motel Ta Kladia, drei Kilometer außerhalb des Zentrums, ist das nördlichst gelegene Hotel an der schönen Plage du Péro. Die Studios sind auf vier Personen ausgerichtet. **www.motel-takladia.com**

GALÉRIA L'Auberge €€

Centre du village, 20245 ☎ *04 95 62 00 15* **Zimmer** *6* **Straßenkarte** *B3*

Das von einer Familie geführte kleine Hotel mitten in Galérias Altstadt steht zwischen Steinbauten und Terrassengärten. Die einfachen, aber hübschen Zimmer garantieren einen angenehmen Aufenthalt. Im Restaurant werden herzhafte Lokalspezialitäten serviert. **www.auberge-corse.com**

PIANA Hôtel des Calanches €

Entrée Village, 20115 ☎ *04 95 27 82 08* **Zimmer** *17* **Straßenkarte** *B3*

Die Gästezimmer sind sauber und schlicht – die meisten Gäste verbringen den Tag draußen mit der Erkundung der Gegend. Die atemberaubenden Calanches gehören zum UNESCO-Welterbe, entsprechend viel besucht ist die Gegend im Sommer – reservieren Sie also weit im Voraus. **www.hotel-des-calanches.com**

PIANA Hôtel Continental €

Piana, 20115 ☎ *04 95 27 89 00* FAX *04 95 27 84 71* **Zimmer** *17* **Straßenkarte** *B3*

Seit 1912 führt die gleiche Familie das ganzjährig geöffnete, einladende Continental. Sie haben die Wahl zwischen einem Zimmer im Hotel im Zentrum (mit Gemeinschaftsbädern) oder einem im etwas teureren, einen Kilometer entfernt stehenden Gebäude. Das Frühstück im Garten ist im Preis inbegriffen. **www.continentalpiana.com**

PIANA Les Roches Rouges €€

Route Porto, 20115 ☎ *04 95 27 81 81* FAX *04 95 27 81 76* **Zimmer** *30* **Straßenkarte** *B3*

Dieses prächtige, 1912 erbaute Hotel hat viel Charme sowie große, schlicht möblierte Zimmer mit Blick auf die Bucht von Porto (die die UNESCO zu einer der fünf schönsten Buchten kürte). Es gibt auch hervorragende Restaurants, eine hübsche Terrasse und einen Garten. ● *Nov–März.* **www.lesrochesrouges.com**

PORTO Le Maquis €

Porto, 20150 ☎ *04 95 26 12 19* FAX *04 95 26 18 55* **Zimmer** *6* **Straßenkarte** *B3*

Le Maquis, ein ruhiges, von einer Familie geführtes Hotel außerhalb der Stadt an der Küstenstraße nach Calvi, bietet fabelhafte Aussicht auf die Berge, komfortable Zimmer und einen beschaulichen Garten. Für solch ein unprätentiöses Etablissement serviert das Restaurant überraschend gehobene Küche. Parkplätze vorhanden. ● *Dez, Jan.*

PORTO Bella Vista Hôtel €€

Route de Calvi, 20150 ☎ *04 95 26 11 08* FAX *04 95 26 15 18* **Zimmer** *18* **Straßenkarte** *B3*

Das nette Hotel am Nordende der Stadt wird seinem Namen gerecht: Der Blick auf den Hafen und die Stadt ist wirklich schön. Das Frühstück (11 Euro pro Person) mit Wurst und Käse aus der Region, Quiches und selbst gebackenem Brot ist üppig und vielfältig. **www.hotel-bellavista.net**

PORTO Hôtel Le Colombo €€

Route de Calvi, 20150 ☎ *04 95 26 10 14* FAX *04 95 26 19 90* **Zimmer** *16* **Straßenkarte** *B3*

Die Zimmer des Colombo sind individuell dekoriert, aber alle in nautischer Thematik. Überall findet man Muscheln, und an jeder Ecke ist man sich bewusst, dass das Meer nicht weit ist. Das Hotel bietet ein umfangreiches korsisches Frühstück (im Preis inklusive) und großartige Aussicht über Porto. **www.hotellecolombo.com**

PORTO Le Subrini €€€

La Marine de Porto, 20150 ☎ *04 95 26 14 94* FAX *04 95 26 11 57* **Zimmer** *23* **Straßenkarte** *B3*

Direkt an Portos Yachthafen, 20 Meter vom Meer entfernt, steht dieses Hotel, ideal für alle, die mitten im Trubel residieren möchten. Die Zimmer zum Meer hin haben herrlichen Blick übers Wasser und über das Geschehen am Hafen. Das Frühstück ist im Zimmerpreis inbegriffen. **www.hotels-porto.com/subrini**

SAGONE Hôtel Cyrnos €€

Sagone, 20118 ☎ *04 95 28 00 01* FAX *04 95 28 00 77* **Zimmer** *24* **Straßenkarte** *B4*

Sagone hat im Sommer das Flair eines typischen Ferienorts: lebhaft, voller Leute und viele Unterhaltungsangebote. Das Cyrnos befindet sich im Zentrum all dessen. Sie können vom Zimmer aus direkt an den Strand gehen oder an den zahlreichen Segel- und Tauchausflügen des Hotels teilnehmen. **www.hotelcyrnos.com**

Preiskategorien *siehe S. 158* **Zeichenerklärungen** *siehe hintere Umschlagklappe*

SERRIERA Hôtel Stella Marina €€

Plage de Bussaglia, 20147 04 95 26 11 18 FAX 04 95 26 12 74 **Zimmer** 20 **Straßenkarte** B3

Etwas abseits der üblichen Touristenpfade liegt die malerische Plage de Bussaglia, wo Kühe an den beiden Strandrestaurants vorüberstapfen. Vom Stella Marina aus, fünf Gehminuten entfernt, kann man die Gegend und die nahe gelegene Stadt Porto erkunden. **www.hotel-stella-marina.com**

SERRIERA Eden Park €€€€€

Golfe de Porto, 20147 04 95 26 10 60 FAX 04 95 26 14 74 **Zimmer** 35 **Straßenkarte** B3

Ein kleiner Garten Eden an Portos Stadtrand. Kletterpflanzen, der Duft der Feigenbäume, der Pool und das Wellness-Zentrum sorgen dafür, dass man sich hier einfach wohlfühlen muss. Gönnen Sie sich ein Gourmetmenü im Restaurant L'Acropole und später am Abend einen Drink in der Pianobar. Frühstück ist inklusive. **www.hotels-porto.com**

Bonifacio und der Süden

BONIFACIO Hôtel des Étrangers €

Avenue Sylver Bohn, 20169 04 95 73 01 09 FAX 04 95 73 16 97 **Zimmer** 31 **Straßenkarte** C6

Dieses Hotel am Nordrand der Stadt, gleich beim Hafen, ist die beste günstige Unterkunft in dem für seine wohlhabenden Sommerurlauber bekannten Bonifacio. Das mehrsprachige Personal ist sehr zuvorkommend. Die schnörkellosen Gästezimmer sind sauber, das Frühstück ist lecker. **hoteldesetrangers.ifrance.com**

BONIFACIO Hôtel du Roy d'Aragon €€

13, quai Comparetti, Port de Plaisance, 20169 04 95 73 03 99 FAX 04 95 73 07 94 **Zimmer** 31 **Straßenkarte** C6

Das vermutlich günstigste Hotel am Quai Comparetti bietet schlichte, aber recht große Gästezimmer. Fragen Sie nach einem Zimmer in den oberen zwei Etagen, die eigene Terrasse mit Blick auf den Hafen haben. Für Gäste mit schmaler Reisekasse gibt es auch billigere Zimmer, aber leider ohne Aussicht. **www.royaragon.com**

BONIFACIO Hôtel Santa Teresa €€

Quartier Saint-François, 20690 04 95 73 11 32 FAX 04 95 73 15 99 **Zimmer** 48 **Straßenkarte** C6

Das 1897 auf den Klippen erbaute, eindrucksvolle Gebäude war ursprünglich eine Polizeigarnison. Einige der eleganten Gästezimmer haben Balkone mit herrlicher Aussicht übers Meer bis nach Sardinien. Gästeparkplätze sind vorhanden. *Mitte Okt–Apr.* **www.hotel-santateresa.com**

BONIFACIO La Caravelle €€€

35–37, quai Comparetti, 20169 04 95 73 00 03 FAX 04 95 73 00 41 **Zimmer** 28 **Straßenkarte** C6

Hotel, Restaurant und Pianobar: La Caravelle ist all dies zugleich. Die Zimmer sind klassisch französisch, mit Blumenmustern und frischen Blumen überall. Das Hotel steht am lebhaften Quai Comparetti – somit haben die Gäste die Auswahl unter vielen Bars und Restaurants direkt vor der Haustür. **www.hotel-caravelle-corse.com**

BONIFACIO Hôtel A Cheda €€€€

Cavallo Morto – BP 3, 20169 04 95 73 03 82 FAX 04 95 73 17 72 **Zimmer** 15 **Straßenkarte** C6

Das A Cheda, eine Mischung aus einer spanischen *hacienda* und einem afrikanischen Haus mit ein paar asiatischen Dekoelementen, befindet sich ein paar Kilometer nördlich von Bonifacio an der Straße nach Porto-Vecchio. Individuell gestaltete Zimmer, Pool und üppig grüner Garten. **www.acheda-hotel.com**

BONIFACIO Hôtel A Trama €€€€

Cartarana, Route de Santa Manza, 20169 04 95 73 17 17 FAX 04 95 73 17 79 **Zimmer** 25 **Straßenkarte** C6

Das Erste, das am A Trama ins Auge fällt, ist die ungewöhnliche Anordnung der Gästezimmer im Bauernhofstil. Das kleine, malerische Hotel an der Straße zu den schönen Stränden der Südostküste ist ideal für Urlauber mit eigenem Wagen. **www.a-trama.com**

BONIFACIO Hôtel du Golfe €€€€

Lieu-dit Sant'Amanza, 20169 04 95 73 05 91 FAX 04 95 73 17 18 **Zimmer** 12 **Straßenkarte** C6

Ruhiges Hotel mit einfachen Zimmern am Stadtrand, nahe den Sandstränden am Golf von Sant'Amanza. Das Hotel ist eine exzellente Unterkunft für Naturliebhaber mit eigenem Wagen. Das Restaurant des Hotels ist für seine köstliche Bouillabaisse bekannt. Halbpension ist obligatorisch und im Preis inbegriffen. **www.corsud.com/golfe**

BONIFACIO Hôtel Restaurant Centre Nautique €€€€

Quai Nord – BP 65, 20169 04 95 73 02 11 FAX 04 95 73 17 47 **Zimmer** 11 **Straßenkarte** C6

Das Boutique-Hotel mit – wie der Name schon sagt – nautischem Thema bietet herrlichen Blick auf Bonifacios Altstadt. In der Nähe gibt es zahlreiche Bars und Restaurants. Die besten Gästezimmer (nur Doppelzimmer) sind jene im ersten Stock zum Hafen hin. **www.centre-nautique.com**

BONIFACIO Le Genovese €€€€€

Quartier de la Citadelle, rue Prosper Mérimée, 20169 04 95 73 12 34 FAX 04 95 73 09 03 **Zimmer** 18 **Straßenk.** C6

Das Schwesterhotel des Centre Nautique *(siehe oben)* ist perfekt für den, der das Außergewöhnliche sucht. Die Zimmer sind entschieden luxuriös. Wenn Sie sich eine Übernachtung nicht leisten können, nehmen Sie wenigstens einen Drink und genießen die tolle Aussicht. **www.hotel-genovese.com**

Straßenkarte *siehe hintere Umschlaginnenseiten*

LECCI (PORTO-VECCHIO) Grand Hôtel de Cala Rossa €€€€€

Route de Cala-Rossa, 20137 04 95 71 61 51 FAX 04 95 71 60 11 **Zimmer** 48 **Straßenkarte** D5

Das häufig als bestes Hotel Korsikas bezeichnete Haus bietet seinen Gästen alle möglichen Annehmlichkeiten, z. B. Yoga und Moorpackungen oder Angeln auf einem hölzernen Pontonboot, und Extravaganz in unprätentiösem Ambiente. Halbpension ist von Mitte Juni bis Mitte September obligatorisch und inklusive. **www.cala-rossa.com**

PINARELLO (SAINTE-LUCIE DE PORTO-VECCHIO) Hôtel Le Pinarello €€€€€

Pinarello, 20144 04 95 71 44 39 FAX 04 95 70 66 87 **Zimmer** 24 **Straßenkarte** D5

Das moderne, erst kürzlich eröffnete Boutique-Hotel steht direkt am Strand etwas nördlich von Porto-Vecchio. Es ist ideal für einen luxuriösen, gesundheitsbewussten Urlaub. Kajaks und Motorboote kann man mieten, und an den nahen Stränden gibt es im Sommer unzählige Wassersportangebote. **www.lepinarello.com**

PORTO-POLLO Hôtel Les Eucalyptus €€€

Porto-Pollo, 20140 04 95 74 01 52 FAX 04 95 74 06 56 **Zimmer** 32 **Straßenkarte** B5

Les Eucalyptus in Porto-Pollo am Golfe de Valinco befindet sich ganz nahe am weitläufigen Sandstrand der Bucht. Das schlicht dekorierte Hotel ist eine gute Basis für Besuche von Korsikas prähistorischer Stätte Filitosa. Das Frühstück ist im Preis inbegriffen. **www.hoteleucalyptus.com**

PORTO-VECCHIO Hôtel Ranch Campo €€

Route de Palombaggia, 20137 04 95 70 13 27 FAX 04 95 70 67 90 **Zimmer** 18 **Straßenkarte** C6

Wenn Sie davon träumen, auf einem Pferd einen Sandstrand entlangzureiten – hier wird Ihr Traum wahr. Das Hotel, eigentlich eine Pferdefarm, befindet sich einen Kilometer vom weißen Palombaggia-Strand enfernt. Man kann in einer Mini-Villa mit eigener Terrasse und Garten übernachten. **www.ranchcampo.com**

PORTO-VECCHIO Chez Franca €€€

Route de Bonifacio, 20137 04 95 70 15 56 FAX 04 95 72 18 41 **Zimmer** 14 **Straßenkarte** C6

Dieses moderne Hotel zwischen Stadt und Hafen wurde erst vor Kurzem sorgfältig renoviert. Die herrlichen Strände von Santa Giulia und Palombaggia liegen ein paar Kilometer entfernt, außerdem kann man Ausflüge nach Zonza und Bavella unternehmen. ● *Dez.* **www.francahotel.com**

PORTO-VECCHIO Hôtel Holtzer €€€

12, rue Jean Jaurès, 20137 04 95 70 05 93 oder 06 10 35 61 80 FAX 04 95 70 47 92 **Zimmer** 30 **Straßenkarte** C6

Die günstigste Unterkunft in Porto-Vecchio liegt unweit der Altstadt. Abenteuerlustige können an der »Meer-und-Berge«-Tour teilnehmen, einer achttägigen Tour um die Insel – abends ist man jedoch immer in Porto-Vecchio zurück. Frühstück ist inklusive. Im August ist Halbpension obligatorisch. **www.corse-eternelle.com**

PORTO-VECCHIO Hôtel San Giovanni €€€

Route d'Arca, 20137 04 95 70 22 25 FAX 04 95 70 20 11 **Zimmer** 30 **Straßenkarte** C6

Das San Giovanni, eine kurze Fahrt von Porto-Vecchio entfernt, ist ein komfortables Hotel in Familienhand inmitten eines großen Anwesens. Hier findet man Ruhe und Entspannung, es gibt einen beheizten Pool, hervorragendes Essen und – das große Plus in der Hauptsaison – wonnige Stille. **www.hotel-san-giovanni.com**

PORTO-VECCHIO Kilina €€€

Route de Cala Rossa, 20137 04 95 71 60 43 FAX 04 95 71 68 21 **Zimmer** 61 **Straßenkarte** C6

Das Kilina hat das Flair eines Feriendorfs: Neun Gebäude verteilen sich auf einem großen Gelände, in der Mitte locken zwei große Pools. Das Hotel organisiert in der Hauptsaison Aktivitäten wie Familienunterhaltung am Strand oder einen Kinderclub. Im Juli und August kann man die Zimmer nur wochenweise mieten. **www.kilina.net**

PORTO-VECCHIO Hôtel E Casette €€€€€

Route de Palombaggia, 20137 04 95 70 13 66 FAX 04 95 70 46 97 **Zimmer** 11 **Straßenkarte** C6

Das E Casette am Golfe de Porto-Vecchio bietet einen unglaublich schönen Blick auf den Sonnenuntergang über der Altstadt. Die modernen Zimmer haben Bäder mit Dusche und Jacuzzi sowie eigene Terrassen. Dieses Hotel ist eines der romantischsten in dieser Gegend. **www.ecasette.com**

PORTO-VECCHIO Le Goéland €€€€€

La Marine, 20137 04 95 70 14 15 FAX 04 95 72 05 18 **Zimmer** 20 **Straßenkarte** C6

Le Goéland liegt wunderbar auf einem kleinen Landvorsprung im Meer, unweit von Porto-Vecchios Hafen. Das geschmackvoll dekorierte Hotel bietet seinen Gästen einen Privatstrand und einen Privathafen (für jene, die mit dem Boot anreisen). Halbpension ist von Mai bis September obligatorisch und inklusive. **www.hotelgoeland.com**

PROPRIANO Le Bellevue €€

Port de Plaisance, 20110 04 95 76 01 86 oder 06 87 78 69 23 FAX 04 95 76 38 94 **Zimmer** 16 **Straßenkarte** B5

Dieses Hotel an Proprianos Küstenstraße mit vielen anderen Hotels, Restaurants und Bars ist eine exzellente Wahl für junge und unternehmungslustige Reisende – alles passiert direkt vor der Haustür. Die Zimmer sind etwas nüchtern, aber die besten davon haben Balkon mit Meerblick. **www.hotels-propriano.com**

PROPRIANO Grand Hôtel Miramar €€€€€

Route de la Corniche, 20110 04 95 76 06 13 FAX 04 95 76 13 14 **Zimmer** 26 **Straßenkarte** B5

Das exklusivste Hotel in dieser Gegend. Die Unterkünfte reichen von de luxe bis absolut abgeschieden und privat. Mieten Sie eine Suite in der Villa Miramar, sonnen Sie sich am Pool, oder lassen Sie sich frischesten Fisch schmecken. Das Hotel bietet auch Picknickkörbe für romantische Ausflüge. **www.grandhotelmiramar.com**

Preiskategorien *siehe S. 158* **Zeichenerklärungen** *siehe hintere Umschlagklappe*

QUENZA Sole e Monti €€
Quenza, 20122 ☎ *04 95 78 62 53* FAX *04 95 78 63 88* **Zimmer** *20* **Straßenkarte** *C5*

Das Sole e Monte im malerischen Quenza ist eine perfekte Unterkunft für Wanderer. Auch im Sommer ist Quenza attraktiv (aber selbst im August wird es abends recht kühl!), doch die schönste Jahreszeit ist hier der Herbst. Das hervorragende Essen wird um einen offenen Kamin serviert. **www.solemonti.com**

SARTÈNE Hôtel des Roches €€
Rue Jean Jaurès, 20100 ☎ *04 95 77 07 61* FAX *04 95 77 19 93* **Zimmer** *60* **Straßenkarte** *C5*

Dieses Hotel am Rand von Sartènes Altstadt hat ein wunderbares Restaurant mit Panoramablick über das üppig grüne Tal. Das Hotel selbst ist recht modern, und auch die Zimmer haben Blick ins Tal. Hier lässt es sich herrlich entspannt Urlaub machen. **www.sartenehotel.fr**

SARTÈNE Hôtel Rossi €€
Quai Casabianca, Route de Propriano, 20100 ☎ *04 95 77 01 80* FAX *04 95 73 46 67* **Zimmer** *25* **Straßenkarte** *C5*

Das kleine, hübsche Hotel nur einen Kilometer außerhalb von Sartènes Altstadt bietet seinen Gästen einen schönen Garten und einen Pool mit Blick auf das umliegende Tal und die mittelalterliche Stadt. Obwohl das Rossi an der Hauptstraße liegt, ist man hier von Natur umgeben. **www.hotelfiordiribba.com**

SARTÈNE Hôtel St Damianu €€€
Quartier San Damien, 20100 ☎ *04 95 70 55 41* FAX *04 95 70 55 78* **Zimmer** *28* **Straßenkarte** *C5*

Die geräumigen, luftigen Zimmer in diesem schönen neuen Hotel haben Terrassen mit fabelhafter Sicht auf den Golfe de Valinco oder die Berge. Zum Angebot gehören ein großer Pool mit vielen Liegeflächen, ein Garten, ein türkisches Bad, Rollstuhl-Rampen, Parkplätze und ein exzellentes Restaurant. **www.sandamianu.fr**

Corte und das Landesinnere

CALACUCCIA L'Acqua Viva €€
Lieu-dit Scardacciole, 20224 ☎ *04 95 48 06 90* FAX *04 95 48 08 82* **Zimmer** *14* **Straßenkarte** *C3*

Das von einer Familie geführte Hotel in den korsischen Bergen ist eine ideale Unterkunft für Wanderer und Naturliebhaber. Die Zimmer sind schlicht, aber hell und luftig, und auf den eigenen Balkonen kann man bei toller Aussicht frühstücken. In der Sommerhitze kann man sich an den Radulle-Wasserfälle erfrischen. **www.acquaviva-fr.com**

CORTE Hôtel de la Paix €
9, avenue Général de Gaulle, 20250 ☎ *04 95 46 06 72* FAX *04 95 46 23 84* **Zimmer** *64* **Straßenkarte** *C3*

Dieses hübsche, 1932 in einer ruhigen Straße mitten im Zentrum erbaute Familienhotel wurde sorgfältig renoviert. Überall gibt es Parkettböden, eingie Zimmer haben Terrasse, jene nach hinten raus bieten Blick in den Garten und auf die Berge. Parkplätze gibt es in der Nähe. ● *10 Tage an Weihnachten.*

CORTE Hôtel Les Jardins de la Glaciere €€
Gorges de la Restonica, 20250 ☎ *04 95 45 27 00* FAX *04 95 45 27 01* **Zimmer** *20* **Straßenkarte** *C3*

Corte liegt nahe an dem wunderschönen Vallée de la Restonica, das man von diesem netten kleinen Hotel etwas außerhalb der Stadt erkunden kann. Am Rand des Gartens kann man in Flussbecken baden, das Frühstück wird auf der Terrasse am Flussufer serviert. Absolute Entspannung bietet der Jacuzzi. **www.lesjardinsdelaglaciere.com**

CORTE Hôtel du Nord et de l'Europe €€
22, cours Paoli, 20250 ☎ *04 95 46 00 68* FAX *04 95 46 03 40* **Zimmer** *15* **Straßenkarte** *C3*

Das Hotel direkt an Cortes Hauptstraße ist das älteste der Stadt. Der Eingangsbereich ist etwas düster, aber die einfach ausgestatteten Gästezimmer sind sehr sauber. Das üppige Frühstück für einen Euro (nicht inklusive) ist das Highlight des Hotels, außerdem gibt es kostenlosen Internet-Zugang. **www.hoteldunord-corte.com**

CORTE Hôtel Dominique Colonna €€€
Vallée de la Restonica, BP 83, 20250 ☎ *04 95 45 25 65* FAX *04 95 61 03 91* **Zimmer** *29* **Straßenkarte** *C3*

Das Dominique Colonna, eine kurze Autofahrt außerhalb des Zentrums, ist nach dem früheren Torwart der französischen Fußball-Nationalmannschaft benannt. Sein Enkel führt heute das Hotel am Flussufer im Vallée de la Restonica. Das Restaurant Auberge de la Restonica nebenan ist hervorragend. **www.dominique-colonna.com**

VENACO Paesotel e Caselle €€€€
Lieu-dit Polveroso, 20231 ☎ *04 95 47 39 00* FAX *04 95 47 06 65* **Zimmer** *47* **Straßenkarte** *C3*

Die geräumigen, ruhigen Zimmer in diesem Hotel mit Blick über das Valée du Tavignano haben das Flair traditioneller Schäferhütten. Man übernachtet im Haupgebäude oder in Bungalows, die aus Flussgestein gebaut wurden. Im Mai findet hier das lokale Käsefest statt. Im Juli und August ist Halbpension obligatorisch. **www.e-caselle.com**

VIZZAVONA Hôtel Monte d'Oro €
Col de Vizzavona RN 193, 20219 ☎ *04 95 47 21 06* FAX *04 95 47 22 05* **Zimmer** *45* **Straßenkarte** *C3*

In diesem zauberhaften Hotel (1880) im Wald zwischen Ajaccio und Bastia fühlt man sich wie in einem Agatha-Christie-Roman. Holzvertäfelte Gänge und ein eleganter Speisesaal gehören zur Ausstattung. Auch ein Ferienhaus *(gîte)* ist zu vermieten. ● *Nov–März.* **www.monte-oro.com**

Straßenkarte *siehe hintere Umschlaginnenseiten*

Restaurants

Ein Aperitif bei Sonnenuntergang am Hafen von Ajaccio, frischer gegrillter Fisch an einem Traumstrand auf Cap Corse, mit Brocciu gefüllte Cannelloni in einer Ferme-Auberge, ein raffiniertes Diner in einem eleganten Hotelrestaurant – in kulinarischer Hinsicht bietet Korsika eine köstliche Vielfalt. Nicht zu Unrecht geht die Liebe zu dieser Insel bei vielen auch durch den Magen. Die korsische Küche ist eine delikate Verbindung aus den Früchten des Meeres und des Landes, in der Regel von guter Qualität, aber nicht überteuert. Ideal für einen Imbiss sind Cafés und Bistros, preiswerte Mahlzeiten bieten v.a. in den Badeorten Pizzerien an. Typisch korsische Spezialitäten in schönem Ambiente werden häufig in den weniger touristischen Gebieten des Landesinneren serviert – oft lohnt deswegen auch von der Küste aus ein Ausflug ins Hinterland. In den Landgaststätten lockt zudem nicht nur die korsische Küche, sondern auch gelegentlich ein Schwätzchen mit den Einheimischen.

Der Salon de Thé in Ajaccio

Ein typisches kleines Strandlokal in Bussaglia bei Porto

Restaurants

Die Restaurants an der Küste servieren frischen Fisch, gegrillte Garnelen, Hummer, Sardinen mit frischem *brocciu*, eine köstliche Fischsuppe namens *aziminu* und andere Seafood-Spezialitäten. In diesen Lokalen kann man meist auch im Freien, etwa auf einer Terrasse oder an einer Hafenpromenade, schlemmen.

Zu den exklusiven Häusern in den Ferienorten zählen Le Floride *(siehe S. 176)* in Ajaccio sowie Jardin d'A Cheda *(siehe S. 177)* in Bonifacio. Zu den besten Fischrestaurants gehören Chez Huguette *(siehe S. 173)* in Bastia und Le Bout du Monde *(siehe S. 173)* in Calvi.

Exklusive Hotelrestaurants sind z. B. das Centre Nautique *(siehe S. 177)* in Bonifacio, das Grand Hôtel de Cala Rossa *(siehe S. 177)* in Lecci sowie Le Belvédère *(siehe S. 178)* in Porto-Vecchio. In einigen Hotels wie der Casa Musicale *(siehe S. 174)* in Pigna, werden nicht nur kulinarische, sondern auch kulturelle Traditionen gepflegt.

Restaurants mit der Bezeichnung *tables gastronomiques* bestechen durch garantierte Qualität, sorgfältige Zubereitung der Gerichte und exzellenten Service. Typische korsische Gerichte wie Wild, Wurst und hausgemachten Käse servieren *tables du terroir* genannte Lokale.

In den Badeorten bieten Bistros einfache Mahlzeiten wie Quiche, Käse- und Wurstteller. In den Pizzerien kann man oft auch Crêpes oder preisgünstige einheimische Gerichte bestellen.

In den Dörfern des Landesinneren sollte man in den Restaurants mit Lokalkolorit typisch korsische Spezialitäten wie Schinken, Salami und *figatellu* (Leberwurst) kosten. Die auf den *Seiten 172–179* empfohlenen Restaurants zählen zu den besten auf Korsika.

Ferme-Auberges

Exzellente Küche bieten die Ferme-Auberges genannten bäuerlichen Landgaststätten. Die hier offerierten Delikatessen – Käse, Gemüse und Wurst – stammen aus eigener Herstellung. Köstlich sind etwa die Spezialitäten aus Kastanienmehl der hervorragenden A Pignata *(siehe S. 177)* in Levie oder die selbst produzierten Käse der exzellenten La Bergerie d'Acciola *(siehe S. 178)* bei Sartène.

Die meisten Ferme-Auberges vermieten – im Sommer nur wöchentlich – Zimmer mit Halbpension.

In den meisten Restaurants kann man im Freien sitzen

Lebhafter Café-Betrieb im Schatten der Platanen

Bars und Cafés

Besonders an der Küste haben Bars und Cafés meist Tische im Freien, an denen Einheimische und Besucher zur Happy Hour bei einem Gläschen Pastis, Cap Corse oder einem korsischen Bier und Oliven vom anstrengenden Tagwerk entspannen.

Diese Cafés servieren zudem Frühstück, das man auch in vielen Bäckereien an kleinen Tischen einnehmen kann. Zur ersten Mahlzeit des Tages verzehrt man Croissants, Gebäck oder Kuchen (auch mit Kastanien oder Obst erhältlich).

Typisch korsische Cafés befinden sich an der Place St-Nicolas in Bastia, am Quai Landry in Calvi, am Hauptplatz in Porto-Vecchio und im Yachthafen von Ajaccio.

Frühstück

Zum typisch korsischen Frühstück *(petit déjeuner)* gehören Kaffee *(café au lait* oder *café crème)* und frisches Baguette mit Honig oder Marmelade, Croissants und *pains au chocolat*. Während die großen Hotels kontinentales Frühstück servieren, bekommt man auf dem Land meist hofeigene Produkte.

Preise und Bezahlung

In fast allen Restaurants kann man à la carte oder Menüs *(formules)* bestellen, deren Preise je nach Gericht variieren. Diese Menüs sind eine interessante Alternative, weil sie meist regionale Spezialitäten bieten. Auf diese Weise kommt man in den Genuss typisch korsischer Gerichte, die nur selten auf Speisekarten aufgeführt sind.

Für eine Mahlzeit in einem durchschnittlichen Lokal muss man mit 20–25 € rechnen, in Bistros und einfachen Gaststätten mit 13–15 €. Preiswerter (10–12 €) kann man in Pizzerien essen.

Restaurants akzeptieren in der Regel die in Europa gängigen Kreditkarten, kleinere Lokale in abgelegeneren Gebieten bisweilen nur Bargeld.

Öffnungszeiten und Reservierung

Die Öffnungszeiten auf Korsika entsprechen denen auf dem französischen Festland. Das Mittagessen wird von 12.30 bis 14.30 Uhr serviert, das Abendessen von 19.30 bis 22 Uhr – in den Ferienorten im Sommer häufig noch länger. In den Dörfern des Landesinneren sind die Öffnungszeiten kürzer. Viele Lokale haben an einem Tag in der Woche sowie eine gewisse Zeit in der Nebensaison geschlossen.

Tischreservierungen empfehlen sich im Sommer besonders abends.

Vegetarische Gerichte und behinderte Reisende

Vegetarier finden auf Korsika problemlos fleisch- oder fischlose Angebote, schließlich gibt es hier köstliche Omelettes, Käse, Pizzen und *cannelloni al brocciu.*

Rollstuhl- und behindertengerechte Einrichtungen sind dagegen eher die Ausnahme. Dies gilt besonders für die historischen Stadtzentren und Dörfer, obwohl vielerorts bereits die neuen Vorschriften umgesetzt wurden. Ein Führer mit allen rollstuhlgerechten Einrichtungen Frankreichs und Korsikas ist bei Holiday Care *(siehe S. 197)* erhältlich.

Kleidung und Rauchen

Elegante Kleidung ist nur in exklusiven Restaurants erforderlich. Dennoch sollte man bitte auch an der Küste nicht in Badekleidung in Speiselokalen erscheinen.

Das Rauchen ist seit Januar 2008 in den meisten Lokalen verboten.

Elegant bis zu den Serviettenspitzen: La Caravelle *(siehe S. 177)*, Bonifacio

Korsische Spezialitäten

Korsikas Küche reflektiert jahrhundertelange fremdländische Einflüsse, bewahrt aber zugleich stolz ihre eigene Identität. Die Griechen und Phönizier brachten Oliven und Wein, die Genuesen führten im 16. Jahrhundert Kastanien ein. Klementinen wurden erst im 20. Jahrhundert angebaut. Diese Früchte sowie Schweinefleisch, Wild, Meeresfrüchte und Kräuter spielen heute in der Regionalküche eine große Rolle. Klima, Boden, Küste und Geschichte tragen dazu bei, dass hier so vieles gedeiht, und manche Produkte findet man fast nur auf Korsika. Auf ihre Wurstwaren und Käse *(siehe S. 97)* etwa sind die Korsen zu Recht stolz.

Klementinen

Würste aus Eselfleisch auf Bastias Bauernmarkt

Fleisch und Seafood

Ziegenkitz ist auf Korsika sehr beliebt, ebenso Schwein (u.a. für die berühmten Würste). Es wird viel Wild gejagt, wie Wildschwein, Hase, Taube und Rebhuhn. Aus den im Hochland frei herumlaufenden schwarzen Schweinen stellen die Korsen Schinken und Würste her, die eher an Italien als an Frankreich erinnern. *Prisuttu* ist geräucherter Schinken, der ein bis zwei Jahre lang zum Trocknen aufgehängt wird. *Salsiccia* und *salamu* sind luftgetrocknete Würste aus Schweinehack. *Coppa*, Rollschinken, und *lonzu*, Lachsschinken, werden leicht geräuchert. Das ungewöhnlichste Produkt ist *figatellu*, eine dunkle, U-förmige Räucherleberwurst, die gegrillt oder kalt gegessen wird.

Aus Korsikas Meer kommen z.B. Barbe, Barsch, Schwertfisch, Seeteufel, Sardinen, Sardellen, Hummer, Tintenfisch, Seegurke und Garnele. Austern und Muscheln werden im Étang de Diane in Korsikas Osten gezüchtet.

Käse

Eine Käsesorte, der Sie auf Korsika mit Sicherheit in der einen oder anderen Form begegnen werden, ist

In Korsikas Gewässern gefangene Meeresfrüchte

Korsische Gerichte und Spezialitäten

Oliven und Olivenöl

Zahlreiche Pastagerichte zeugen von Korsikas italienischer Vergangenheit: von Makkaroni mit *stufatu* und mit Brocciu gefüllte Ravioli oder Cannelloni bis zu Wildschwein-Lasagne. Frischer Fisch wird über Holzkohle gegrillt oder zu einer Suppe namens *aziminu* verarbeitet. Seegurken *(oursins)* werden im Winter gern ausgelöffelt. Wildschwein und Zicklein werden gegart oder mit Kräutern und Knoblauch gebraten. Spanferkel wird mit Kräutern gebraten, Lamm, Hase oder Kalb werden mit Oliven und Tomaten gekocht. Es gibt viele Gemüsegratins, Bohnengerichte und herzhafte Suppen und Eintöpfe. Das bekannteste Dessert ist *fiadone*, andere bestehen aus Kastanienmehl (z.B. *fritelli*) Feigen oder Klementinen.

Soupe corse *besteht aus weißen Bohnen, Zwiebeln, Kohl, anderem Gemüse, Schinken und Nudeln.*

Käsestand auf Ajaccios Markt unter freiem Himmel

Brocciu oder Brucciu, ein milder weißer, Ricotta ähnlicher Käse. Er wird aus Molke hergestellt und zumeist frisch – innerhalb von 48 Stunden – verzehrt, mit Zucker bestreut oder als Zutat diverser Gerichte. Andere korsische Käse sind nach der Region, in der sie erstmals produziert wurden, benannt, wie Niolo, Venaco, Sartène und Bastelicaccia, oder tragen Sortenbezeichnungen wie Tome oder Tomme. Die Bandbreite reicht von mildem, halbfestem Käse mit eingeriebener Rinde bis zu Hartkäse, der mit dem Alter immer aromatischer wird und so lange reifen kann, bis er bröckelig wird. Neuere Käsevarianten sind z. B. Brin d'Amour, der in Kräutern gerollt wird, und Bleu de Corse, ein dem Roquefort ähnlicher blauer Schafmilchkäse.

Obst und Gemüse

Auf Korsika werden alle möglichen Zitrusfrüchte angebaut, auch Kumquats. Die kernlosen Klementinen sind eines der Hauptanbauprodukte der Insel und werden aufs Festland exportiert. Die korsische, sehr aromatische Klementine ist klein und fest und hat eine dünne Schale. Daneben wachsen exotische Arten wie Kaktusfeigen und Erdbeerbäume *(arbousier)*. Zu den gängigen Gemüsesorten gehören Auberginen, Zucchini, Bohnen, Mangold, Tomaten und Paprikaschoten. Einige der Olivenbäume im Süden sind über 1000 Jahre alt. Der Kastanienbaum wird *l'arbre à pain* (Brotbaum) genannt, weil die Korsen (mangels Getreide) aus den Kastanien einst Mehl gewannen. Heute werden Kastanien häufig in der Küche verwendet, zuweilen noch immer als Mehl.

Kastanien reifen unter der korsischen Sonne am Baum

Auf der Speisekarte

Canistrelli Kastanienkekse

Civet de sanglier aux châtaignes In Rotwein gegartes Wildschwein mit Kastanien

Courgettes farcies Mit Fleisch, Käse und Gemüse gefüllte gebackene Zucchini

Pulenda Polenta aus Kastanienmehl

Ragoût de cabri In Rotwein gegartes Zicklein mit Zwiebeln

Stufatu Schweine-, Rind- und Lammfleisch und Schinken in Rotwein gekocht und mit Nudeln serviert

Tianu d'agneau aux olives Mit Kräutern und Oliven gegarter Lammrücken

Cabri roti, *kross gebratenes Zicklein, gespickt mit Rosmarin und Knoblauch, ist ein Festschmaus.*

Rouget aux anchois, *Meerbarbenfilets mit pikanter Sardellenfüllung, werden knusprig gebraten.*

Fiadone *ist ein Käsekuchen aus getrocknetem Brocciu, Eiern, Zucker und Zitronenschale.*

Korsische Getränke

Schon in der Antike bauten Griechen und Römer auf Korsika Wein an. Dies beweisen Amphoren, die in Wracks von vor der Ostküste gesunkenen Schiffen gefunden wurden. Die vollmundigen, fruchtigen, schweren korsischen Weine werden aus lokalen Rebsorten – Sciaccarellu, Niellucciu und Vermentinu – gekeltert, die im Lauf der Jahre mit anderen Sorten vom Festland gekreuzt wurden. In neun Anbaugebieten wächst Wein der höchsten französischen Qualitätsstufe AOC *(Appellation d'Origine Controlée).* Darüber hinaus werden auf Korsika verschiedene Liköre und Weinbrände aus Macchiapflanzen wie Myrte oder Erdbeerbaum gebrannt, in deren Aroma der Duft Korsikas eingefangen ist. Durst löschen aber auch Mineralwässer aus heimischen Quellen und aromatisierte Biersorten.

Die Terrasse des Café Napoléon an der Place St-Nicolas in Bastia

Liköre und Aperitife

Der klassische korsische Aperitif ist der Anislikör Pastis (im Sommer mit Eis!). Andere Liköre werden aus Myrte, Baumerdbeeren oder Zitrusobst destilliert. In der Castagniccia brennt man auch einen Kastanienlikör.

Cap Corse *ist ein auch im Ausland bekannter Klassiker. Sein unverwechselbarer bitterer Geschmack stammt von dem beigefügten Chinin. Stilecht kauft man ihn in dem 1872 gegründeten Traditionshaus Maison Mattei* (siehe S. 63) *in Bastia.*

Zitronenlikör

Mandarinen

Limonen

Wasser und Bier

Das korsische Mineralwasser stammt aus den Bergen, wo es abgefüllt und auf der ganzen Insel vertrieben wird. Auf Korsika wird aber auch stark aromatisiertes Bier gebraut.

Zilia, Mineralwasser

Orezza, Mineralwasser

St-Georges, Mineralwasser

Drei Biersorten *werden auf Korsika gebraut. Für das bernsteinfarbene Pietra werden auch Kastanien vergoren, Serena ist eine helle Biersorte und Colomba ein Weizenbier, das dank der beigefügten Myrte sehr eigen schmeckt.*

Das bekannteste *kohlensäurehaltige (*pétillante*) Mineralwasser ist Orezza aus der Castagniccia. Es wird auf ganz Korsika und sogar an Pariser Nobelrestaurants verkauft. Weitere Mineralwasser stammen aus den Zilia-Quellen in der Balagne oder aus St-Georges in der Nähe von Ajaccio.*

Wein

Auf den Etiketten korsischer Weine steht der Name der AOC-Region, aus der sie stammen – Ajaccio, Calvi, Coteaux du Cap Corse, Figari, Patrimonio, Porto-Vecchio oder Sartène, Muscat du Cap Corse oder Vins de Corse. Weiterhin geben sie den Namen der Kellerei an, dem entweder *Clos* oder *Domaine* voransteht. Die Bezeichnungen sind ein Garant dafür, dass der Wein in dem angegebenen Weingut gekeltert wurde.

Etikett eines AOC Cap Corse

AOC Coteaux du Cap Corse

AOC Vins de Corse

Zu den besten *korsischen Weißweinen gehört der fruchtige Malvasia aus Trauben der terrassierten Weinberge des Cap Corse. Aus der AOC-Region Patrimonio kommt der bekannte, trockene Weißwein Niellucciu aus einer einheimischen Rebe. Weitere erstklassige Tropfen sind die Weine der AOC-Region Muscat du Cap Corse.*

AOC Patrimonio

AOC Vins de Corse

Unter den beliebten *Rosé-Weinen sind die aus den AOC-Regionen Porto-Vecchio, Patrimonio und Vins de Corse ganz hervorragend. Sie werden aus den lokalen Rebsorten Niellucciu und Sciaccarellu gekeltert und mit weiteren Sorten zu hochwertigen Weinen mit einem feinen Bukett verschnitten.*

Empfohlene AOC-Kellereien

Die besten Weine sind direkt bei den Kellereien erhältlich.

AOC Ajaccio
A Cantina, Les Marines, Porticcio.
☎ *04 95 25 08 90.* FAX *04 95 24 38 07.*
Clos Capitoro, Ajaccio.
☎ *04 95 25 19 61.* FAX *04 95 25 19 33.*

AOC Calvi
Domaine Balaninu Nobile, Calvi. ☎ *04 95 65 20 55.*

AOC Figari
Olmu di Cagna, Coopérative di Figari. ☎ *04 95 71 87 42.*
Domaine de Tanella, Figari. ☎ *04 95 71 00 25.*

AOC Muscat du Cap Corse
Clos Nicrosi, Rogliano.
☎ *04 95 35 41 17.* FAX *04 95 35 47 94.*
Domaine de Pietri, Morsiglia (für Rappu).
☎ *04 95 35 60 93.*

AOC Patrimonio
Domaine Gentile, St-Florent. ☎ *04 95 37 01 54.*

AOC Porto-Vecchio
Domaine de Torraccia, Lecci, Porto-Vecchio.
☎ *04 95 71 43 50.*

AOC Sartène
Domaine San Michèle.
☎ *04 95 77 06 38.*

AOC Vins de Corse
Le Clos Lea, Aléria. ☎ *04 95 57 13 60.*

Die vollmundigen Rotweine *mit dem reichen Bukett werden meist aus lokalen Rebsorten gekeltert. Die besten Rotweine Korsikas stammen aus der AOC-Region Patrimonio, wo das milde Klima und der besonders für den Weinanbau geeignete Boden köstliche Reben wachsen lassen. Kenner goutieren auch die Roten aus der AOC-Region Ajaccio aus Sciaccarellu-Trauben, die einem Beaujolais in nichts nachstehen. Empfehlenswert sind zudem die Roten der AOC-Regionen Coteaux du Cap Corse, Figari, Porto-Vecchio und Sartène.*

AOC Patrimonio

Dessertweine *werden meist auf Cap Corse und im Patrimonio produziert. Zu den besten zählen der weiße Muscat und der rote Aleatico. Ein seltener weißer Dessertwein von Cap Corse ist der Rappu, der nur direkt beim Winzer erhältlich ist. Rappu ist die perfekte Ergänzung zu allen trockenen Desserts.*

Etikett eines Weines aus der AOC-Region Muscat du Cap Corse

Restaurantauswahl

Die Restaurants in dieser Liste wurden wegen ihrer hohen Qualität, ihrer interessanten Lage und ihres guten Preis-Leistungs-Verhältnisses ausgewählt. Sie sind nach Regionen angeordnet. Die Kartenverweise beziehen sich auf die Straßenkarte von Korsika auf der hinteren Umschlagklappe.

PREISKATEGORIEN
für ein dreigängiges Menü pro Person mit einer halben Flasche Hauswein, inklusive Steuern und Service:

€ unter 25 Euro
€€ 25–40 Euro
€€€ 40–55 Euro
€€€€ über 55 Euro

BASTIA UND DER NORDEN

ALGAJOLA La Vieille Cave — €€

9, place de l'Olmo ☎ *04 95 60 70 09* — **Straßenkarte** C2

Folgen Sie einfach den Einheimischen, und Sie gelangen ins La Vieille Cave, ein traditionelles korsisches Restaurant nahe am Strand. Die stimmungsvolle Kulisse bilden Algajolas Burgmauern und das Meer. Essen Sie auf der blumenbewachsenen Terrasse Tagesspezialitäten mit Fisch und Fleisch.

ALGAJOLA U Castellu — €€

10, place Château ☎ *04 95 60 78 75* — **Straßenkarte** C2

Es gibt kaum malerischere Plätze als das U Castellu am Abend: Holztische und -stühle stehen auf einer Terrasse unterhalb der Zitadelle. Auf der Speisekarte stehen moderne Varianten korsischer Klassiker. Besonders köstlich sind die Hauptgerichte wie Sardellen-Paprika-Pinienkern-Tarte.

BASTIA Cocovert — €

4, cours Pierangeli, 20200 ☎ *04 95 32 79 54* — **Straßenkarte** D2

Das Cocovert, eine Mischung aus Feinkostladen und Restaurant, bietet die besten regionalen Produkte, ob roh oder gekocht. Essen Sie hier zu Mittag, und nehmen Sie sich die Zutaten mit, um die Rezepte daheim nachzukochen. Es gibt auch eine interessante Auswahl an Sandwiches.

BASTIA Chez Anna — €€

3, rue Jean Casale, 20200 ☎ *04 95 31 83 84* — **Straßenkarte** D2

Wenn Sie auf der Place Saint-Nicholas stehen, sehen Sie am Ende einer Gasse das Chez Anna: Es ist das von Kletterpflanzen bewachsene Haus mit den schönen Lampen. Die Gewölbedecke und weiße Tischwäsche geben den Ton an, zu essen gibt es einfache (aber erstklassige) Pizzas und wechselnde Spezialitäten des Tages.

BASTIA L'Agua — €€

Le Vieux Port, 20200 ☎ *04 95 38 43 71* — **Straßenkarte** D2

L'Agua im Vieux Port öffnete erst im Februar 2007. Schwarze Wände und Stoffe im Leopardenmuster bestimmen das eher schlichte Ambiente. Probieren Sie sommerliche Gerichte wie gebratene Kirschtomaten mit Mozzarella oder Salat aus Seebarbe und Zitrusfrüchten – eine interessante, aber sehr köstliche Mischung.

BASTIA Le Caveau de Marin — €€

Quai des Martyrs de la Libération, 20200 ☎ *04 95 31 62 31* — **Straßenkarte** D2

Dieses hervorragende Restaurant an der Promenade beim Vieux Port bietet seinen Gästen Regionalspezialitäten und frisches Seafood. Auf der Karte stehen z. B. Pasta mit *boutargue* (Meeräschenrogen), Grillfleisch und Langusten aus den nahen Lagunen. Man kann auf der kleinen Terrasse oder im eleganten Speisesaal essen.

BASTIA Le 10 Rue Napoléon — €€

10, rue Napoléon, 20200 ☎ *04 95 36 46 87* — **Straßenkarte** D2

In diesem winzigen Restaurant hinter der Chapelle Saint-Roch gibt es ausschließlich weibliche Angestellte. Das Dekor ist elegant, das Essen schlicht – jeden Tag gibt es zehn saisonale Gerichte. Probieren Sie z. B. Mangold-Ziegenkäse-Tarte und danach eines der phänomenalen Desserts für 5,50 bis 6,50 Euro.

BASTIA U Tianu — €€

4, rue Monseigneur Rigo, 20200 ☎ *04 95 31 36 67* — **Straßenkarte** D2

Wenn Sie an einem Wochenendabend an diesem kleinen Lokal vorbeikommen, sehen Sie Menschenmassen, die sich die Treppe hochkämpfen. Für unschlagbare 23 Euro bekommen Sie eine Vor- und eine Hauptspeise, das Essen ist durchweg hervorragend. Häufig gibt es einfache Gerichte wie Kichererbsensalat und gefüllte Sardinen.

BASTIA Au Café des Intimes — €€€

9, place Hôtel de Ville, 20200 ☎ *04 95 31 87 23* — **Straßenkarte** D2

In diesem Restaurant am lebhaften Marktplatz hat man sich auf die Küche des Mittleren Ostens – wie etwa Couscous oder Tangines mit frischem Fisch – spezialisiert. Wenn Sie großen Hunger haben, bestellen Sie Royal Couscous mit Hühnchen, Lamm, Hackbällchen und Gemüse und danach geeiste Crème caramel mit heißer Schokosauce.

Zeichenerklärungen *siehe hintere Umschlagklappe*

BASTIA Le Bouchon €€€

4 bis, rue Saint-Jean (Le Vieux Port), 20200 *04 95 58 14 22* **Straßenkarte** *D2*

Le Bouchon ist eine elegante und eher französisch denn korsisch anmutende Weinbar mit Bistro. Zu den Spezialitäten gehören gebratene *foie gras* und Spanferkel in Weinsauce. Beenden Sie das Mahl mit einer hervorragenden Auswahl korsischer Käse und Schinken.

BASTIA Chez Huguette €€€€

Le Vieux Port, 20200 *04 95 31 37 60* **Straßenkarte** *D2*

Chez Huguette in einer Ecke von Bastias Vieux Port fällt nicht sofort ins Auge, doch im Inneren des exklusiven Restaurants mit zwei Michelin-Sternen herrscht bescheidene Noblesse. Serviert werden elegante, jedoch schlichte Delikatessen wie Cap-Corse-Langusten (der Preis richtet sich nach dem Gewicht). Sehr gute Weinkarte.

BASTIA Le Table du Marché Saint-Jean €€€€

Place du Marché, 20200 *04 95 31 64 25* **Straßenkarte** *D2*

Seafood-Restaurant nach echt französischem Format: Hier hat der Gast die Wahl unter sättigenden Spezialitäten aus dem Meer. Zu Mittag gibt es ein Menü für 25 Euro – ein Schnäppchen! Auf der Karte stehen auch ein paar typisch korsische Fleischgerichte.

CALVI L'Abri Côtier €€

Rue Joffre, 20260 *04 95 65 12 76* **Straßenkarte** *B2*

Genießen Sie in diesem Hafenlokal den Panoramablick aus den großen Fenstern und die schön präsentierte kosmopolitische Küche. Im Angebot stehen z. B. Sushi mit Ingwer, Fisch-Carpaccio, Entenbrust, Wolfsbarsch mit Zitrusfrüchten sowie korsisches Kalb. Probieren Sie zum Nachtisch Kastanienmakronen mit Eis. *Mitte Nov–Mitte März.*

CALVI U Casanu €€

18, boulevard Wilson, 20260 *04 95 65 00 10* **Straßenkarte** *B2*

Minzgrüne Sitzecken und lustige Poster aus den 1920er Jahren kennzeichnen dieses kleine korsische Lokal. Auf der Speisekarte stehen hauptsächlich traditionelle, herzhafte Gerichte wie Kutteln auf korsische Art und in Tomaten und Rotwein gekochter Oktopus. Reservieren Sie einen Tisch im Voraus, besonders in der Hauptsaison.

CALVI U Fornu €€

Impasse du Boulevard Wilson, 20260 *04 95 65 27 60* **Straßenkarte** *B2*

Das U Fornu beim Boulevard Wilson, einer der Hauptgeschäftsstraßen der Stadt, serviert – auch auf der schattigen Terrasse – traditionelle Gerichte in großzügigen Portionen. Probieren Sie Wildschweineintopf oder frischen Kalmar in eigener Tinte. Eine Spezialität des Hauses ist der Käsekuchen *fiadone*.

CALVI Le Bout du Monde €€€

Plage du Calvi, 20260 *04 95 65 15 41* **Straßenkarte** *B2*

Exzellentes Essen erwartet den Gast dieses netten und zugleich noblen Strandrestaurants. Man hat die Qual der Wahl zwischen Seafood-Platten, Langusten-Ravioli, Muscheln in Orangenbutter, gegrillten Rippchen und riesigen Salaten. Als Desserts sind karamellisierter Apfelkuchen oder Kastaniencreme zu empfehlen. *Winter: mittags; Feb.*

CALVI L'Emile's Restaurant €€€€

Quai Landry, 20260 *04 95 65 09 60* **Straßenkarte** *B2*

Wer in Calvi nobel französisch essen möchte, geht ins L'Emile's mit Blick über den Hafen. Von der Terrasse kann man die Schönen und Reichen auf ihren majestätischen Yachten beobachten, während man sich an iranischem Kaviar (in 50-Gramm-Portionen) gütlich tut. Die meisten Weine kann man per Glas, passend zu den Gerichten, ordern.

CALVI U Callelu €€€€

Quai Landry, 20260 *04 95 65 22 18* **Straßenkarte** *B2*

Das U Callelu unterscheidet sich von außen nicht von den anderen Restaurants am lebhaften Quai Landry, doch es bietet den frischesten Fisch in dieser Gegend. Probieren Sie Schwertfisch-Tartar mit Olivenöl-Zitronen-Dressing – oder bestellen Sie einfach ein Angebot des Tages.

CALVI U Minellu €€€€

Traverse de l'Église, 20260 *04 95 65 05 52* **Straßenkarte** *B2*

Dies ist eines der besten Lokale in Calvi, um Regionalspezialitäten zu essen und sich unter die Einheimischen zu mischen. Setzen Sie sich auf die farbenfrohe Terrasse mit Glaslaternen, und bestellen Sie das Tagesmenü. Im Angebot stehen je nach Jahreszeit z. B. Cannelloni mit Mangold-Brocciu-Füllung oder Lauchtarte.

CENTURI Le Vieux Moulin €€

Centuri Port, 20238 *04 95 35 60 15* **Straßenkarte** *D1*

Le Vieux Moulin ist das luxuriöseste Speiselokal im Fischerdorf Centuri. Es befindet sich im ehemaligen Palais Olivari, das Ende des 19. Jahrhunderts erbaut wurde. Wie nicht anders zu erwarten, sind alle Fisch- und Seafood-Gerichte erstklassig – besonders aber die Langusten.

ERBALUNGA A Piazzetta €€

Place du Village, 20222 *04 95 33 28 69* **Straßenkarte** *D1*

Meistens ist das A Piazzetta bereits ab 12.30 Uhr voll besetzt. Die Terrasse an Erbalungas Hauptplatz lockt Einheimische wie Besucher an, die hier Mittelmeerküche mit neuen Anklängen essen – z. B. gegrilltes Gemüse mit paniertem Mozzarella oder Spaghetti mit *boutargue* (Meeräschenrogen). Hervorragend fürs Mittagessen.

Straßenkarte *siehe hintere Umschlaginnenseiten*

ERBALUNGA Le Pirate €€€€
Place Marc Barobu, 20222 04 95 33 24 20 **Straßenkarte** *D1*

Hier werden Sie richtig verwöhnt: Das Essen ist ausgezeichnet, das Weinangebot ebenso. Das»Menu Découverte« (60 Euro) besteht aus einfallsreichen Kreationen. Für 26 Euro zusätzlich empfiehlt der Sommelier vier Weine (ein Glas pro Gang), die perfekt zu den Gerichten passen.

L'ÎLE ROUSSE A Siesta €
Promenade à Marinella, 20220 04 95 60 28 74 FAX 04 95 60 27 03 **Straßenkarte** *C2*

Frisches Seafood ist der Stolz dieses angesagten Strandrestaurants. An warmen Abenden stehen die Tische direkt auf dem Strand, und die Gäste essen unter den Sternen, mit den Füßen im Sand, z. B. Spinnenkrabben, Hummer, Bouillabaisse, Meeresfrüchte-Ravioli und Fisch-Carpaccio sowie exzellente Desserts und Weine. *Jan–März.*

L'ÎLE ROUSSE Les Gourmands ... dissent €
Rue Notre-Dame, 20220 04 95 34 20 74 **Straßenkarte** *C2*

Von *fougasse* (einem weichen Brot) mit Lachs-Kirschtomaten-Füllung bis zu Gebäck und Schokoladen-Fondue – das kleine Restaurant serviert alles, was es in der dazugehörigen Bäckerei zu kaufen gibt. Gehen Sie hier frühstücken (mit Saft, Heißgetränken, Gebäck, Brot und Marmelade), oder gönnen Sie sich einen Imbiss am Nachmittag.

L'ÎLE ROUSSE L'Île d'Or €
Place Paoli, 20220 04 95 60 12 05 **Straßenkarte** *C2*

L'Île d'Or mit seiner Terrasse an einer Ecke des Hauptplatzes ist der perfekte Ort für ein Mittagessen an einem heißen Tag. Das zu Mittag und zu Abend geöffnete Restaurant bietet eine große Speisenauswahl, von Pizza bis Salat, sowie regionale Spezialitäten für jeden Geschmack und jedes Budget.

L'ÎLE ROUSSE A Quadera €€
6, rue Napoléon, 20220 04 95 60 44 52 **Straßenkarte** *C2*

A Quadera ist nur eine Öffnung in einer Mauer. Lassen Sie sich aber von der geringen Größe nicht abschrecken. Die Besitzer sind fröhlich und zuvorkommend, die regionalen Spezialitäten hervorragend. Probieren Sie »Die Suppe meiner Frau« (traditionell korsisch) oder »Mr. Jojos Salat« (Ziegenkäse, Honig und *panzetta*, Räucherschinken).

L'ÎLE ROUSSE U Spuntinu €€
1, rue Napoléon, 20220 04 95 60 00 05 **Straßenkarte** *C2*

Die Köche bei U Spuntinu (wörtlich »ein Imbiss«) kreieren stolz ausschließlich echt korsische Gerichte aus frischesten Produkten der Region. Ungewöhnlich sind z. B. Zucchinibällchen und die Wildkräuter-*brocciu*-Tarte. Zu empfehlen ist auch das sehr günstige dreigängige Mittagsmenü.

MACINAGGIO U Lampione €€
Marina, 20248 04 95 35 45 55 **Straßenkarte** *D1*

Das bodenständige Restaurant an Macinaggios Hafen bietet seinen Gästen eine große Auswahl an frischem Fisch und knusprigen Pizzas sowie Hummer (in der Saison). Setzen Sie sich nachmittags auf die schattige Terrasse, und schauen Sie während des Essens den Booten beim Ein- und Auslaufen zu.

MACINAGGIO Maison Bellini €€€
Marina, 20248 04 95 35 40 37 **Straßenkarte** *D1*

Die Maison Bellini liegt recht abgeschieden am nördlichen Ende des Hafens. Auf der rustikalen Holzterrasse stehen Tische mit weißen Decken. Das Restaurant ist bekannt für seine Fischsuppe und wird gerne von wohlhabenden Yachtbesitzern frequentiert.

OLMI CAPPELLA La Tornadia €€
Route de la Forêt de Tartagines, Pioggiola, 20259 04 95 61 90 93 **Straßenkarte** *C2*

Genießen Sie unter Kastanienbäumen echt korsische Küche. Die ungewöhnlichen Bergspezialitäten wie geschmortes Kalbfleisch in Blaubeersauce bekommt man sonst kaum auf Korsika. Pioggiola, das höchstgelegene Dorf in der Giussani-Region, bietet zudem herrliche Aussicht über das üppig grüne Tal darunter.

PIGNA A Casarella €€
Pigna, 20220 04 95 61 78 08 **Straßenkarte** *C2*

Essen Sie zu Mittag mit Blick aufs Mittelmeer, lauschen Sie korsischen Gitarrenklängen, und trinken Sie dazu frisch gepressten Saft aus biologisch angebauten Früchten. Die klassisch korsischen Gerichte haben modernen Touch, z. B. *Brocciu*-Zucchini-Salat mit Möhrenraspeln, Minze und Paprika-Confit. Es gibt auch kleine Probierportionen.

PIGNA Casa Musicale €€
Pigna, 20220 04 95 61 77 31 **Straßenkarte** *C2*

In diesem Restaurant im verkehrsberuhigten Dorf Pigna bekommen Sie unverfälscht authentische korsische Gerichte. Die Casa Musicale hat sich dem Erhalt des kulturellen und gastronomischen Erbes verschrieben und ist auf der ganzen Insel bekannt. Reservieren Sie auf jeden Fall telefonisch einen Tisch.

SAINT-FLORENT César €€
Saint-Florent Port, 20217 04 95 37 15 33 **Straßenkarte** *D2*

Das César an Saint-Florents Hafen ist ein lebhaftes, sehr beliebtes Lokal. Bestellen Sie Muscheln oder selbst gemachte Pasta, dazu hier produzierten Patrimonio-Wein. Ein idealer Ort, um mit Kindern essen zu gehen, da auf der Karte viele Angebote speziell für die Kleinen stehen.

Preiskategorien *siehe S. 172* **Zeichenerklärungen** *siehe hintere Umschlagklappe*

SAINT-FLORENT L'Arriere Cour €€

Place Doria, 20217 04 95 35 33 62 **Straßenkarte** D2

Gleich an der Place Doria befindet sich L'Arriere Cou, eine *crêperie* mit einem riesigen Angebot an süßen und pikanten Crêpes und zugleich ein Restaurant mit traditionell korsischer Küche. Auf der bepflanzten Terrasse kann man sich von der Sommerhitze erholen. Probieren Sie knusprige *beignets de fromage frais*, gebratene Käsebällchen.

SAINT-FLORENT L'Auberge de l'Europe €€

Saint-Florent Port, 20217 04 95 37 00 03 **Straßenkarte** D2

Dies ist zweifellos Saint-Florents bestes Restaurant. Es gehört zum Hôtel de l'Europe und bietet wunderbaren Blick auf den Hafen. Für 28 Euro bekommt man ein köstliches Drei-Gänge-Menü. Zu den Spezialitäten gehören dünn aufgeschnittener Schwertfisch in Kapern-Zitronen-Tomaten-Dressing und *Brocciu*-Ravioli in Spinatsauce.

SAINT-FLORENT La Rascasse €€€

Rue Strada Nova, 20217 04 95 37 06 99 **Straßenkarte** D2

Einfallsreiche Küche ist die Norm in diesem gehobenen Fischrestaurant direkt am Hafen. Machen Sie es sich auf der Terrasse bequem, und beobachten Sie die Yachten, während Sie auf Fischsuppe, Seafood-Risotto oder gegrillten Tintenfisch oder Hummer warten, und gönnen Sie sich zum Abschluss eines der leckeren Desserts.

Ajaccio und die Westküste

AJACCIO Auberge du Cheval Blanc €€

18, rue Bonaparte, 20000 04 95 21 17 98 **Straßenkarte** B4

Die Auberge du Cheval Blanc, Pizzeria und Restaurant zugleich, ist vor allem bei Ajaccios Jugend sehr beliebt. In rustikalem Ambiente werden günstige, einfache, aber schmackhafte Gerichte serviert. Die mediterrane Küche zeigt Einflüsse aus Italien, Südfrankreich und freilich Korsika.

AJACCIO Auberge Colomba €€

3, rue Trois Marie, 20000 04 95 51 30 55 **Straßenkarte** B4

Das exzellente kleine Restaurant unter einer Markise am Rand einer Treppe, die runter zum Hafen führt, ist auf hochwertige französische Küche spezialisiert, mit Gerichten wie *foie gras* aus der Pfanne und traditionelleren regionalen Kompositionen. Die Salate sind außergewöhnlich frisch und abwechslungsreich.

AJACCIO Chez Paulo €€

7, rue Roi de Rome, 20000 04 95 51 16 47 **Straßenkarte** B4

Große Holztische und junge, freundliche Bedienungen erwarten Sie im Chez Paulo, einem legeren Lokal, in dem man eine schnelle Pizza oder eine ganze Mahlzeit zu sich nehmen kann. Wenn Ihnen nach Wildschwein ist, bestellen Sie das »Menu Maquis« (19 Euro). Ab 22 Uhr gibt es korsisches Cabaret mit Liedern und Gitarrenmusik.

AJACCIO Da Mamma €€

Passage Guinguetta, 20000 04 95 21 39 44 **Straßenkarte** B4

Das Da Mamma in einer kleinen Gasse ist etwas schwer zu finden, aber auch eines der besten Restaurants der Stadt. Die Küche verwendet ausschließlich Produkte der Insel. Setzen Sie sich an einen der drei Tische im Freien unter Kletterpflanzen und einem großen Gummibaum oder aber in den Innenraum mit Gewölbedecke.

AJACCIO Le Spago €€

Rue Emmanuel Arène, 20000 04 95 21 15 71 **Straßenkarte** B4

Alles in diesem ultramodernen Etablissement ist absolut cool, besonders die grellgrünen Tischdecken und die weißen Gartenmöbel, die einen starken Kontrast zur antiken Umgebung bilden. Eine junge Gästeschar und laute Musik machen Le Spago zu einem lebhaften und fröhlichen Lokal.

AJACCIO Pampasgiolu €€

15, rue de la Porta, 20000 04 95 50 71 52 **Straßenkarte** B4

In diesem beliebten Restaurant in der Altstadt sollten Sie auf jeden Fall einen Tisch reservieren. In den rustikalen Speiseräumen und auf der kleinen Terrasse können Sie dann z. B. *Spuntini*(Snack)-Platten mit frischem Fisch oder Fleisch oder auch Entenbrust mit Birnen genießen. Lecker zum Nachtisch: Kastanien-Fondant. *Mo Mittag; So.*

AJACCIO Restaurant des Halles €€

4, rue des Halles, 20000 04 95 21 42 68 **Straßenkarte** B4

Das 1933 eröffnete Restaurant hat ein paarmal die Besitzer gewechselt, ist aber nach wie vor ein Favorit der Einheimischen. Abends werden die Gäste mit Live-Musik unterhalten, während sie sich die Tagesspezialitäten schmecken lassen. Das Restaurant ist für *aïoli*, eine Knoblauch-Mayonnaise, berühmt, die zu Fisch und Gemüse gereicht wird.

AJACCIO Le 20123 €€€

2, rue Roi de Rome, 20000 04 95 21 50 05 **Straßenkarte** B4

Das 1987 in Pila-Canale gegründete korsische Gourmetrestaurant zog 1998 nach Ajaccio um. Hier bestellt man selten à la carte, sondern wählt das täglich wechselnde Menü, das aus einer wunderbaren Auswahl an Gerichten besteht, die Sie ansonsten vielleicht nie probieren würden.

Straßenkarte *siehe hintere Umschlaginnenseiten*

AJACCIO Le Floride €€€

Route Amirauté, Port Charles Ornano, 20090 04 95 22 67 48 **Straßenkarte** B4

Das zauberhafte Lokal am Hafen ist für seine frischen Seegurken, Riesengarnelen und andere Meeresfrüchte bekannt. Gleich nebenan befindet sich das Bistro Le Floride mit günstigeren Angeboten wie den berühmten *bruschette* (getoastetes Brot mit Tomatenstückchen, Weichkäse und Gemüse).

AJACCIO Le Grand Café Napoléon €€€

10, cours Napoléon, 20000 04 95 21 42 54 **Straßenkarte** B4

Inselrestaurants haben zumeist sonnige Terrassen, doch das Le Grand Café Napoléon, das älteste Lokal der Stadt, bietet ausschließlich einen Innenraum mit viel Charakter. Die Stühle sind mit schönen Stoffen bezogen, an den Wänden hängen Fotografien vom alten Ajaccio. Ideal für den Aperitif vor dem Abendessen.

AJACCIO Palm Beach €€€

Route des Sanguinaires, 20000 04 95 52 01 03 **Straßenkarte** B4

Das exzellente Strandrestaurant an der Straße zu den Îles Sanguinaires hat einen eleganten Speisesaal und eine Terrasse mit Blick über die Bucht. Der englische Küchenchef zaubert sorgfältig zubereitete Gerichte wie Wolfsbarsch im Salzmantel, Lammrücken in Kräuterkruste oder Rinderfilet mit wildem Knoblauch. Die Desserts sind lecker und üppig.

CUTTOLI CORTICHIATTO A Casetta €€€

Lieu-dit Cantege Canale, 20167 04 95 25 66 59 **Straßenkarte** B4

Hier serviert man französisch-korsische Küche aus lokalen Produkten von den Bergen und aus dem Meer: in Räucherschinken gewickelte Riesengarnelen oder auch Entenfilet mit karamellisierten Steinpilzen. Hervorragende und wunderschön präsentierte Desserts runden die Mahlzeit ab.

OTA Chez Félix €€

Ota, 20150 04 95 26 12 92 **Straßenkarte** B3

Dieses Restaurant bietet eine der besten Küchen in der Region Ota-Porto. Die traditionell korsischen Gerichte basieren auf den seit Generationen überlieferten Familienrezepten des Besitzers Félix Ceccaldi. Schleckermäulchen haben hier jeden Tag die Qual der Wahl unter 13 göttlichen Desserts.

PIANA Hôtel Les Roches Rouges €€€

Piana, 20115 04 95 27 81 81 **Straßenkarte** B3

Die schöne Terrasse des Hôtel Les Roches Rouges *(siehe S. 162)* ist einer der beliebtesten Plätze ganz Korsikas für den Cocktail bei Sonnenuntergang. Danach können Sie im Art-déco-Speisesaal mit hohen Decken und Fresken ihr Gourmetmahl einnehmen. Die leutselige Wirtin Madame Mady trägt zum Charme des Restaurants bei.

PISCIATELLO Auberge du Prunelli €€

Bastelicaccia, 20129 04 95 20 02 75 **Straßenkarte** B4

Diese herausragende *auberge* südlich von Ajaccio bewirtete schon viele prominente Gäste, darunter den französischen Schauspieler Alain Delon. Viele der Regionalspezialitäten bestehen aus Produkten, die Besitzer René Orlandazzi selbst sammelt. Das knisternde Feuer im offenen Kamin schafft im Winter behagliche Stimmung.

PORTICCIO L'Arbousier €€€€

Hôtel Le Maquis, 20166 04 95 25 05 55 **Straßenkarte** B4

Die Oberkellner Georges und Antoine dirigieren seit 27 Jahren den erstklassigen Service in diesem Nobelrestaurant. Probieren Sie das zweimal gekochte Täubchen in Myrte-Wein-Sauce oder den Lammbraten mit Rosmarin. Auf der hübschen Westterrasse kann man hervorragend den Sonnenuntergang bestaunen.

PORTO Mini-Golfe €€

Porto Marina, 20150 04 95 26 17 55 **Straßenkarte** B3

Lassen Sie Portos Hauptkomplex mit Restaurants und Läden hinter sich, und überqueren Sie die japanisch anmutende Holzbrücke zu diesem Refugium mit Eukalyptusbäumen. Auf der Karte stehen Grillgerichte, Meeresfrüchtesalate und Pasta, alles mit einem orientalischen Hauch (der Küchenchef kommt von den Antillen). *Okt–Apr.*

PORTO Le Maquis €€€

Porto par Ota, 20150 04 95 26 12 19 **Straßenkarte** B3

Gourmetküche und fabelhafte Sicht über Porto bietet Le Maquis im Norden der Stadt. Das Restaurant hat Tische drinnen und draußen auf der Terrasse, zu essen gibt es Delikatessen wie Ravioli mit Muschelfüllung und Gemüsesauce. Die selbst gemachten Desserts sind sündhaft lecker.

SAGONE A Stonda €€

Sagone, 20118 04 95 28 01 66 **Straßenkarte** B4

Nur eine Straße trennt dieses Lokal am Ortsrand vom Meer. Das A Stonda ist eines der beliebtesten Restaurants in dieser Region und serviert frische Fleisch- und Fischgerichte. Im Sommer genießt man auf der großen hölzernen Terrasse zudem die kühlende Meeresbrise, im Winter serviert man traditionelle korsische Bergspezialitäten.

SAGONE L'Ancura €€€

Port de Sagone, 20118 04 95 28 04 93 **Straßenkarte** B4

Das winzige Restaurant am Hafen ist auf Pizza und Fisch spezialisiert, beides aus dem Holzofen. Von den zwei Terrassen überblickt man die Fischerboote, die die Restaurantküche mit frischestem Fisch beliefern. Besonders lecker sind auch die Kebabs vom Holzkohlengrill und die himmlische Fischsuppe.

Bonifacio und der Süden

BONIFACIO A Manichella €€

Place du Marché, Haute Ville, 20169 04 95 73 12 75 **Straßenkarte** C6

Das A Manichella bietet preiswertes Essen in glamourösem Ambiente. An klaren Tagen reicht der Blick von der Terrasse bis nach Sardinien. Zu den Spezialitäten gehören große Salate und Crêpes, aber auch die Tagesangebote sind immer gut – oder bestellen Sie die Probierplatte *assiette degustation* (10,70 Euro) mit saisonalen Gerichten.

BONIFACIO Cantina Doria €€

27, rue Doria, 20169 04 95 73 50 49 **Straßenkarte** C6

Ein kleiner Raum mit gedämpftem Licht, Holztischen und -bänken – die Cantina Doria wirkt wie ein gemütlicher Pub. Das bei den jungen, modebewussten Anwohnern beliebte Lokal ist ideal, um Regionalspezialitäten oder eine leichte korsische Mahlzeit aus Suppe und Dessert (12,50 Euro) zu essen. Die Rezepte stammen aus dem Landesinneren.

BONIFACIO The Kissing Pigs €€

15, quai Banda del Ferro, 20169 04 95 73 56 09 **Straßenkarte** C6

Wer kann einem Lokal mit diesem Namen widerstehen? In dieser Weinbar mit Restaurant am Hafen kann man alle Getränke flaschen- oder glasweise bestellen. Zu essen gibt es z. B. Grillgerichte und Salate aus Bergkäse und geräuchertem Schweinefleisch.

BONIFACIO Hôtel Restaurant du Centre Nautique €€€

Quai Nord, BP 65, 20169 04 95 73 50 44 **Straßenkarte** C6

Eine kulinarische Erfahrung, die Sie nie vergessen werden, bietet dieses Restaurant. Die Rezepte stammen aus dem Süden der Insel, der Schwerpunkt liegt bei der Kombination von Meeresfrüchten und Produkten der Berge. So stehen auf der Karte etwa in wildem Fenchel marinierte gegrillte Riesengarnelen.

BONIFACIO La Caravelle €€€

37, quai Camparetti, 20169 04 95 73 00 03 **Straßenkarte** C6

Das eleganteste Speiselokal am lebhaften Kai bietet seinen Gästen frisches Seafood in Gerichten wie Hummer-Risotto, Meeresfrüchteplatte und Langusten in Basilikumbutter. Zum Käse werden Walnüsse und Dörrbirnen gereicht, in der Dessertliste findet man Klassiker wie Crêpes Suzette. Reservieren Sie einen Tisch – und brezeln Sie sich auf.

BONIFACIO Les 4 Vents €€€

La Marine, 20169 04 95 73 07 50 **Straßenkarte** C6

Das Dekor ist vielleicht ein bisschen kitschig (unzählige Fähnchen hängen von der Decke), doch im Sommer serviert man hier mit den frischesten Fisch in ganz Bonifacio. In den Wintermonaten stehen dagegen Spezialitäten aus dem Elsass auf der Speisekarte.

BONIFACIO Au Jardin d'A Cheda €€€€

Cavallo Morto, BP 3, 20169 04 95 73 03 82 **Straßenkarte** C6

Der Garten kombiniert mediterrane Wildnis mit asiatischer Dekoration. Das leise Plätschern der Brunnen bildet den passend exotischen Hintergrund für die moderne korsische Küche von Chefkoch Sébastien Mortet. Wählen Sie eines der Überraschungsmenüs (vier oder fünf Gänge, 68–79 Euro), um seine neuesten Kreationen zu probieren.

BONIFACIO Stella d'Oro »Chez Jules« €€€€

7, rue Doria, 20169 04 95 73 03 63 **Straßenkarte** C6

In der noblen traditionellen Taverne in Bonifacios Altstadt bekommt man Gourmetversionen traditioneller korsischer Gerichte, wie z. B. Kaninchen mit Salbei-Zitronen-Confit oder die Spezialität des Hauses: Auberginen *à la bonifacienne* (mit Ei und Semmelbröseln). Beliebt bei französischen Prominenten wie Johnny Hallyday.

CAMPOMORO Hôtel Restaurant le Ressac €€

Belvedere, 20110 04 95 74 22 25 **Straßenkarte** B5

Das von einer Familie geführte Restaurant des Hôtel le Ressac an Campomoros langem Strand hat die beste Küche am Golfe de Valinco zu bieten. Im Angebot stehen korsische Klassiker mit viel frischem Fisch. Auch die Pizzas aus dem Holzofen sind sehr zu empfehlen.

LECCI Grand Hôtel de Cala Rossa €€€€

Lecci, 20137 04 95 71 61 51 **Straßenkarte** D5

Ein Michelin-Stern, Tische im Garten und ein Pfad zu einem Privatstrand machen ein Essen in diesem exklusiven Restaurant zum unvergesslichen Erlebnis. Es ist nicht billig, aber die Küche verwendet auch wirklich die frischesten und besten Produkte der Region. Ideal für ein romantisches Candle-Light-Dinner unterm Sternenhimmel.

LEVIE A Pignata €€€

Route du Pianu, 20170 04 95 78 41 90 **Straßenkarte** C5

Für ein Essen im A Pignata, einem der ältesten Bauernhof-Restaurants im Süden der Insel, muss man einen Tisch reservieren. Es ist auf Regionalküche wie Wildschwein-Eintopf spezialisiert. Die *auberge* befindet sich gerade mal drei Kilometer von den archäologischen Stätten Cucuruzzu und Capula entfernt.

Straßenkarte *siehe hintere Umschlaginnenseiten*

PINARELLO La Fleur de Sel €€€
Pinarello, 20144 04 95 71 06 49 **Straßenkarte** *D5*

Rund um einen Olivenbaum stehen die Tische des Fleur de Sel unweit des herrlichen Pinarello-Strands. Das Angebot an Gourmetgerichten ist nicht sehr groß, aber jeder wird etwas nach seinem Geschmack finden. Probieren Sie z. B. den Zackenbarsch in Salzkruste mit einer Birne und Muskatweinsauce.

PORTO-VECCHIO A Cantina di l'Orriu €€
5, cours Napoléon, 20137 04 95 70 26 21 **Straßenkarte** *C6*

Die Tische vor der Cantina di l'Orriu, gleich bei der Place de la République, laden dazu ein, sich zu setzen und ein Glas kühlen Wein zu trinken. Zu den fantastischen Aperitif-Angeboten gehört etwa ein Glas AOC-Calvi-Weißwein mit Toast und Olivenpaste. Im Laden nebenan können Sie lokale Delikatessen für zu Hause kaufen.

PORTO-VECCHIO L'Endroit €€
3, rue Général de Gaulle 04 95 70 63 63 **Straßenkarte** *C6*

Beige, verwinkelt und vor allem modern ist dieses Café am Rand von Porto-Vecchios Altstadt. Hier kann man wunderbar ein schnelles, leichtes Mittagessen aus frischesten Produkten zu sich nehmen. Unbedingt probieren sollte man auch eines der vielen kaffeehaltigen Getränke.

PORTO-VECCHIO Le Tourisme €€
Cours Napoléon, 20137 04 95 70 06 45 **Straßenkarte** *C6*

Dieses beliebte Etablissement gegenüber der Kirche ist im Brasserie-Stil dekoriert. Serviert werden provenzalische und korsische Spezialitäten, darunter eine große Auswahl an Fischgerichten, in der Saison auch Kalb und Wild. Wenn Sie 24 Stunden vorher anrufen, besorgt der Wirt gerne Hummer für Sie. *So Mittag.*

PORTO-VECCHIO Chez Anna €€€
16, rue Camille de Rocca Serra, 20137 04 95 70 19 97 **Straßenkarte** *C6*

Das modern-minimalistische Chez Anna kombiniert korsische Regionalrezepte mit rustikaler italienischer Küche. Die selbst gemachten Pastagerichte und frischen Meeresfrüchte, z. B. Gnocchi mit Muscheln, sind hervorragend, ebenso die Desserts. Der Innenraum ist etwas überfüllt, dafür entschädigt aber die große Terrasse.

PORTO-VECCHIO Le Bistro €€€
4, quai Paoli, 20137 04 95 70 22 96 **Straßenkarte** *C6*

Dieses lebhafte Speiselokal im Yachthafen hat einen hübschen Speiseraum und eine große Terrasse. Auf der Speisekarte steht frisches Seafood, z. B. Meerbarbe mit Sardellen und Tomaten und gegrillte Langusten. Exzellent sind auch Rindfleisch-Tartar und Wildschwein-Eintopf sowie die Dessertauswahl. *Feb.*

PORTO-VECCHIO Le Belvédère €€€€
Route de Palombaggia, 20137 04 95 70 54 13 **Straßenkarte** *C6*

Der blumenbewachsene Eingangsbogen des Restaurants mit Michelin-Stern ist so auffällig, dass man stehen bleiben muss, auch wenn man noch nichts von dem Gourmetrestaurant dahinter gehört hat. Ein Candle-Light-Dinner auf der Terrasse über dem Meer, mit Blick über Porto-Vecchios Altstadt auf der anderen Seite der Bucht, ist Romantik pur.

PROPRIANO Le Cabanon €€
Avenue Napoléon, 20110 04 95 76 06 76 **Straßenkarte** *B5*

Riesengarnelen-Spieße gehören zu den Favoriten in diesem zauberhaften Restaurant am Kai. Beginnen Sie mit einer Fischsuppe oder Auberginen-Kaviar, danach vielleicht gegrillte Meerbarbe oder Brasse in Weißweinsauce – oder probieren Sie die Austern aus den Lagunen der Ostküste. Das Mahl beschließt die exzellente Käseauswahl.

PROPRIANO U Pescadori €€
13, avenue Napoléon, 20110 04 95 76 42 95 **Straßenkarte** *B5*

Eine Fischerfamilie führt – und beliefert – das U Pescadori. Das Dekor ist nautisch, vor dem Lokal stehen ein paar Tische auf dem Gehsteig. Wie von einem Mitglied des Marmite d'Or (einer gastronomischen Vereinigung, die traditionelle Regionalküche unterstützt) nicht anders zu erwarten, ist das Essen hervorragend.

ROCCAPINA Auberge Coralli €€
Roccapina-Strand, 20100 04 95 77 05 94 **Straßenkarte** *B5*

Genießen Sie die fabelhafte Aussicht auf Roccapinas Löwenfelsen, während Sie in der Auberge Coralli exzellente Meeresfrüchte verzehren. Nach dem Mittagessen gehen Sie an den Strand runter: Mit seinem weißen Sand und dem kristallklaren Wasser ist er einer der schönsten Plätze der Insel für einen geruhsamen Nachmittag.

SARTÈNE La Bergerie d'Acciola €
Giuncheto, 20100 04 95 77 14 00 **Straßenkarte** *C5*

Dieses herausragende und zugleich relaxte Restaurant mit Blick über die Täler der Umgebung bietet die Möglichkeit, lokale Spezialitäten zu kosten und mitzunehmen. Alle Zutaten sind selbst geerntet bzw. selbst zubereitet. In der Saison ist das Kastanieneis unschlagbar.

SARTÈNE Auberge Santa Barbara €€
Alzone, 3 km außerhalb von Sartène an der Straße nach Propriano, 20100 04 95 77 09 06 **Straßenkarte** *C5*

Gisèle Lovichi, Korsikas berühmteste Küchenchefin, betreibt dieses Freiluftlokal in einem hübschen Garten. Wählen Sie zwischen selbst gemachten Wurstwaren, Suppe mit Gemüsesalat, gefüllter Lammkeule oder Lammrücken mit Kräuterkruste. Danach gibt es den korsischen Käsekuchen *fiadone*. *Mitte Okt–Feb.*

Preiskategorien *siehe S. 172* **Zeichenerklärungen** *siehe hintere Umschlagklappe*

SOLLACARO Le Moulin Farellacci €€€

Hameau de Calvese, 20140 04 95 74 62 28 **Straßenkarte** *B5*

Eine alte Mühle wurde restauriert und offeriert nun Open-Air-Gastronomie mit Blick über das Tal bis hin zum Meer. Das Speisenangebot dominiert echte Landküche: Probieren Sie gebratenes Hühnchen in Salbei-Salzkruste. Abends gibt es traditionelle korsische Volksmusik. *nur in den Sommermonaten.*

ZONZA Auberge du Col de Bavella €€

Col de Bavella, 20124 04 95 72 09 87 **Straßenkarte** *C5*

Die Auberge du Col de Bavella ist für ihre Wurstwaren bekannt. Aber auch ihr Kastanienkuchen zieht die Gäste an. Die großen, sättigenden Portionen sind vor allem bei GR20-Wanderern beliebt. Nach dem Essen können Sie sich im natürlichen Schwimmbecken, 2,5 Kilometer außerhalb der Stadt an der D420, erfrischen.

Corte und das Landesinnere

CORTE A Scudella €

Place Paoli, 20250 04 95 46 25 31 **Straßenkarte** *C3*

Dieses unprätentiöse kleine Restaurant an der Place Paoli serviert traditionelle Gerichte aus der Region Corte zu vernünftigen Preisen. Die Tagesspezialitäten – z. B. Barschfilet oder Drei-Fische-Terrine – sind immer hervorragend. Das Menu Fraîcheur (10 Euro) besteht aus einer doppelten Portion einer beliebigen Vorspeise und einer Nachspeise.

CORTE La Rivière à Vins €

5, rampe Sainte-Croix, 20250 04 95 46 37 04 **Straßenkarte** *C3*

Ein wahr gewordener Traum jedes Fleischliebhabers: Vielerlei Fleischgerichte werden in einem großen Holzofen gegart, und sogar die Salate basieren auf heimischem Fleisch, Schinken und Salami. Probieren Sie Plateau Gourmand (16 Euro), die von allem eine Kostprobe bietet.

CORTE Osteria di u Castellu €

5, rue Calanche Belvédère, 20250 04 95 46 32 50 **Straßenkarte** *C3*

Die ausschließlich im Sommer geöffnete Osteria befindet sich unterhalb des Aussichtsplatzes und der Zitadelle in Cortes Altstadt. Hier bekommt man große Salate, Pizzas und Menüs. Da die Tische unter Bäumen stehen, kann man sich hier herrlich von der Sommerhitze erholen. *nur in den Sommermonaten.*

CORTE U Museu €

Rue St-Joseph, 20260 04 95 61 08 36 **Straßenkarte** *C3*

Am Fuße der Zitadelle in der Altstadt findet man dieses große Restaurant mit mehreren Speiseräumen und einer Terrasse mit schattenspendenden Bäumen. Auf der Speisekarte stehen Pizzas, Pasta und Salate sowie traditionelle korsische Spezialitäten aus weißen Bohnen und Lamm, Lasagne mit *brocciu* und Grillfleisch mit Kräutern.

CORTE A Casa d'Orsu €€

4, rue Scoliscia, 20250 06 80 60 70 42 **Straßenkarte** *C3*

Freundliche Bedienungen servieren auf der sonnigen Terrasse der Casa d'Orsu (»Bärenhaus«) in der Altstadt traditionelle korsische Küche. Beliebt bei Wanderern, die hungrig aus den Bergen zurückkommen, sind z. B. die Wildschwein-Terrine und die fantastischen selbst gemachten Pastagerichte.

CORTE L'Osteria di l'Orta €€

Villa Guelfucci, Pont de l'Orta, 20250 04 95 61 06 41 *oder* 06 81 87 83 20 **Straßenkarte** *C3*

Die Besitzer Antoine und Marina Guelfucci haben das Wohnhaus aus dem 19. Jahrhundert selbst restauriert und zu einem wunderbaren Restaurant gemacht. Bestellen Sie eines der Menüs (20–35 Euro), die aus selbst angebauten Produkten und selbst gezüchtetem Fleisch zubereitet werden.

CORTE U Paglia Orba €€

1, avenue Xavier Luciani, 20250 04 95 61 07 89 **Straßenkarte** *C3*

Das legere U Paglia Orba rühmt sich selbst, alte Regionalrezepte neu zu erfinden und somit gastronomische Traditionen weiterzuführen. Auf vorherige Anfrage werden für besondere Anlässe individuelle Menüs zusammengestellt. Eines der besten Speiselokale der Stadt.

PONTE LECCIA Chez Jacqueline €€

Pont-de-Castirla, 20218 04 95 47 42 04 **Straßenkarte** *C3*

Das malerische Chez Jacqueline 14 Kilometer nördlich von Corte bietet hervorragende Küche. Im Sommer kann man auf der schattigen Terrasse speisen, im Winter sitzt man in rustikalen Räumlichkeiten. Heben Sie sich unbedingt noch Hunger für das einzigartige Dessert, einen Pudding aus *brocciu* und Brandy, auf.

VIZZAVONA Hôtel-Restaurant du Monte d'Oro €

Col de Vizzavona, 20219 04 95 47 21 06 **Straßenkarte** *C4*

Vizavona mit gerade mal 50 Einwohnern ist trotz seiner geringen Größe weithin bekannt, denn GR20-Wanderer legen hier gerne eine Rast ein, nicht zuletzt wegen des rustikalen Hôtel-Restaurant du Monte d'Oro aus dem 19. Jahrhundert. Auf der Terrasse mit toller Aussicht genießt man köstliche traditionell korsische Gerichte.

Shopping

Die Palette vor Ort produzierter korsischer Spezialitäten reicht von Honig über Kastaniendelikatessen bis hin zu Wurstwaren und mit Macchiakräutern fein gewürzten Käsesorten. Am besten kauft man diese Köstlichkeiten auf den bunten Märkten in den größeren Orten. Interessant ist aber auch ein Besuch der Produktionsstätten, etwa einer *bergerie* in den Bergen oder einer der vielen Winzereien im Norden der Insel. Das korsische (Kunst-)Handwerk ist vielfältig und besinnt sich mit Erfolg zunehmend auf traditionelle Verfahren und Produkte: Messer, Keramik- und Steingutwaren, geflochtene Körbe und mundgeblasene Glasobjekte. Die Erzeugnisse sind selbstverständlich in den Städten und Dörfern erhältlich. Unterhaltsamer und zugleich informativ ist jedoch ein Einkauf direkt in den Werkstätten, die es vor allem in der Balagne gibt.

Ledertasche eines Schäfers

Öffnungszeiten

Läden sind dienstags bis samstags von 9 bis 12 Uhr und von 15 bis 18 Uhr geöffnet, Lebensmittelläden von 8 bis 12 Uhr und von 14 bis 18 Uhr sowie am Sonntagvormittag. Im Sommer sind besonders in den Ferienorten die Läden länger und teilweise sogar montags geöffnet.

Kreditkarten

Kreditkarten werden fast überall angenommen, bisweilen erst bei einem Mindestumsatz von etwa 15 Euro. In Werkstätten und kleineren Läden des Landesinneren wird meist Bargeld bevorzugt.

Einkaufszentren

Die Einkaufszentren und Supermärkte in den Vororten von Bastia und Ajaccio haben in der Regel – außer Montagvormittag und Sonntag – von 9 bis 8 Uhr geöffnet. Hier kann man Lebensmittel, Kleidung, Schuhe, Sportartikel, Parfüm und Bücher günstig erwerben und sich in den angeschlossenen Cafés und Restaurants vom anstrengenden Shopping erholen.

Kunsthandwerk

Garantierte Qualitätsware erhält man in den Werkstätten der Casa di l'Artigiani. Zu diesem Netzwerk gehören etwa 50 Kunsthandwerker. Authentische Produkte bieten auch die Läden mit den Zeichen »Association d'Artisans de Corse« und »Corsic'Arte«. Am besten stattet man jedoch den Werkstätten direkt einen Besuch ab – etwa in der Balagne *(siehe S. 76f)*.

Schöne Andenken sind Objekte aus Oliven- oder Kastanienholz, Weidenkörbe, handgefertigte Decken und Teppiche, Myrtenholzpfeifen aus Orezza, mundgeblasene Glasobjekte aus Feliceto und Spieluhren aus Pigna.

Bei dieser Auswahl hat der Kunde die Qual der Wahl

Einer der zahllosen Weinkeller auf Cap Corse

Eindrucksvolle korsische Handwerkserzeugnisse sind die berühmten Messer. Führende Hersteller sind Jean-Pierre Caggiari und Laurent Bellini vom **Atelier du Couteau** in Ajaccio und **Pol Demongeot** in Calvi.

Keramikartikel und Steingutwaren sind auf der ganzen Insel erhältlich. Besonders interessant sind die Ateliers von **Jacques Quilichini** in Pigna und von **Fely (Terraghja)** in Corte.

Saiteninstrumente verkaufen der auf Gitarrenbau spezialisierte Christian Magdeleine von **Guitare et Cetera** in Bastia *(siehe S. 61)* und **Ugo Casalonga** in Pigna.

Eine interessante Auswahl an Steinen (Diorit, Porphyr, Rhyolit) sowie Korallen bietet die **Maison du Coral** in Ajaccio. Das **Cyrnarom** in Bastia *(siehe S. 62)* offeriert Blüten- und Pflanzendestillate. Wildblumenessenzen werden auf den Märkten verkauft.

Kunst und Trödel auf dem Sonntagsmarkt in Bastia

Märkte und Messen

Die bunten, fröhlichen Märkte sind ein »Muss« für jeden Korsika-Besucher. Einen Besuch lohnt der allmorgendliche (außer montags) Markt auf Bastias Place de l'Hôtel-de-Ville, auf dem Gemüse, Fisch, korsische Spezialitäten, Kleidung, Crêpes und andere typische Leckereien angeboten werden. Der Flohmarkt findet an der Place St-Nicolas statt.

Hauptsächlich regionale Produkte wie Wurst, Wein, Käse, Öl und Honig findet man auf Ajaccios täglichem Markt an der Place Campinchi.

In Calvi sind die frischen Lebensmittel und typischen Waren in einem überdachten Markt aufgebaut, den man über eine Treppe von der Rue Clemenceau aus erreicht.

Die Markthalle an der Place Paoli in L'Île Rousse stammt aus dem 19. Jahrhundert und steht unter Denkmalschutz.

In der zweiten Septemberwoche findet in Porto-Vecchio eine Handwerksmesse statt, am ersten Wochenende im Juli die Weinmesse von Luri und am ersten Wochenende nach dem 14. Juli die Olivenmesse in Balagne.

Regionale Spezialitäten

Unter den Delikatessen der Insel gebührt dem Honig die Krone (sechs AOC-Auszeichnungen!). Die verschiedensten Honigsorten bieten **Franck Dupré** in Calenzana und **U Stazzu** in Ajaccio.

Korsikas berühmtes Gebäck, die *canistrelli* aus Mandeln, Haselnüssen, Zitrone oder Anis, schmecken von der **Boulangerie A Viletta** und von **Mathieu Carlotti** in Ajaccio sowie von **E Fritelle** in Calenzana besonders gut.

Einheimische Wurstwaren und Käse sind in allen Lebensmittelläden erhältlich. Zu den besten zählen die **Charcuterie Pantalacci** in Ajaccio sowie **U Muntagnolu** und **U Paese** in Bastia.

Einheimische Weine *(siehe S. 171)* stehen in der **Enoteca** in Ajaccio zu Auswahl – Aperitife in der **Maison Mattei** in Bastia *(siehe S. 63)*.

Auf Cap Corse kann nur noch ein Fischer Hummerkörbe flechten

Auf einen Blick

Einkaufszentren

Carrefour
Cours Prince Impérial, Ajaccio.

Centre Commercial La Rocade
Ajaccio.

Centre Commercial de Santa Devota
Airport Rotunda, Borgo, Bastia.

Centre Commercial de Toga
Port de Toga, Bastia.

Champion
Mezzavia, Ajaccio.

Galerie Marchande de l'Hypermarché
Avenue Sampiero Corso, Bastia.

La Rocade
Route Nationale 193, Furiani. Géant Casino.

Kunsthandwerk

Atelier du Couteau
Rue Bonaparte, Ajaccio.
04 95 10 16 52. Messer.

Cyrnarom
9, ave Monseigneur Rigo, Bastia. *04 95 31 70 60. Parfüm.*

Fely (Terraghja)
Corte. *04 95 46 28 74. Keramik.*

Guitare et Cetera
2, place Guasco, Bastia.
04 95 31 78 99. Saiteninstrumente.

Jacques Quilichini
Pigna. *04 95 61 77 25. Keramik.*

Maison du Coral
1, rue Fesch, Ajaccio.
04 95 21 47 94. Korallen.

Pol Demongeot
Fort Mozello, Calvi.
04 95 65 32 54. Messer.

Ugo Casalonga
Pigna. *04 95 61 79 18. Saiteninstrumente und hölzerne Spieluhren.*

Verrerie Corse
Feliceto. *04 95 61 73 05. Mundgeblasenes Glas.*

Regionale Spezialitäten

Boulangerie A Viletta
Avenue Beverini, Ajaccio. *Kuchen und Croissants.*

Charcuterie Pantalacci
Boulevard Pugliesi Conti, Ajaccio. *Wurst.*

Confiserie Saint Sylvestre
Soveria. *04 95 47 42 27. Eingemachtes.*

E Fritelle
Tiassu Longu, Calenzana.
04 95 62 78 17. Kekse.

Enoteca
Rue Maréchal Ornano, Ajaccio. *Wein und Likör.*

Franck Dupré
Hameau de Pellicciani, Calenzana.
04 95 65 07 74. Honig und Honigprodukte.

Maison Mattei
Place St-Nicolas, Bastia.
04 95 32 44 38. Korsischer Wein und Likör.

Mathieu Carlotti
Place Vincetti, Bastia.
04 95 31 09 93. Marmeladen, Schokolade.

U Muntagnolu
15, rue César Campinchi, Bastia.
04 95 32 78 04. Wurst und Käse.

U Paese
4, rue Napoléon, Bastia.
04 95 32 33 18. Wurst und Käse.

U Stazzu
1, rue Bonaparte, Ajaccio.
04 95 51 10 80. Honig, Wein und Wurst.

Souvenirs

Terrakottamaske

Die Düfte Korsikas können in den Delikatessen der Insel – Honig und Gebäck, Wurst und Käse – erschmeckt werden. Die nach jahrhundertealten Verfahren produzierten Köstlichkeiten sind in allen größeren Orten erhältlich und werden auf den Märkten direkt vom Erzeuger angeboten. Die Produkte des heimischen Kunsthandwerks haben die korsischen Künstler sorgsam dem zeitgenössischen Geschmack und modernen Bedürfnissen angepasst. Die meisten Ateliers befinden sich an der Strada di l'Artigiani in der Balagne *(siehe S. 76f)*.

Die korsischen Messer *dienten früher als Werkzeuge für die Schäfer. Heute sind sie z.T. Sammlerstücke mit Griffen aus Mantarochenhaut und Schneiden aus Damaststahl.*

Volkskunst

Holz, Sandstein, Tierhörner und Glas sind die Grundmaterialien des korsischen Handwerks. Mit diesen vom Menschen seit Urzeiten genutzten Rohstoffen schaffen die korsischen Künstler mit überbordender Kreativität, doch stets auch mit Blick auf die lokalen Traditionen einzigartige Objekte, die auf perfekte Weise Moderne und Vergangenheit in Einklang bringen.

Korallenketten *und -anhänger werden gemäß den uralten Traditionen von Ajaccios Korallenschnitzern gefertigt. Mit viel Fantasie gestalten die Künstler Ketten, Ohrringe, Armbänder und Anhänger in neuen Formen.*

Die Glasbläserkunst *findet ihren Niederschlag in Vasen, Figuren, Gläsern und anderen Objekten. Die hier abgebildeten stammen von einem Meister aus Feliceto an der Strada di l'Artigiani im Herzen der Balagne.*

Aschenbecher aus Keramik

Emaillierte Muschel

Keramikobjekte – *Teller, Vasen, Becher, Kacheln – werden auf der Töpferscheibe gedreht, im Ofen gebrannt und mit typisch mediterranen Farben glasiert. Sehr schön sind Objekte aus Steingut und* Raku-*Ware* (siehe S. 76).

Handgefertigte Spieluhren *stammen v.a. aus Pigna. Die bunten Figuren in Gestalt von Eseln oder Tänzern begleiten die Melodien typisch korsischer Musikstücke wie* A Muresca *oder* Ciucciarella.

Zu den typisch korsischen Holzschnitzereien *gehören Pfeifen aus Oliven- oder Myrtenholz ebenso wie Musikinstrumente und Kleinmöbel, die häufig mit ungewöhnlichen Einlegearbeiten verziert sind.*

Aus den Essenzen *von Lavendel, Lariciokiefer, Myrte und Orangenblüten werden Parfüme mit dem Duft der Macchia und Wälder gewonnen.*

Parfüm

Die aus den Macchiapflanzen wie Wacholder, Myrte, Lavendel, Zistrose und Mastix extrahierten duftenden Öle finden sich in vielen Essenzen mit dem typischen Duft Korsikas. In den Wäldern gewinnt man eine balsamische Essenz aus Kiefernharz.

Lavendel ist eine wichtige Zutat für Parfüm

Delikatessen

Wie überall im Mittelmeerraum bieten sich auch auf Korsika viele Spezialitäten als ein ideales Souvenir von der Insel an. Auf Korsika gibt es so viele »Schmankerl«, dass man wirklich für jeden Geschmack fündig wird.

Korsische Wurst *ist herrlich würzig. Die besten kommen angeblich aus Bastelica, der Castagniccia und dem Niolo. Köstlich: Wildschwein-Pâté.*

Korsische Käsereien *sind für den Frischkäse* brocciu *berühmt, aber auch für viele Ziegenkäsesorten und mit Macchiakräutern fein gewürzte Spezialitäten.*

Liköre *sind eine weitere typische Spezialität der Insel. Zu den besten gehören die weltberühmten Aperitife der Maison Mattei sowie die Erzeugnisse aus Myrte und anderen Macchiakräutern. Die Liköre werden auf traditionelle Weise in verschiedenen Regionen Korsikas gebrannt.*

Aromatisierte Essigsorten, *die auf der Basis von Kräutern, Äpfeln und Honig sowie von sirupähnlichen Fruchtextrakten oder Met zubereitet werden, verfeinern Salate und Gerichte.*

Kastanienkuchen *aus der Castagniccia zählt zu Korsikas bekanntesten Süßspeisen.* Fiadone *ist ein traditionelles Gebäck aus* brocciu *und Orangenblüten. Eine Spezialität sind die aromatisierten Nougatsorten.*

Nougat mit Zitronen- und Honigaroma

Hausgemachte Marmeladen *aus Melonen, Myrte, Pfirsichen, Klementinen und Feigen sind eine weitere typische Köstlichkeit. Feigen-Walnuss-Marmelade passt fantastisch zu Käse.*

Auch im Honig *ist der typische Duft der Insel auf delikate Weise eingefangen. Die Geschmackspalette reicht von kräftig und bitter (Kastanie) bis zu zart (Affodill) oder aromatisch (Lavendel oder Erdbeerbaum).*

Unterhaltung

Auch wenn Korsika vor allem wegen des herrlichen Meeres und der imposanten Berge beliebt ist, so mangelt es dennoch besonders in den Badeorten und Städten wie Ajaccio und Bastia keinesfalls an Kultur und Unterhaltung. Aktuelle Informationen über Konzerte, das Theater- und Kinoangebot liefert die Zeitung *Corse-Matin*. Im Sommer finden viele traditionelle Festivitäten statt *(siehe S. 32–35)*, und Discotheken, Nachtlokale und Konzerte bieten am Abend Amusement. Tagsüber lassen Bootstouren sowie die verschiedensten Sport- und Freizeitangebote *(siehe S. 188–193)* keine Langeweile aufkommen. Wie es sich für eine Insel gehört, bieten ein Aquapark und mehrere Thalasso-Therapiezentren ganz auf Wasser eingestellte Entspannung.

Beim täglichen Plausch im Café

Vor den Bastionen Bonifacios ankert ein Ausflugsboot

Bootsausflüge

Korsika ist als Insel ein Dorado für alle, die sich für die Schönheiten des Meeres begeistern und interessieren. An der Küste verleihen viele Agenturen Boote mit Skipper oder sogar mit ganzer Crew, falls erforderlich *(siehe S. 207)*. Im Sommer kann man zudem bei Ausflügen, längeren Fahrten oder Törns entlang der Küste die überwältigende Naturlandschaft genießen und in abgeschiedenen Buchten baden.

Zu Recht beliebt sind die eindrucksvollen Fahrten zu den fantastischen roten Klippen der Réserve Naturelle de Scandola *(siehe S. 104f)*. Die Boote legen in Ajaccio, Calvi, Porto, Cargèse, Tiuccia, Porticcio und in anderen Häfen der Umgebung ab.

Wenn sich die Gelegenheit bietet, sollte man eine Fahrt von Ajaccio zu den einsamen Îles Sanguinaires *(siehe S. 92)* unternehmen. Sehr schön sind auch die Ausflüge von Propriano *(siehe S. 128)* zum Golfe de Valinco und die Südwestküste.

Die Touren zu den Klippen von Bonifacio sowie den Îles Lavezzi und Cavallo *(siehe S. 116f)* beginnen wie die Fahrten über die Straße von Bonifacio *(siehe S. 113)* an die Küste von Sardinien in Bonifacio.

Im nördlichen Korsika legen die meisten Ausflugsboote zu den Stränden von Lodo, Cap Corse und den Désert des Agriates im Hafen von St-Florent ab.

Tauchsafaris mit dem Motorboot werden mehr oder minder an der gesamten korsischen Küste angeboten – sie sind zuweilen sogar für ein ganzes Wochenende buchbar. Weitere Informationen über Korsikas Tauchgründe und Organisatoren von Tauchausflügen finden Sie auf Seite 191.

Unterwegs mit dem Petit Train

Eine typisch korsische Attraktion sind die kleinen »Märchenzüge«, die ihre Passagiere in den größeren Orten der Insel auf eine bequeme und durchaus unterhaltsame Stadtrundfahrt mitnehmen. Sie werden *Petits Trains* genannt, weil sie an die Kinderzüge in Vergnügungsparks erinnern.

Die *Petits Trains* fahren in Ajaccio, Bonifacio sowie L'Île Rousse vom Stadtzentrum und in Corte von der Zitadelle ab und bummeln auf dem Weg zu den wichtigsten Sehenswürdigkeiten. Sie fahren dabei so langsam, dass die Passagiere in den gemütlichen, bunten kleinen Wagen in aller Ruhe fotografieren und die Aussicht genießen können.

In Corte bricht der putzige *Petit Train* vor der Zitadelle auf

Gute Unterhaltung bietet das Calvi Jazz Festival

Aquaparks

Die in vielen Ferienorten an Europas Küsten beliebten Wasser-Vergnügungsparks haben auf Korsika noch nicht ihren Siegeszug angetreten – lediglich Porticcio kann in dieser Hinsicht mit dem **Aqua Cyrne Gliss** aufwarten. Dieser Aquapark macht mit allen erdenklichen Arten von Rutschen, Wasser-Fahrgeschäften, Swimmingpools und Brunnen Kindern und Erwachsenen Spaß.

Thalasso-Therapie

Wer im Urlaub Körper und Seele pflegen möchte, wird von Korsika nicht enttäuscht werden. Denn wie in vielen französischen Seebädern werden auch auf der Insel sogenannte Thalasso-Therapien angeboten. Sie umfassen eine Reihe von Anwendungen, bei denen mithilfe von Meerwasser der Körper von durch Stress und Überarbeitung entstandenen Giftstoffen entschlackt wird. Nach einer solchen Entgiftung fühlt man sich regelrecht verjüngt.

Auf Korsika bieten das renommierte **Sofitel** bei Ajaccio und das **Riva Bella** in Aléria Thalasso-Therapien an. In der Regel bucht man diese Kuraufenthalte pauschal mit Übernachtung und Verpflegung. Alternativ zum Aufenthalt an der Küste kann man auch in den im Landesinneren verstreuten erstklassigen Bädern einen entspannenden Wellness-Urlaub verbringen.

Musik und Tanz

Der korsische Veranstaltungskalender ist besonders im Bereich der Musik hauptsächlich in den Sommermonaten reich gefüllt. Konzerte und Aufführungen finden aber auch in der Nebensaison statt.

In der letzten Juniwoche treten bei Calvis renommiertem Jazz Festival *(siehe S. 33)* internationale Jazzgrößen auf.

Anfang Juli widmet sich das Festival Festivoce *(siehe S. 33)* in Pigna der traditionellen polyphonen Musik Korsikas. Die vielen hier auftretenden Chöre und Gruppen vermitteln einen guten Eindruck über Korsikas Musikkultur.

Ajaccio steht in den beiden ersten Juliwochen während der »Nuits du Blues« *(siehe S. 33)* ganz im Zeichen des von berühmten internationalen Künstlern und Gruppen dargebrachten Blues.

In Patrimonio hört man in der dritten Juliwoche Folk, Jazz und Roma-Musik bei den »Nuits de la Guitare« *(siehe S. 33)*, während Ajaccio von Juli bis September das Sommerfestival Les Estivales *(siehe S. 33)* mit Konzerten und Tanzaufführungen bietet.

Zu den bei den Korsen äußerst beliebten Festivals zählt im Oktober das bei Touristen eher unbekannte Les Musicales de Bastia *(siehe S. 35)* mit Folk, Jazz und Tanz.

Ende Mai findet in Ajaccio im **Kallisté Theatre** sowie in anderen Veranstaltungsorten das Tanzfestival Île Danse statt *(siehe S. 32)*, bei dem erstklassige europäische Tanzgruppen auftreten.

Die lokalen Fremdenverkehrsbüros informieren über die verschiedenen Festivals und verkaufen auch Eintrittskarten. Weitere Informationen bietet im Internet die Website www.visit-corsica.com.

Kino und Theater

Die neuesten Filme laufen im Sommer allabendlich in den Freiluftkinos der Ferienorte an der Küste. Schön ist etwa das in einem Eukalyptuswäldchen an der Marina gelegene Kino in Porto. Die Buchstaben *VO* bedeuten, dass ein Film in der Originalsprache gezeigt wird.

Die größten Kinos befinden sich in Bastia (**Le Regent** und **Le Studio**) und Ajaccio (**Empire**, **L'Aiglon**, **Bonaparte** und **Laetitia**).

Im März findet das Bastia Film Festival *(siehe S. 32)* mit internationalen Filmproduktionen statt, in der ersten Oktoberwoche ein britisches Filmfestival, im November das Festival du Film des Cultures méditerranéennes »Arte Mare« *(siehe S. 35)* und im Januar das italienische Filmfestival Rencontres du Cinéma Italien *(siehe S. 35)* mit italienischen Filmen, Retrospektiven über italienische Schauspieler und Regisseure sowie Vorträgen. Ajaccio veranstaltet Festivals für italienischen, spanischen und asiatischen Film.

Im Winter ist in Bastia Theater- und Opernsaison.

Bei einer winterlichen Theateraufführung in Bastia

Nachtleben

Verglichen mit anderen europäischen Ferienregionen gibt es auf Korsika relativ wenige Discotheken, die sich zudem in den Hauptorten an der Küste konzentrieren.

Ziemlich bekannt ist das **La Via Notte** am südlichen Stadtrand von Porto-Vecchio. In dem bei Teenagern beliebten Club legen im Juli und August internationale DJs auf.

Die beliebtesten Clubs in Bastia sind das **Le Velvet**, in dem das Publikum durchschnittlich Anfang 20 ist, und das **L'Apocalypse** in Biguglia. Empfehlenswert ist zudem das **Noche de Cuba**, das mit kubanischer Musik auch ältere Semester aus den Puschen lockt.

Ajaccios größter Club ist **L'Entracte**. Beliebte Treffs in Porticcio sind das **Le Blue Moon** mit seiner großen Terrasse und das **Atlantids** (Disco und Techno).

In Calvi kann man im **La Camargue** im Freien tanzen und im Pool schwimmen. Fünf Kilometer vom Zentrum entfernt ist das **L'Acapulco** mit einem guten Restaurant.

In Propriano sind die Discos **Le King** und **Le Midnight Express** bis spätnachts offen.

Calvis Promenade im schimmernden Neonlicht der Nachtclubs

Wer weniger auf Clubbing als auf Cocktails und Musik Lust hat, kann sich in den korsischen Städten in Bars jeglicher Art entspannen.

In Bastia konzentrieren sich die beliebtesten Lokale rund um den Vieux Port und in dem Viertel Port Toga, das sich im Sommer in eine riesige Fußgängerzone mit Shows und Entertainment verwandelt. Hier stehen die Tische der Bars und Restaurants schon fast *im* Wasser. Äußerst beliebt sind **Le Bounty**, **Le Café de la Place**, **Le Cézanne Café**, **Le Zanzibar**, **La Rhumerie**, **Café Wha!** und **Le Bouchon**, eine Weinbar mit Live-Musik und guter Weinkarte. Hier kann man einen guten Tropfen glas- oder flaschenweise bestellen und mit einem Salat oder Canapés genießen.

In Ajaccio locken **Le Pavillon Bleu**, **Le Son des Guitares**, die Pianobar **Le Privilège** und **Le Temple du Jeu** das feierwillige Partyvolk an

In Calvi sind die Pianobar **Chez Tao** in der Zitadelle und die bis 3 Uhr morgens geöffnete Pianobar **Le Rocher** einen Besuch wert.

Zwei der besten Bars in Porto-Vecchio sind das **La Canne à Sucre** (ideal für Eiscreme oder Drinks) und **La Taverne du Roi** mit Jazz und Varieté.

Das Café Wha! in Bastia ist ein bei Gästen aller Altersstufen beliebter Nachtclub

Auf einen Blick

Bootsausflüge

A Dieu Vat
Porto-Vecchio.
04 95 70 27 58.

Colombo Line
Port de Plaisance, Calvi.
04 95 65 32 10.

Croisières Grand Bleu
Cargèse.
04 95 26 40 24.

Le Djinn
Porto-Vecchio.
04 95 70 56 61.

Nave Va
2, rue Jean-Baptiste Marcaggio, Ajaccio.
04 95 21 83 97.
Porticcio.
04 95 25 94 14.

Promenade en Mer Valinco
Port de Plaisance, BP67, Propriano.
06 12 54 99 28.

Rocca Croisières
Rue Fred Scamaroni, Bonifacio.
04 95 73 13 96.

Thalassa Croisières
Marina, Bonifacio.
06 86 34 00 49.

U San Paulu
Macinaggio.
04 95 35 07 09.

Petits-Train-Unternehmen

ITT
Imm. Beau site, Pietralba, Ajaccio (Abfahrt: Place Foch).
04 95 51 13 69.

Le Petit Train
Col de Fogata, L'Île Rousse (Abfahrt: Place Paoli).
04 95 60 26 79.

TTB
Via Simoni/Sennola, Bonifacio (Abfahrt: am Hafen).
04 95 73 15 07.

U Trenu
Corte (Abfahrt: städtischer Wagenpark hinter dem Bahnhof).
06 09 95 70 36.

Aquaparks

Aqua Cyrne Gliss
Porticcio.
04 95 25 04 48.

Thalasso-Therapie

Hotel Sofitel
Golfe d'Ajaccio, Porticcio.
04 95 29 40 40.

Riva Bella
Aléria.
04 95 38 81 10.
www.rivabella-inf.com

Kinos

L'Aiglon
Cours Grandval, Ajaccio.
04 95 70 35 02.

Bonaparte
10, cours Napoléon, Ajaccio.
04 95 51 29 46.

La Cinémathèque de Corse
Espace Jean-Paul de Rocca Serra, Porto-Vecchio.
04 95 70 35 02.

Empire
30, cours Napoléon, Ajaccio.
04 95 21 21 00.

Laetitia
24, cours Napoléon, Ajaccio.
04 95 21 07 24.

Le Regent
5, rue César Campinchi, Bastia.
04 95 31 03 08.

Le Studio
1, rue Miséricorde, Bastia.
04 95 31 12 94.

Theater

Aghja
6, chemin de Biancarello, Ajaccio.
04 95 20 41 15.

Kallisté
6, rue Colonel Colonna d'Ornano, Ajaccio.
04 95 22 43 03.

Discotheken

L'Acapulco
Calvi.
04 95 65 08 03.

L'An 200
Corte.
04 95 46 17 04.

L'Apocalypse
Biguglia, Bastia.
04 95 33 36 83.

Atlantids
Porticcio.
04 95 25 03 98.

Le Blue Moon
Les Marines, Porticcio.
04 95 25 07 70.

La Camargue
Calvi.
04 95 65 08 70.

L'Entracte
Casino Municipal, Ajaccio.
04 95 50 40 65.

Le King
Blvd du Général de Gaulle, Propriano.
04 95 73 26 93.

Le Midnight Express
Blvd du Général de Gaulle, Propriano.
04 95 76 05 21.

Noche de Cuba
5, rue Chanoine Leschi, Bastia.
04 95 31 02 83.

Le Velvet
15, maison Romieu, Bastia.
04 95 31 01 00.

La Via Notte
Porto-Vecchio.
04 95 72 02 12.

Nachtclubs

Le Bouchon
4 bis, rue St-Jean, Vieux Port, Bastia.
04 95 58 14 22.

Le Bounty
Port de Toga, Bastia.
04 95 34 20 34.

Le Café de la Place
Blvd Général de Gaulle, Bastia.
04 95 32 06 51.

Café Wha!
Bastia.
04 95 34 25 79.

La Canne à Sucre
Porto-Vecchio.
04 95 70 35 25.

Le Cézanne Café
Port de Plaisance, Toga, Bastia.
04 95 34 16 60.

Chez Tao
Zitadelle, Calvi.
04 95 65 00 73.

Le Pavillon Bleu
Cabaret, 26, cours du Général Leclerc, Ajaccio.
04 95 51 12 90.

Le Privilège
7, rue Eugène Macchini, Ajaccio.
04 95 50 11 80.

La Rhumerie
Place Galetta, Bastia.
04 95 37 19 53.

Le Rocher
Sant'Ambroggio, Lumio, Calvi.
04 95 60 68 74.

Le Son des Guitares
Rue du Roi de Rome, Ajaccio.
04 95 51 16 47.

La Taverne du Roi
Porto-Vecchio.
04 95 70 41 31.

Le Temple du Jeu
2, avenue de la Grande Armée, Ajaccio.
04 95 22 19 39.

Le Zanzibar
2, rue Favalelli, Bastia.
04 95 34 01 27.

Sport und Aktivurlaub

Korsika ist das ideale Reiseziel für Sportbegeisterte und Naturliebhaber. Wer das Meer liebt, den locken Strände mit feinem Sand, abgeschiedene, oft nur per Boot erreichbare Buchten zwischen zerklüfteten Klippen und eine prächtige Unterwasserwelt. Wanderer haben die Qual der Wahl zwischen schier unzähligen Möglichkeiten in den Hügeln und Bergen, auf die Wege unterschiedlichster Schwierigkeitsgrade führen. Selbst für trainierte Radfahrer stellen die steilen Serpentinen der Passstraßen im Zentralgebirge eine Herausforderung dar. Wildwasserfans kommen in den zahlreichen Gebirgsflüssen auf ihre Kosten, Pferdeliebhaber hingegen auf langen Ausritten an der Küste oder aber in den Hügeln des Hinterlandes. Alle Sport- und Freizeitaktivitäten sind auf Korsika – typisch französisch – effizient und sorgfältig organisiert. Eine Liste nützlicher Adressen finden Sie auf *Seite 193*.

Bergwanderer

Wandern

Vor über 25 Jahren wurde mit dem GR20 *(siehe S. 22–27)* Korsikas längste, die ganze Insel von Nordwesten nach Südosten durchquerende Route eingeweiht. Alljährlich sind auf diesem Fernwanderweg durch tiefe Wälder und über raue Bergkämme über 17 000 Wanderer unterwegs.

Um regelrechte »Staus« auf dem GR20 zu vermeiden, wurden weitere Wanderwege erschlossen. Sie sind einfacher als der GR20 und heißen *Mare e Monti* (»Meer und Berge«; *siehe S. 27*), wenn sie von der Küste in die Berge führen, und *Mare a Mare* (»Von Meer zu Meer«; *siehe S. 27*), wenn sie von Küste zu Küste verlaufen.

Drei West-Ost-Achsen *(Mare a Mare)* führen von Propriano nach Porto-Vecchio, von Ajaccio nach Ghisonaccia und von Cargèse zum Strand bei Cervione in der Castagniccia. Die Wege verlaufen in der Regel in geringen Höhen und eher in ebenen Gebieten. Unterwegs kann man sich in den Dörfern mit Proviant eindecken, sodass der Rucksack nie zu schwer wird.

An den Wanderwegen sind bizarre Felsformationen zu bewundern

Auf dem Weg durch Korsikas schöne, wilde Bergwelt

Eine interessante *Mare-e-Monti*-Wanderung führt von Cargèse über Evisa und Galéria nach Calenzana.

Neben den Fernwanderwegen bieten auch kürzere Strecken lohnenswerte Ziele: die Vallée de l'Asco *(siehe S. 150)* am Fuße des Monte Cinto, die Calacuccia *(siehe S. 151)*, die obere Vallée de la Restonica *(siehe S. 139)*, der Col de Vizzavona *(siehe S. 142)* und das herrliche Gebiet um den Col de Bavella *(siehe S. 122f)*.

Die Touren sollte man stets nur gut ausgerüstet in Angriff nehmen. Führer zu den Wandergebieten und Fernwanderwegen Korsikas sind im Buchhandel erhältlich. Die exzellenten, französischsprachigen *Topo-Guides* der korsischen Nationalparkverwaltung können auch im Internet unter www.parc-naturel-corse.com bestellt werden. Nützliche Tourenvorschläge bieten der *Guide de la Randonnée en Corse* von Didier Richard und der vom Institut Géographical National herausgegebene Führer *Corse*. Die topografischen IGN-Karten des Instituts sind besonders bei schwierigen Wanderungen ein »Muss«.

Wie in den Alpen ist man auch in den hohen korsischen Bergen vor plötzlichen Wetterumschwüngen mit Regen und Kältestürzen nicht sicher –

Adrenalin pur: Kajakfahrt im reißenden Wildwasser

stellen Sie Ihre Ausrüstung entsprechend zusammen, und bedenken Sie bei der Planung, dass die Stationen, an denen man den Proviant aufstockt, bisweilen nur wenig Lebensmittel auf Lager haben.

Klettern

Korsika bietet zwar keine international bekannten Klettergebiete, wartet aber mit zahlreichen schwierigen Klippen und Wänden auf.

Grundsätzlich gibt es auf der Insel zwei verschiedene Felsarten – Granit und Kalk –, die unterschiedliche Klettertechniken erfordern.

Zu den beliebtesten Gebieten zählen Ponte Leccia und Solenzara, das Nebbio mit den Felsen von Caporalino und Pietralba, der Col de Bavella *(siehe S. 122f)* mit unterschiedlich schwierigen Routen und die längsten Touren in den Regionen Teghje Liscie und Balagne.

Canyoning

Die ungezähmte Schönheit der unzähligen Wildbäche des Landesinneren kann man im wahrsten Sinne des Wortes hautnah bei aufregenden Canyoning-Touren erleben. Um die abenteuerlichen Abstiege durch die wilden Schluchten Korsikas so sicher und erfolgreich wie möglich zu gestalten, sollte man bei einer Spezialagentur oder einem ausgebildeten Führer eine Tour buchen. Einfache Canyoning-Strecken verlaufen entlang den Flüssen Vecchio, Aïtone und Tavignano, schwierigere Routen an einigen Abschnitten der Flüsse Taravo und Vacca (bei Bavella). Anspruchsvoll sind auch die langen Abstiege entlang dem Negretto (bei Ponte Leccia), dem Sportellu (Porto) und dem Polischello.

Ausritt am Strand

Kanu- und Kajaktouren

Korsika ist mit Niederschlägen reich gesegnet, sodass in den Bergen Schneehöhen von bis zu zwei Metern keine Seltenheit sind. Demzufolge verwandelt sich die Insel während der Schneeschmelze im Frühjahr in ein Paradies für Wildwasserfans aus ganz Europa.

Die korsischen Flüsse sind technisch meist anspruchsvolle, spektakuläre Wildwasser. Großartig sind die Fahrten auf Taravo, Rizzanese und Fium'Orbo, am berühmtesten – aber auch schwierigsten – sind die Strecken auf dem Tavignano, Golo, Prunelli und Liamone.

Reiten

Für Reiter eröffnen sich auf Korsika vielfältige Möglichkeiten. Die interessantesten Reitreviere sind die grünen Hügel der Castagniccia, die Region zwischen dem Bozio und der Umgebung von Corte, das Tal des Tavignano bis hinauf zum Plateau des Lac de Nino, der Désert des Agriates, die Region Sartène mit ihren zahlreichen prähistorischen Monumenten und die Berge der Cagna.

An der Ostküste sind Ausritte an den Sandstränden beliebt, spektakuläre Ausblicke bieten Reitausflüge auf den Kreidefelsen bei Bonifacio.

Kanuten und Kajakfahrer finden auf Korsika ideale Bedingungen

Segeln

Zerklüftete Küsten, kleine Felseninseln, die Naturschutzgebiete von Scandola und den Îles Lavezzi – die ungezähmte Schönheit Korsikas zieht Segelfreunde aus aller Welt in die Gewässer vor der Insel, in denen darüber hinaus stets Wind weht.

Die Überfahrt von den südfranzösischen Häfen ist relativ lang (Cap Corse ist 119 Seemeilen von St-Tropez, 100 von Nizza und 83 von Menton entfernt), führt jedoch durch Gewässer, in denen sehr häufig Finnwale und Delfine zu sichten sind. Am wahrscheinlichsten sind die faszinierenden Meeressäuger etwa 45 Seemeilen nordwestlich von Calvi zu beobachten.

Bei der Überfahrt von der näher gelegenen italienischen Küste kann man an den toskanischen Inseln anlegen. Cap Corse ist 49 Seemeilen von Livorno entfernt, zwischen Bastia und Elba liegen nur 40 Seemeilen.

Äußerst beliebt sind Törns, die rund um die Insel führen *(siehe S. 206)*. Die Küste ist sehr abwechslungsreich, bietet Sandstrände und Seen im Osten, ist zerklüftet und stark zergliedert auf Cap Corse und vielfältig mit imposanten Felsabschnitten im Westen. Die stärksten Winde wehen in der

Segelunterricht in Marina de Meria auf Cap Corse

Straße von Bonifacio zwischen Korsika und Sardinien. Dort muss mit größter Vorsicht gesegelt werden, da in diesen Gewässern häufige Stürme und große Schiffe eine Gefahr darstellen.

Wer selbst keine Yacht sein Eigen nennt, kann sich entweder ein Boot mieten (möglich in allen Häfen und Ferienorten) oder bei einer Agentur einen Törn (Skipper und Crew sind im Preis inbegriffen) buchen.

Bei einem Segeltörn vor der Küste Korsikas gelangt man in die Gewässer von zwei bedeutenden Naturschutzgebieten: der Réserve Naturelle de Scandola *(siehe S. 104f)* und der Réserve de Lavezzi *(siehe S. 117)*, die wiederum zum Parc Marin de Bonifacio *(siehe S. 113)* gehört. Dieses französisch-italienische Gemeinschaftsprojekt konnte bislang erfolgreich die von vielen Regatten genutzten Gewässer schützen und verbessern.

Entfernung von Häfen

(in Seemeilen)

Bastia–St-Florent	48
St-Florent–Calvi	30
Calvi–Girolata	21
Girolata–Porto	6
Porto–Cargèse	12
Cargèse–Ajaccio	21
Ajaccio–Propriano	22
Propriano–Roccapina	15
Roccapina–Bonifacio	12
Bonifacio–Lavezzi	6
Lavezzi–Porto-Vecchio	18
Porto-Vecchio–Bastia	67

Ruhepause vom aufregenden Törn in einer der Traumbuchten der Îles Lavezzi

Windsurfen

Dort, wo man segeln kann, findet man in der Regel auch die nötigen Einrichtungen zum Windsurfen. So bieten alle Ferienorte an der Küste die Möglichkeiten, diesen attraktiven Sport auszuüben. Zahlreiche kleine Schulen vermieten Surfbretter und bieten zudem Kurse für alle Leistungsstufen an.

Als Insel ist Korsika selbstverständlich stets mit gutem Wind gesegnet. Dies gilt besonders für die Westküste und die Klippen im Süden. Da jedoch in den südlichen Küstenregionen Korsikas der Wind gefährlich stark wehen kann, sollten in diesen Gewässern eigentlich nur gute, erfahrene Windsurfer das Segel hissen.

Ein Windsurfer wartet bei den Îles Lavezzi auf die richtige Brise

Tauchen

Die korsische Unterwasserwelt ist wegen ihrer Schönheit und Artenvielfalt bei Tauchern beliebt – immerhin gibt es auf der Insel an die 60 Tauchclubs. Anfängerkurse sowie eine kurze Einführung in die Meeresbiologie bietet die **Station Recherches Sousmarines et Océanographiques** auf der Pointe Revellata in der Nähe von Calvi. Man kann dort aber auch eigenständig Tauchgänge unternehmen.

Zu den bekanntesten Tauchgründen zählen die wunderschöne Mérouville-Zone nordöstlich der Îles

Ein Taucher bringt seinen guten Fang an die Oberfläche

Lavezzi und das Inselchen Sperduto in der Réserve de Lavezzi. Wie in allen Schutzgebieten gelten hier allerstrengste Tauchregeln – am besten informiert man sich zuvor im Büro der Réserve oder in einem Tauchclub.

Im südöstlichen Korsika bieten nahe dem Golfe de Porto-Vecchio die kleinen Îles Cerbicale interessante Tauchgründe rund um die Île du Toro. Dort kann man zahlreiche Wracks erkunden.

Im Südwesten sind im Golfe de Valinco bei Propriano die beliebtesten Tauchreviere in der Umgebung der »Cathédrales« genannten Felsen vor der Küste von Porto-Pollo und die Secche di Belvedere. Bei der Pointe de la Parata, die zusammen mit den Îles Sanguinaires den Golfe d'Ajaccio nach Norden abschließt, erstreckt sich das Tauchrevier »Tabernacle«. Im südlichen Teil des Golfs liegt das Wrack der *Meulère*.

Weiter im Norden locken im Golfe de Sagone die Sandbänke des Provençale und das Wrack eines Flugzeugs von Canadair Sporttaucher an. Im Golfe de Porto bietet die Sandbank Punta Mucchilina nicht nur vielfältige Natur, sondern auch das Wrack eines Kohleschiffs.

In der Umgebung von Calvi sind die Schlucht Pointe Revellata an der Nordgrenze der Réserve Naturelle de Scandola *(siehe S. 104f)* und das Wrack eines Boeing B-17 Bombers in gut und gern 28 Meter Tiefe beliebte Ziele von Tauchgängen.

Noch weiter nördlich bietet der Golfe de St-Florent die schönen Tauchgründe von Punta Vecchiara und die Sandbank von Saleccia. Die Île de la Giraglia an der Nordspitze von Cap Corse ist unter Tauchern wegen ihrer herrlichen Tauchgebiete westlich des Leuchtturms bekannt.

Radfahren

Viele Radrouten führen bergauf und bergab durch die Hügel und zentralen Gebirge der Insel. In der Regel verlaufen sie durch schöne, schattige Waldgebiete.

Im Frühjahr und Sommer treten unzählige Radsportler an Col de Vizzavona, Col de Verghio, Col de Verde und Col de Bavella in die Pedale. Die Küstenstraßen sind zwar auch großartig, häufig jedoch sehr windig und überlastet.

Denken Sie bei jeder Tour daran, dass Korsikas Straßen eng sind, starke Steigungen und unzählige Kurven aufweisen. Zudem kann man nur an wenigen Orten Proviant fassen. Angesichts des bisweilen schlechten Zustands der Asphaltdecke sollte man sich außerdem nie ohne Ersatzschlauch und Werkzeug auf den Drahtesel schwingen.

Einige Agenturen bieten einwöchige oder längere Radtouren an, bei denen man sogar Räder leihen kann. Bei diesen Touren bringt ein Wagen das Gepäck von Unterkunft zu Unterkunft; erschöpfte Sportler werden transportiert oder zum Arzt gebracht.

Vor der Weiterfahrt wird die Karte gründlich studiert

Mountainbiken

Auf besonders intensive und naturnahe Weise kann man das Landesinnere mit dem Mountainbike erkunden. Die Anstiege sind steil und die Wege ziemlich rau – stellen Sie also immer sicher, dass die Ausrüstung in Ordnung und der Wasservorrat reichlich ist.

Ortskundige empfehlen besonders Touren durch die wunderschönen Wälder von Ospédale, Bavella und Cagna und die gesamte zentrale Alta Rocca. Außer im Sommer bieten auch die Wege durch die Macchia im Désert des Agriates im Norden der Insel großartigen Radlerspaß. Gleiches gilt für einige Strecken entlang den Routen *Mare a Mare* und *Mare e Monti (siehe S. 27)* und für die lange Tour von Propriano nach Ajaccio. Im Sommer kann man überall Bikes mieten.

Skitour abseits der Pisten

Golf

Der schönste Golfplatz Korsikas ist ohne Zweifel der Kurs an der Pointe de Sperone *(siehe S. 117)* nahe dem Capo Pertusato. Der Platz erstreckt sich über sanfte, von Macchia begrenzte Hügel und bietet Aussicht auf die Îles Lavezzi und Cavallo. Der 18-Loch-Platz (Par 72) ist über sechs Kilometer lang.

Weitere Golfplätze und -schulen findet man in Ajaccio (Schule), Bastia (9-Loch), Lezza (6-Loch) und Reginu (6-Loch). Informationen über Golfplätze und -turniere erhält man auf der Website der **Ligue Corse du Golf** (www.liguecorsedugolf.org).

Wintersport

Wer Korsika nur in der Sommerhitze kennt, wird schwer glauben können, dass im Winter die Gipfel des Zentralgebirges mit dicken Schneekappen bedeckt sind. Von Dezember bis März herrscht in vier Skigebieten im Landesinneren Skisaison. Dort können sich Brettlfans auf schöne Abfahrten wagen oder sogar auf Loipen langlaufen.

Noch attraktiver sind auf der mit nur wenigen Skiliften ausgestatteten Insel jedoch die vielfältigen Möglichkeiten für wunderschöne Skitouren *(ski de randonnée)*, von denen einige noch im Frühjahr unternommen werden können. Sehr bekannt ist die schwierige Tour entlang dem Zentralmassiv, die mehr oder minder der Route des GR20 im Sommer entspricht. Weitere Touren beginnen u.a. in Ghisoni (Richtung Monte Renoso), in der oberen Vallée de la Restonica, im Haut-Asco und am Campotile-Plateau.

Mächtige schneebeckte Gipfel in der Region des Monte Cinto

Zwischen Quenza und Zicavo erstrecken sich zahlreiche außergewöhnliche Loipen für Skilangläufer. Hier bestehen zudem viele Möglichkeiten für lange Schneeschuhwanderungen.

Wie immer in den Bergen gilt auch hier: Lassen Sie stets höchste Vorsicht walten, denn schnelle Wetterumschwünge sind keine Seltenheit. Stellen Sie sicher, dass Sie gut ausgerüstet sind und genügend Proviant bei sich haben, denn in den korsischen Bergen sind nur wenige, weit auseinanderliegende Versorgungsstationen vorhanden.

Exklusivität bietet der elegante Golfclub an der Pointe de Sperone bei Bonifacio

Auf einen Blick

Wandern

Compagnie Régionale des Guides et Accompagnateurs de Montagne de Corse
📞 *04 95 48 10 43.*
www.guides montagnescorses.com

Corse Odyssée
Quenza.
📞 *04 95 78 64 05.*

Corsica Raid Aventure
www.corsicaraid.com

In Liberta Association Montagne Corse
2, avenue de la Garde Armée, Ajaccio.
📞 *04 95 20 53 14.*
www.montagne-corse.com
@ mcl@montagne-corse.com

In Terra Corsa
Bahnhof, Ponte Leccia.
📞 *04 95 47 69 48.*
www.interracorsa.fr

Parc Naturel Régional de la Corse
Ajaccio.
📞 *04 95 51 79 00.*
www.parc-naturel-corse.com

Klettern und Bergsteigen

Corsica Madness
(Bergführer).
📞 *06 83 26 95 15.*

In Terra Corsa
Bahnhof,
Ponte Leccia.
📞 *04 95 47 69 48.*
www.interracorsa.fr

Jean-Paul Quilici
(Bergführer).
📞 *04 95 78 64 33.*

Marc Gambotti
(Bergführer).
📞 *06 20 90 18 05.*

Pierre Pietri
(Bergführer).
📞 *04 95 32 62 76.*

René Eymerie
(Bergführer).
📞 *04 95 31 68 86.*

Vallecime
(Bergführer).
Casamacioli & Sant'Andrea di Bozio.
📞 *04 95 48 69 33 oder 06 14 74 44 98.*
www.vallecime.com

Canyoning

Corse Aventure
Route de Sartène, Corri Bianchi, Eccica-Suarella.
📞 *04 95 25 91 19.*
www.corse-aventure.com

In Terra Corsa
Bahnhof, Ponte Leccia.
📞 *04 95 47 69 48.*
www.interracorsa.fr

Kanu- und Kajaktouren

Altore
St-Florent.
📞 *04 95 37 19 30.*
www.altore.com
@ info@altore.com

Commission Nager en Eau Vive
Bastia.
c/o Jean Pierre Vergnon.
📞 *04 95 30 85 35.*
perso.wanadoo.fr/gjl/crc/nev.html

Reiten

Equiloisirs (FAE)
N200, Corte.
📞 *04 95 61 09 88.*

In Terra Corsa
Bahnhof, Ponte Leccia.
📞 *04 95 47 69 48.*
www.interracorsa.fr

Segeln und Windsurfen

Calvi Marine
Calvi.
📞 *04 95 65 01 12.*

Calvi Nautique Club
Calvi.
📞 *04 95 65 10 65.*

Centre Nautique des Fauvettes
Porto-Vecchio.
📞 *04 95 70 93 00.*

Centre Nautique des Glénans
Bonifacio.
📞 *04 95 73 03 85.*

Centre Nautique de Porticcio
Porticcio.
📞 *04 95 25 01 06.*

Corsica Voile
Macinaggio.
📞 *04 95 35 48 20.*

L'Île Bleue – Boni-Ship
Bonifacio.
📞 *04 95 73 04 12.*

Multi Service Plaisance
Porto-Vecchio.
📞 *04 95 70 29 13.*

Soleil Rouge Yachting
Ajaccio.
📞 *04 95 21 89 21.*

Tauchen

Fédération Française Études et Sports Sousmarins
Solenzara.
(Liste mit 83 korsischen Tauchclubs)
📞 *04 95 57 48 31.*
FAX *04 95 57 48 32.*
perso.wanadoo.fr/gjl/crc

Station Recherches Sousmarines et Océanographiques
Pointe Revellata, Calvi.
📞 *04 95 65 06 18.*
FAX *04 95 65 01 34.*
@ stareso@stareso.com
www.stareso.com

Radfahren und Mountainbiken

Corsica Moto Rent
Ajaccio.
📞 *04 95 51 34 45.*
Porto-Vecchio.
📞 *04 95 70 03 40.*
www.rent-car-corsica.com

Cyclisme en Corse
perso.wanadoo.fr/cyclisme-en-corse

Garage d'Angeli
Place Christophe Colomb, Calvi.
📞 *04 95 65 02 13.*

Rout'evasion
Ajaccio.
📞 *04 95 22 72 87.*

TTC Moto
Propriano.
📞 *04 95 76 15 32.*

Golf

Bastia Golf Club
Castellarese, Borgo.
📞 *04 95 38 33 99.*
FAX *04 95 36 38 06.*

Golf Club Sperone
Domaine de Sperone, Bonifacio.
📞 *04 95 73 17 13.*
FAX *04 95 73 17 85.*
@ golf@sperone.net

Ligue Corse de Golf
www.liguecorsedegolf.org

Wintersport

Bergerie de Catanelle
Ghisoni.
📞 *04 95 57 01 81.*

Calacuccia Skiing Resort (Skitouren)
Calacuccia, Fremdenverkehrsbüro.
📞 *04 95 48 05 22.*
www.asniolu.club.fr

Col de Verghio Skiing Resort
📞 *04 95 48 00 01.*

GRUND-INFORMATIONEN

Praktische Hinweise

Hier gibt es Informationen

Auf Korsika stellt der Tourismus nicht nur im Sommer, wenn Meer und Sonne Gäste aus aller Welt anlocken, einen bedeutenden Wirtschaftsfaktor dar. Im Frühjahr und im Herbst herrschen ideale Bedingungen für Touren im Landesinneren, für Wanderungen in den Bergen und für die Besichtigung archäologischer Stätten. Exzellente Hotels, Restaurants und Campingplätze sowie die Büros der Agence de Tourisme de la Corse und die Fremdenverkehrsämter vor Ort erleichtern das Reisen auf der Insel, für das man sich Zeit nehmen sollte. Planen Sie trotz der kurzen Entfernungen keine zu langen Touren: Korsikas Straßen führen durch fantastische Landschaften, sind jedoch kurvig und bisweilen nicht im besten Zustand. Wer hetzt, verpasst vielleicht die historischen, landschaftlichen und kulinarischen Überraschungen, die jedes Dörfchen in petto hat.

Die korsische Küste im Frühling

Beste Reisezeit

Korsika hat vielfältige Landschaften. Die besten Reisemonate für Urlaub an der See sind Juli und August. In diesen warmen Monaten herrscht auf der Insel Hochbetrieb. Für Wanderer und Kletterer ist Korsika von Mai bis September ein ideales Reiseziel. Wer nicht zu hoch hinaus will, kann auch noch im Oktober schöne Touren unternehmen. Wer die Schönheit der Insel in Ruhe genießen möchte, sollte seinen Aufenthalt nicht von Mitte Juli bis Mitte August planen.

Einreise

Reisende aus Deutschland und Österreich benötigen für die Einreise auf der zu Frankreich gehörenden Insel nur einen Personalausweis (oder Pass), Schweizer Staatsbürger einen Pass. Autofahrer müssen lediglich einen nationalen Führerschein vorweisen können. Empfohlen wird die grüne Versicherungskarte und das Europäische Unfallprotokoll (EUP), erhältlich bei der Kfz-Versicherung.

Information

Alle größeren Städte haben Informationsbüros. Sie heißen entweder *Office de Tourisme* oder *Syndicat d'Initiative*. In kleineren Städten kann man sich in Informationszentren über die Umgebung und benachbarten Dörfer erkundigen. Manchmal dient das Rathaus *(mairie)* als Besucherzentrum.

In den Touristeninformationen sind Broschüren und Karten über das Gebiet, Listen der Hotels und Restaurants sowie Informationsmaterial über die Museen und archäologischen Stätten erhältlich.

In den größeren Städten wie Ajaccio und Bastia werden darüber hinaus Veranstaltungskalender gedruckt, in denen Festivals und andere kulturelle Veranstaltungen, Musik-, Theater- und Tanzaufführungen sowie Kinoereignisse aufgeführt sind.

Wer seine Reise schon zu Hause gut planen möchte, sollte sich an eine französische Fremdenverkehrsorganisation wie beispielsweise die **Maison de la France** um Informationsmaterial über Korsika wenden.

Eintrittskarten und Öffnungszeiten

Generell muss man auf Korsika für die Besichtigung von archäologischen Stätten und Museen Eintritt bezahlen. In der Regel ist dieser für Jugendliche unter 18 Jahren und Senioren über 60 Jahren sowie bisweilen auch für Studenten mit internationalem Studentenausweis ermäßigt.

Die verschiedenen Museen und archäologischen Stätten haben jeweils unterschiedliche Öffnungszeiten. Üblicherweise haben Museen den ganzen Tag geöffnet, und Ausgrabungsstätten sind meist an einem Tag der Woche (Sonntag oder Montag) geschlossen. Bei der Besichtigung von Kirchen und Kapellen erkundigt man sich am besten vor dem geplanten Ausflug im

BASTIA TOURISME

Informationsbüro Bastia

◁ Einer der faszinierendsten Abschnitte der D81 führt durch die spektakulären Calanques de Piana

Das Straßenschild weist den Weg zu einem historischen Monument

Rathaus oder in der Touristeninformation nach den Öffnungszeiten. Das Gleiche gilt für die Besichtigung von unbekannteren oder abgelegenen Sehenswürdigkeiten.

Die Öffnungszeiten sind zudem in der Hoch- und Nebensaison unterschiedlich. Genaue Informationen hierzu finden Sie bei den Beschreibungen der einzelnen Orte im Abschnitt *Die Regionen Korsikas* sowie im Kapitel *Zu Gast auf Korsika (siehe S. 152–193).*

Der Katalog zur Kunstsammlung des Musée Fesch

Behinderte Reisende

Bezüglich behindertengerechter Ausstattung hinkt man auf Korsika immer noch dem Standard des französischen Festlands hinterher. Recht wenige Einrichtungen – Bars, Restaurants, Hotels und Pensionen – sind z.B. für Rollstuhlfahrer zugänglich.

In dem von La Route Robert herausgegebenen französischen Führer *Guide Rousseau: H comme Handicaps* findet sich eine detaillierte Liste über alle behindertengerecht ausgestatteten und mit dem Rollstuhl zugänglichen Einrichtungen. Infos für behinderte Reisende erteilt in Deutschland der **Bundesverband Selbsthilfe Körperbehinderter e.V.**

Studenten

Studenten mit einem internationalen Studentenausweis **(International Student Identity Card ISIC)** erhalten vielfältige Ermäßigungen für Eintrittskarten zu Sehenswürdigkeiten und anderen touristischen Einrichtungen. Den Ausweis erhält man beispielsweise im Internet über die ISIC-Website.

Sprachen

Neben der Amtssprache Französisch wird auf der Insel das seit 1974 in Frankreich als Regionalsprache anerkannte Korsisch gesprochen. Nach der Wiedereröffnung der Universität von Corte 1981 wurde das geschriebene Korsisch kodifiziert, und alte literarische Texte wurden neu ausgewertet *(siehe S. 30f).*

Das Korsische steht dem Italienischen näher als dem Französischen und erinnert an das in Ligurien – jedoch mit sardischem Akzent – gesprochene Italienisch. Viele Korsen verstehen und sprechen deshalb auch Italienisch. Straßenschilder sind zweisprachig französisch und korsisch – die französische Beschriftung ist jedoch häufig mit nationalistischen Graffiti überschmiert.

Zeit

Auf Korsika gilt die Mitteleuropäische Zeit (MEZ). Von Frühjahr bis Herbst werden die Uhren im Rahmen der Sommerzeit eine Stunde vorgestellt.

Elektrizität

Die Stromversorgung liefert auf Korsika wie in allen europäischen Ländern 230 Volt mit 50 Hertz. Die üblichen Zwei-Pin-Stecker passen in die Steckdosen.

Auf einen Blick

Diplomatische Vertretungen

Deutsches Konsulat
Furiani (südlich von Bastia).
☎ *04 95 33 03 56.*

Österreichisches Konsulat
Ajaccio.
☎ *04 95 21 29 79.*

Schweizer Konsulat
Ajaccio.
☎ *04 95 21 28 43.*

Fremdenverkehrsorganisationen

Agence de Tourisme de la Corse
17, blvd du Roi Jérôme,
Ajaccio.
☎ *04 95 51 00 00.*
www.visit-corsica.com

Maison de la France
www.franceguide.com

Informationsbüros

Bastia
Place St-Nicolas.
☎ *04 95 54 20 40.*

Bonifacio
2, rue Fred Scamaroni.
☎ *04 95 73 11 88.*

Calvi
97, port de Plaisance.
☎ *04 95 65 16 67.*

Corte
La Citadelle.
☎ *04 95 46 26 70.*

Nützliche Kontakte

Bundesverband Selbsthilfe Körperbehinderter e.V.
Postfach 20,
D-74236 Krautheim.
☎ *06294 681 10.*
www.bsk-ev.org

Internationaler Studentenausweis (ISIC)
www.isiccard.com

Parc Naturel Régional de la Corse
2, rue Major Lambroschini,
Ajaccio.
☎ *04 95 51 79 10.*
www.parc-naturel-corse.com

Sicherheit und Gesundheit

Zeichen der Feuerwehr

Korsika ist eine ruhige und sichere Urlaubsregion. Der Fremdenverkehr spielt eine wichtige wirtschaftliche Rolle, und so werden Besucher überall willkommen geheißen. Generell ist die persönliche Sicherheit weder für männliche noch für weibliche Reisende gefährdet. Gewaltanschläge, von denen ab und an in den Medien berichtet wird, sind das Werk politischer Extremisten und stellen für die Gäste auf der Insel keine Gefahr dar. Die medizinische Versorgung ist auf Korsika exzellent: Rund um die Uhr stehen in den großen Städten Krankenhäuser und in den kleinen Ortschaften (v. a. in Urlaubsgebieten) Ärzte und medizinische Einrichtungen zur Verfügung.

Sicherheit

Schwerwiegende gefährliche Vorfälle sind auf Korsika relativ selten zu verzeichnen. Selbst für allein reisende Frauen sind gefahrvolle Situationen eher unwahrscheinlich.

Wer sich auf der Insel bewegt, wird kaum die überall vorhandenen Graffiti übersehen können, deren Parolen vehement die Unabhängigkeit Korsikas fordern. In den letzten Jahren wurden einige Gewaltanschläge mit der Unabhängigkeitsbewegung in Verbindung gebracht. Doch selbst wenn die Hardliner unter den Separatisten bisweilen zu gewalttätigen Mitteln griffen, so sind die Spannungen derzeit verschwindend und betreffen nicht Urlauber. Halten Sie sich dennoch aus hitzigen Streitgesprächen am besten heraus bzw. von Demonstrationen besser fern, um unliebsame Überraschungen zu vermeiden.

Polizei

Die Aufklärung schwererer Verbrechen ist in Frankreich Sache der *Gendarmerie Nationale*. Sie arbeitet außer bei großen Vorkommnissen hauptsächlich außerhalb der großen Städte. In den Städten regulieren Polizisten den Verkehr und kümmern sich um kleinere Vergehen. Wenn Sie polizeiliche Hilfe brauchen, wenden Sie sich stets an das nächste Polizeirevier *(Gendarmerie)*.

In kleinen, abgeschiedenen Dörfern können Sie sich bei Problemen während der Bürostunden auch an die Beschäftigten des lokalen Rathauses *(mairie)* wenden.

Ein Gendarm in Uniform

Unfälle

Korsikas oftmals sehr schmale Straßen gehören im gesamteuropäischen Vergleich nicht eben zu den besten. Häufig ist die Asphaltdecke beschädigt, und besonders im gebirgigen Landesinneren der Insel sind die Kurven teilweise schier unzählig.

Wer mit dem Auto unterwegs ist *(siehe S. 205)*, sollte stets mit einem Ersatzreifen und Werkzeug für kleinere Reparaturen ausgerüstet sein.

Brandgefahr

Mit seinen riesigen, dichten Wäldern erscheint Korsika im Vergleich zu anderen Mittelmeerinseln wie eine grüne Oase.

In den ausgedehnten Wäldern des Landesinneren und in der dichten Macchia der Küstenregionen ist Feuerschutz von lebenswichtiger Bedeutung. In diesen Gebieten bläst der Wind fast ununterbrochen, zudem herrscht ein heißes Klima und gedeiht eine dichte Vegetation – all diese Faktoren begünstigen den Ausbruch von Feuersbrünsten. Hinzu kommt, dass in dem unzugänglichen Gelände mit seinen steilen Hängen und Schluchten Brände nur unter Schwierigkeiten kontrolliert und gelöscht werden können. Ein anschauliches Schreckensbeispiel ist die riesige Feuersbrunst, die im Sommer 2000 in der Vallée de la Restonica wütete.

Die Feuerwehr operiert bei Feuern am Boden und von der Luft aus mit »Canadair«-Löschflugzeugen sowie kleineren, wendigeren Hubschraubern, die das Löschwasser in den Stauseen des Landesinneren aufnehmen.

Halten Sie stets die feuerpolizeilichen Vorschriften ein: Offene Feuer sind außer in strengstens kontrollierten Gebieten absolut verboten. Werfen Sie niemals brennende Zigaretten auf die Straße oder in die Vegetation. Achten Sie stets auf Feueranzeichen oder Rauch, und benachrichtigen Sie gegebenenfalls sofort die Feuerwehr.

Mit solchen Fahrzeugen arbeitet die Feuerwehr in schwierigem Gelände

Ein Canadair-Flugzeug beim Löschen eines Brandes

Wer eine längere Wanderung in einem feuergefährdeten Gebiet plant, sollte besser die lokalen Behörden darüber informieren. Falls wirklich ein Feuer ausbrechen sollte, weiß die Feuerwehr in diesem Fall, wie viele Personen sich in Gefahr befinden.

Juristische Hilfe

Schließen Sie am besten immer eine Reiseversicherung ab. Sollten auf Ihrer Reise Probleme auftreten, die möglicherweise ein polizeiliches Einschreiten erfordern, treten Sie so schnell wie möglich mit Ihrem Konsulat in Verbindung *(siehe S. 197)*. Die diplomatischen Vertretungen können Sie mit allen erforderlichen Hilfestellungen in Ihrer Muttersprache unterstützen.

Diebstähle

Obwohl Korsika ein friedliches Eiland ist, sollte man dennoch nicht die Vorsichtsmaßnahmen vergessen, zu denen der gesunde Menschenverstand rät.

Achten Sie also stets auf Ihr Eigentum, lassen Sie Ihr Gepäck nie unbeobachtet oder sichtbar im Auto liegen, und tragen Sie wenn möglich keine großen Summen Bargeld bei sich.

Diebstähle sollten sofort beim nächsten Polizeirevier angezeigt werden. Beim Verlust der Papiere bietet das Konsulat Ihres Heimatlandes Hilfe *(siehe S. 197)*.

Medizinische Versorgung

Bürger von EU-Mitgliedsstaaten haben auf Korsika das Recht auf die gleiche medizinische Versorgung wie in ihrem Heimatland. Damit der Versicherungsschutz für diese garantierten ärztlichen Leistungen greift, müssen sie die Europäische Krankenversicherungskarte (EHIC) mitführen. Sollte eine ärztliche Behandlung notwendig sein, muss diese vor Ort bezahlt werden. Die Kosten werden dann nach Einreichung der Rechnung von der heimischen Krankenkasse rückerstattet.

Die Kosten für den Rücktransport nach Hause im Falle eines Unfalls oder einer Erkrankung decken extra abzuschließende Reiseversicherungen ab.

Apothekenzeichen

Krankenhäuser und Apotheken

Die korsischen Krankenhäuser sind gut organisiert und effizient. Hospitäler finden sich in den vier großen Städten und in den wichtigsten Ferienorten. Dort bieten zudem Ärzte rund um die Uhr ihre Dienste an.

In fast allen Orten gibt es Apotheken, die man an den an der Außenfront angebrachten grünen Neonkreuzen erkennt. An geschlossenen hängen immer die Adressen der nächsten geöffneten Apotheken und die Öffnungszeiten deutlich sichtbar aus.

Auf einen Blick

Notrufnummern

Polizei
17 oder 112.

Feuerwehr
18 oder 112.

Notarzt
15 oder 122.

Pannenhilfe
Touring Club *08 00 08 92 22.*
ADAC *0049 89 22 22 22.*
AA (Nicht-Mitglieder) *00800 33 22 88 77 (gebührenfrei).*

Krankenhäuser

Hôpital d'Ajaccio
27, avenue Impératrice Eugénie.
04 95 29 90 90
oder 04 95 29 91 49 (Notfälle).

Hôpital de Bastia
Route Royale.
04 95 59 11 11
oder 04 95 59 10 51 (Notfälle).

Hôpital de Bonifacio
Route Santa Manza.
04 95 73 95 73.

Hôpital de Corte
Avenue 9 Septembre.
04 95 45 05 00.

Hôpital »Cacciabello«
D48, außerhalb von Sartène.
04 95 77 95 00.

Gefahren im Freien

Schützen Sie sich in den Bergen und am Meer ausreichend vor der Sonne, um Sonnenbrand zu vermeiden.

Wer an entsprechenden Allergien leidet, sollte Insektenschutzmittel dabeihaben.

Die korsischen Krankenhäuser haben einen hohen Standard

Banken und Währung

Seit dem Jahr 2002 sind für die meisten Reisenden aus europäischen Ländern auch auf Korsika die Zeiten des mühsamen Umrechnens vorbei. Frankreich ist ein Mitglied der Europäischen Währungsunion, in der der Euro als Zahlungsmittel gilt. Besucher aus Ländern außerhalb der Währungsunion können jedoch schnell und einfach Geld in Banken, Wechselstuben sowie in Hotels und Penisonen wechseln. Der Wechselkurs des Euro mit anderen Währungen wird täglich festgelegt. Die Kurse können in den Zeitungen nachgelesen werden.

An den Bankfilialen kann man an Geldautomaten Bares abheben

Banken

Die Öffnungszeiten der Banken auf Korsika entsprechen denen in Südfrankreich (Montag bis Freitag von 8.30 bis 12 Uhr und von 13.30 bis 16.30 Uhr). Samstags und sonntags haben die Geldinstitute geschlossen. Bisweilen sind sie auch von Freitagmittag bis Dienstagmorgen geschlossen, je nachdem, welche Feiertage anstehen.

Obwohl man beim Geldwechseln in der Regel keine Papiere vorlegen muss, kann es zuweilen dennoch vorkommen, dass Ihr Ausweis verlangt wird.

In den Banken können die meisten gängigen Fremdwährungen gewechselt und Reiseschecks eingelöst werden. Für diese gilt jedoch immer ein (nur geringfügig) anderer, meist etwas ungünstigerer Wechselkurs. Über weitere Dienstleistungen der Banken auch für ausländische Kunden kann man sich vor Ort informieren.

Aus Sicherheitsgründen betreten die Kunden viele Banken durch elektronisch gesteuerte Doppeltüren. Dabei muss man zuerst an der Außenseite einen Knopf drücken, um die äußere Türe zu öffnen. Durch diese gelangt man in einen kleinen Vorraum, aus dem man erst durch eine zweite, sich automatisch öffnende Tür in den Schalterraum der Bank gelangt, wenn ein grünes Licht anzeigt, dass die äußere Eingangstüre wieder geschlossen ist.

Geldautomaten

Geldautomaten, an denen man rund um die Uhr Bargeld abheben kann, findet man auch auf Korsika in und an fast allen Bankfilialen. Zum Geldabheben ist eine Debitkarte (z.B. **Maestro-/EC-Karte**) oder eine Kreditkarte erforderlich, etwa von **Visa** (in Frankreich **Carte Bleue** genannt), **MasterCard**, **Diners Club** oder von **American Express**.

Achten Sie beim Abheben an Geldautomaten unbedingt auf Ihre Umgebung, und stellen Sie auf jeden Fall sicher, dass Ihnen niemand bei der Eingabe Ihrer geheimen PIN über die Schulter schaut.

Kreditkarten

Selbst bei kleinen Beträgen ist auf Korsika eine Bezahlung mit gängigen Debit- oder Kreditkarten in den Geschäften sowie in Hotels und Restaurants üblich und weit verbreitet.
In den kleinen Läden und Lokalen des Landesinneren wird jedoch häufig nur Bargeld angenommen oder zumindest bevorzugt.

Die gängigsten Kreditkarten sind MasterCard und Visa (Carte Bleue). Kreditkarten von American Express und Diners Club werden jedoch inzwischen auf Korsika ebenfalls immer häufiger akzeptiert.

Falls Sie Ihre Kreditkarte verlieren oder Sie Ihnen gestohlen wird, rufen Sie die entsprechende Notrufnummer an *(siehe oben)*.

Wechselstuben

Die Kurse in den Wechselstuben der großen Ferienorte entsprechen mehr oder minder den offiziellen Wechselkursen. Informieren Sie sich vor dem Wechseln stets über die Kurse und besonders über die Gebühren für jede Transaktion.

Geld kann man zudem in vielen Hotels wechseln. Auch hier sollte man sich jedoch vor der Transaktion immer über die Kurse und v.a. die in der Regel hohen Gebühren informieren.

In den zahlreichen Wechselstuben ist Geldwechseln kein Problem

Auf einen Blick

Kreditkartenverlust

Allgemeine Notrufnummer
0049 116 116.
www.116116.eu

American Express
0031 47 77 72 00.

Diners Club
0810 31 41 59.

MasterCard
0800 90 13 87.

Visa (Carte Bleue)
0800 90 11 79.

Maestro-/EC-Karte
0049 69 740 987.

WÄHRUNG

Die europäische Gemeinschaftswährung Euro (€) gilt in 15 EU-Staaten: Belgien, Deutschland, Finnland, Frankreich, Griechenland, Irland, Italien, Luxemburg, Malta, Niederlande, Österreich, Portugal, Slowenien, Spanien und in der Republik Zypern. Alte Francs sind ungültig, können jedoch bis 30.12.2012 bei der Banque de France umgetauscht werden (www.banque-france.fr).

Die Euro-Scheine sind einheitlich gestaltet, bei den Münzen prägt jedes Land eigene Rückseiten. Seit 2004 kann jeder Eurostaat einmal jährlich eine 2-Euro-Gedenkmünze bedeutender Ereignisse (z.B. Olympische Spiele) herausgeben. Alle diese Münzen gelten in jedem Staat der Eurozone.

Euro-Banknoten
Euro-Banknoten gibt es in sieben Werten (5, 10, 20, 50, 100, 200 und 500 €). Die unterschiedlich großen Scheine wurden vom Österreicher Robert Kalina entworfen und zeigen Architekturelemente und Baustile verschiedener Epochen, eine Europakarte und die EU-Flagge mit den zwölf Sternen.

5-Euro-Schein (Baustil: Klassik)

10-Euro-Schein (Baustil: Romanik)

20-Euro-Schein (Baustil: Gotik)

50-Euro-Schein (Baustil: Renaissance)

100-Euro-Schein (Baustil: Barock & Rokoko)

200-Euro-Schein (Eisen- und Glasarchitektur)

500-Euro-Schein (Moderne Architektur des 20. Jh.)

2-Euro-Münze

1-Euro-Münze

50-Cent-Münze

20-Cent-Münze

10-Cent-Münze

Euromünzen
Euromünzen gibt es in acht Werten (2 €, 1 € sowie 50, 20, 10, 5, 2 und 1 Cent). Die einheitlichen Vorderseiten entwarf der Belgier Luc Luycx; die Rückseiten sind in jedem Land anders gestaltet. Auch San Marino, der Vatikanstaat und Monaco prägen eigene Münzen.

5-Cent-Münze

2-Cent-Münze

1-Cent-Münze

Kommunikation und Medien

Zeichen für öffentliches Telefon

Die staatliche französische Telefongesellschaft heißt France Telecom, die Post schlicht La Poste; beide Unternehmen arbeiten effizient. Telefonzellen und Postämter finden sich auf ganz Korsika. Weniger verbreitet sind Internet-Zugänge, doch alle Ämter und Fremdenverkehrsbüros verfügen über E-Mail. Darüber hinaus kann man sich auf zahlreichen Internet-Seiten über die Insel informieren. Auf Korsika operieren zwei Mobiltelefonnetze. Im Sommer gibt es in den großen Orten einige ausländische Zeitungen zu kaufen, in der Regel mit einem Tag Verspätung.

Postdienste

Die französische Post arbeitet effizient und pünktlich. In den Postämtern *(bureau de poste)* kann man Briefmarken *(timbres)*, entweder einzeln oder in Bögen *(carnets)* zu zehn Marken, kaufen und Briefe und Pakete auf verschiedene Arten aufgeben (Express, Sonderlieferung usw.). Dort liegen zudem Telefonbücher *(annuaires)* aus, werden Telefonkarten *(télécartes)* verkauft, kann man postalisch Geld überweisen *(mandats)* oder vom Post-Girokonto abheben.

In jeder Stadt bietet zudem das Hauptpostamt *poste restante* an, also die Möglichkeit, sich Post dorthin postlagernd schicken zu lassen. Die französische Post bietet zudem verschiedenste Finanzdienstleistungen.

Die Hauptpostämter haben montags bis freitags von 8 bis 19 Uhr geöffnet und sind manchmal über Mittag für eine Stunde geschlossen. In kleineren Orten sowie samstags haben Postämter nur vormittags geöffnet.

Für internationale Post gibt es acht verschiedene Tarife. Am preiswertesten sind Sendungen innerhalb Europas. Sie kosten so viel wie Sendungen innerhalb Frankreichs (Standardbrief 0,54 Euro, Postkarte 0,45 Euro). Am teuersten sind Sendungen nach Asien und Australien, und auch für große Pakete muss man einiges berappen.

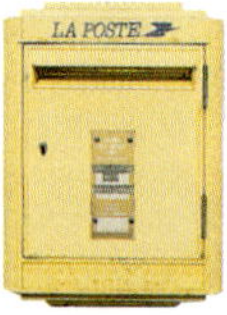

Korsischer Briefkasten

In die korsischen gelben Briefkästen mit dem Logo *La Poste* wirft man oft die Post für die Umgebung, für ein anderes Département sowie das Ausland durch verschiedene Schlitze ein.

Die Départements

Das französische Verwaltungssystem stammt noch aus der Zeit der Revolution, als die Nation in Verwaltungseinheiten mit gleicher politischer Bedeutung aufgeteilt wurde. Diese 96 *départements* gelten noch heute. Sie sind zu *régions* zusammengefasst und in insgesamt 35 000 Gemeinden *(communes)* unterteilt.

Korsika ist in zwei Départements unterteilt: 2A Corse-du-Sud und 2B Haute-Corse. Dies entspricht mehr oder minder der alten Unterteilung in die Gebiete *Delà des monts* und *Deça des monts* *(siehe S. 40)*.

Französische Adressen haben eine fünfstellige Postleitzahl. Die zwei ersten Ziffern stehen für das Département, die dritte für die Stadt, die beiden letzten für das Viertel oder einen kleineren Ort.

Die französischen Telefonkarten sind aufwendig gestaltet

Öffentliche Telefone

Die meisten öffentlichen Telefone auf Korsika haben Tasten und funktionieren mit Telefonkarten. Diese kann man zu verschiedenen Beträgen mit unterschiedlich vielen Einheiten *(unités)* kaufen. Bei Ortsgesprächen dauert eine *unité* etwa sechs Minuten, je weiter die Entfernung, desto kürzer die Einheit (nach Australien nur etwa vier Sekunden).

Telefone in den Bars und Restaurants funktionieren mit Geld- oder Telefonmünzen, in den Postämtern zahlt man die in den Kabinen getätigten Anrufe nach dem Gespräch am Schalter.

Über den internationalen Telefondienst *pays direct* rufen Sie die Vermittlung an und bezahlen entweder mit Kreditkarte oder melden ein R-Gespräch an.

Telefonieren

Alle französischen Telefonnummern haben zehn Ziffern und schließen die frühere Ortsvorwahl ein. Die ersten beiden Zahlen geben die jeweilige der vier Zonen an, in die Frankreich unterteilt ist. Die 04 steht für die südöstliche Zone, zu der Korsika gehört. Die nächsten beiden Zahlen geben die *région* an, auf Korsika 95.

Für die örtliche Telefonauskunft wählen Sie die 118, danach 000, 008 oder 218 (dieser Service ist gebührenpflichtig). Der Polizeinotruf ist 17.

LA POSTE

Logo der französischen Post- und Telekommunikationsdienste

Auslandsgespräche

Für internationale Telefongespräche wählen Sie 00, anschließend die Ländervorwahl (49 für Deutschland, 43 für Österreich und 41 für die Schweiz), die Ortsvorwahl ohne die 0 am Anfang und schließlich die entsprechende Teilnehmernummer.

Direktverbindungen ins deutsche Festnetz bekommen Sie mit **Deutschland Direkt**: 0800 99 00 49.

Eine Telefonzelle mit dem Logo der France Telecom

Für Telefonate vom Ausland nach Korsika wählen Sie Korsikas internationale Vorwahl 0033. Daran folgt im Anschluss die Telefonnummer des gewünschten Teilnehmers. Dabei wird die vorausgehende 0 nicht gewählt.

Die Telefonvermittlungsdienste erreicht man über die Nummer 3200.

Mobiltelefone

Auf Korsika gibt es drei Mobiltelefongesellschaften: *Orange*, *Bouygues* und *SFR*. Alle in Europa gängigen GSM-Handys funktionieren auf Korsika problemlos. Informieren Sie sich am besten vor der Anreise bei Ihrer Telefongesellschaft über Roaming-Tarife für Gespräche ins Ausland.

Unter www.tariftip.de finden Sie die aktuell günstigsten Anbieter. SMS sind immer die preiswerteste Lösung.

Radio und Fernsehen

Auf Korsika kann man die öffentlich-rechtlichen Sender Frankreichs – darunter auch den deutsch-französischen Sender ARTE – sowie private lokale Rundfunk- und Fernsehprogramme empfangen.

Dank der Nähe zu Sardinien und dem italienischen Festland kann man in vielen Häusern und v.a. in Hotels auch die großen italienischen Programme sehen.

Zahlreiche Hotels bieten ihren Gästen zudem häufig die führenden europäischen und US-Satellitensender wie Sky News, BBC World und CNN.

Zeitungen

Wie auf dem französischen Festland gibt es auf Korsika die großen überregionalen französischen Tageszeitungen wie *Le Monde*, *Le Figaro* und *Libération* sowie die Regional- und Lokalblätter wie beispielsweise *Corse-Matin* zu kaufen. Die Lokalzeitungen informieren ausführlich über kulturelle Veranstaltungen, Kinoprogramme, Theater und Sport. Auslandsnachrichten sucht man dort jedoch meist vergeblich.

In der Feriensaison im Sommer werden in Korsikas größeren Städten und Urlaubsgebieten ausländische Zeitungen – normalerweise mit einem Tag Verspätung – angeboten.

Die Tageszeitung *Corse-Matin* mit der wöchentlichen Beilage

Auf einen Blick

Postämter

Ajaccio
13, cours Napoléon.
04 95 51 84 75.

Aléria
Cateraggio.
04 95 56 55 00.

Bastia
Avenue Maréchal Sebastiani.
04 95 32 80 70.

Bonifacio
Place Carrega, Rue St Dominique.
04 95 73 73 73.

Calvi
1, boulevard Wilson.
04 95 65 90 90.

Cargèse
Traverse Stéphanopoli de Comène.
04 95 26 41 97.

Corte
Avenue Baron Mariani.
04 95 46 80 00.

Porto-Vecchio
Route Nationale 198.
04 95 70 95 00.

Zonza
Au Bourg.
04 95 78 67 67.

Internet

Größere Städte haben zumeist Internet-Cafés. Die Internet-Adresse der zentralen Tourismusorganisation Agence de Tourisme ist **www.visit-corsica.com**. Sehr nützlich sind zudem die Website **www.corsica-guide.com**, die über Veranstaltungen, Geografie, Kultur und Museen informiert, sowie **www.corsica-online.com** für Hotels, Restaurants und Ausflüge. Informationen über Unterkünfte bietet auch **www.ilotel.com**.

Die Website der Parc Naturel Régional de la Corse ist **www.parc-naturel-corse.com**; Weinliebhaber zieht es wohl eher zur Internet-Adresse **www.vinsdecorse.com**.

Informationen über aktuelle Veranstaltungen findet man unter **www.corsica-info.com**. **www.u-corsu.com** ist eine gute Suchmaschine für alles, was Korsika betrifft.

Reiseinformationen

Korsika hat sehr gute Verkehrsanbindungen zum europäischen Festland. Ajaccio, Bastia, Figari-Sud-Corse (bei Bonifacio) und Calvi werden regelmäßig von Südfrankreich, der Provence und Paris aus angeflogen. In der Hochsaison landen hier zudem zahlreiche Charterflüge. Viele Reisende kommen jedoch mit der Fähre entweder von Südfrankreich oder Italien auf der Insel an. Zum Herumreisen bietet sich am besten das Auto an. Die einzige Bahnlinie verbindet Bastia mit Ajaccio und Calvi, und nicht alle Ferienorte im Landesinneren sind mit Linienbussen erreichbar. Darüber hinaus sind Busreisen häufig mit langen Wartezeiten verbunden. Wer mit dem Auto unterwegs ist, muss sich auf kurvenreiche Straßen und langsames Fahren einstellen. Bei stärkerem Verkehr ist – besonders bei schlechtem Wetter – höchste Vorsicht geboten!

Bus für Ausflugsfahrten

Riesige Autofähren verbinden die Insel mit dem Festland

Anreise mit dem Flugzeug

Im Sommer wird Korsika von zahlreichen Charterlinien angeflogen, die auf den Flughäfen von Ajaccio, Bastia, Calvi und Figari landen. Ein Preisvergleich zwischen den Angeboten der Gesellschaften – auch von Pauschalreisen – ist durchaus lohnend.

Air France und **Corse-Méditerranée** fliegen Korsika ganzjährig vom französischen Festland aus im Linienflug ab Paris, Marseille oder Nizza an. Direktverbindungen zu Frankreich bieten zudem regionale Fluggesellschaften wie beispielswese **Nouvelles Frontières/Corse Air International** oder **Air Lib**.

Von Frühjahr bis Herbst erreicht man die Insel von Deutschland aus (München via Frankfurt/Main) mit der **Lufthansa**.

AIR FRANCE

Logo der französischen Fluggesellschaft Air France

Flugpreise

Generell sind die Flugpreise in der sommerlichen Hochsaison verhältnismäßig hoch. Wer sich jedoch die Zeit nimmt, gründlich die Angebote zu studieren und zu vergleichen, auch auf Last-Minute-Schnäppchen vertraut oder in seiner Zeitgestaltung flexibel und nicht auf bestimmte An- und Abflugdaten fixiert ist, kann preiswerte Flüge ergattern. In der Nebensaison sind die Preise selbstverständlich erheblich niedriger.

Pauschalreisen

Mehrere Reiseveranstalter bieten auch Pauschalreisen nach Korsika an. Diese bieten in der Regel ein gutes Preis-Leistungs-Verhältnis bezüglich Flugpreis und Unterkunftskosten. Je nach der gebuchten Reise sind neben Unterkunft und Verpflegung auch Leihwagen und bestimmte Aktivitäten im Preis eingeschlossen.

Zu den renommiertesten Anbietern zählt **Club Med**. Der Veranstalter betreibt auf Korsika einen qualitativ hochwertigen Ferienclub *(siehe S. 155)* bei Cargèse. Im Pauschalpreis sind Kinderbetreuung und alle Aktivitäten enthalten.

Anreise mit der Fähre

Die Fähre ist das Transportmittel Nummer eins für Reisende, die über Frankreich oder Italien mit dem Auto anreisen. Angesichts des sommerlichen Andrangs ist man gut beraten, den Platz bereits geraume Zeit vorher zu buchen. Dies gilt besonders, wenn man mit dem Wohnmobil oder Wohnwagen unterwegs ist.

Im Sommer kann man mit Schnellfähren erheblich Zeit sparen. Diese verlangen jedoch höhere Preise als die normalen Fähren.

Den Hafen von Bastia steuern viele Fährlinien von Marseille, Nizza, Toulon, Genua und Savona, La Spezia, Livorno und Piombino an. In Ajaccio legen Fähren aus Südfrankreich und Genua sowie aus Porto Torres auf Sardinien an. Nach Bonifacio gelangt man mit der Fähre nur von Sardinien aus.

Im Zug von Ajaccio nach Bastia

Die französischen Fährlinien heißen **Societé Nationale Maritime Corse Mediterranée** (SNCM) und **Compagnie Méridionale de Navigation** (CMN). Von Italien und Frankreich aus legen die Schiffe von **Corsica Ferries** in Civitavècchia (nur im Sommer), von Livorno und Savona (ganzjährig) sowie von Toulon und Nizza Richtung Korsika ab. **Moby Lines** verbindet im Juli und August Bastia mit Piombino, Livorno und Genua zum etwa gleichen Preis.

Im Sommer fahren zudem Fähren von Frankreich und Italien nach Calvi, L'Île Rousse und Porto-Vecchio.

Fährtarife

Der höchste Tarif für zwei Personen mit vier bis fünf Meter langem Auto gilt auf der Fähre von Livorno nach Bastia: rund 260 € für die Hin- und Rückfahrt. Die niedrigsten Tarife (Spezialtickets und/oder besondere Nachlässe) beginnen jedoch bereits bei 105 €.

Bahnreisen

Auf der wegen der herrlichen Aussicht empfehlenswerten Strecke der Schmalspurbahn Bastia–Corte–Ajaccio verkehren täglich in jeder Richtung vier Züge.

Zu den meistfrequentierten Bahnhöfen zählt der des Örtchens Vizzavona, in dem viele Wanderer ihren langen Weg auf dem berühmten GR20 beginnen *(siehe S. 22–27)*.

Wer von Calvi nach Ajaccio (oder umgekehrt) reist, muss in dem kleinen Bahnhof von Ponte Leccia umsteigen.

Genaue Fahrpläne sind in den größeren Bahnhöfen, besonders in Bastia und Ajaccio, angeschlagen.

Busreisen

Das Busunternehmen **Société des Autocars Cortenais** bietet in der Umgebung von Corte seine Dienste an, im zentralen Norden operiert zudem **Autocars Santini**. Auch Ajaccio, Sartène und Bonifacio werden von Bussen, z.B. von **Eurocorse**, angefahren.

Da die Fahrpläne je nach Saison unterschiedlich sind, empfiehlt es sich, vor einer Busreise im Fremdenverkehrsbüro die genauen Zeiten zu erfragen.

Mit dem Auto unterwegs

Für Autofahrten müssen Sie auf Korsika lediglich einen regulären Führerschein besitzen. Die Promillegrenze liegt bei 0,5 – Verstöße kommen teuer zu stehen. Innerorts beträgt die Höchstgeschwindigkeit 50 km/h, außerhalb 90 km/h und auf Autobahnen 130 km/h. Bei Regen- und Schneefällen sowie in Tunnels ist auch tagsüber das Abblendlicht einzuschalten. Gelbe Streifen am Fahrbahnrand bedeuten Parkverbot.

Bei Pannen können Sie den **ADAC-Notruf** wählen (0825 800 822, mit Mobiltelefon: 0033 825 800 822).

Rechnen Sie beim Planen von Ausflügen mit einer Durchschnittsgeschwindigkeit von 40–50 km/h – auf Korsikas Straßen behindern nicht nur Tiere den Verkehr, sondern auch Wohnmobile und Wohnwagen, die sich durch die engen Haarnadelkurven quälen. Schneller geht es nur auf den Routes Nationales (Bastia–Calvi, Bastia–Corte–Ajaccio, Bastia–Porto-Vecchio und Ajaccio–Bonifacio) voran.

Autovermietung

Die Büros der großen Verleihfirmen befinden sich in den Flughäfen und Passagierhäfen. **Avis**, **Europcar**, **Hertz** und **Budget Rent a Car** sowie einheimische Unternehmen wie etwa **Ada** bieten je nach Saison sehr unterschiedliche Tarife an. Gegen eine geringe Extragebühr kann man das Auto an einem anderen als dem Verleihort abgeben.

Mit dem Motorrad unterwegs

Korsika ist ein Paradies für Motorradfahrer. Die Straßen bieten eine lohnende Herausforderung, und im Sommer herrscht sicher Trockenheit. Wer mit dem Motorrad reist, kann zudem den häufigen Staus an der Küste ein Schnippchen schlagen. Wie beim Autofahren gilt jedoch, gerade auf Bergstrecken Vorsicht walten zu lassen.

Motorräder können in Ajaccio, Calvi, Bastia, Porto, Propriano und Porto-Vecchio gemietet werden. Einige Verleiher bieten zudem Serviceleistungen für diejenigen an, die mit der eigenen Maschine anreisen.

Reisen mit dem Wohnmobil – eine beliebte Alternative zum Hotel

Seereisen

Im Sommer tummeln sich alle nur erdenklichen Arten von Booten in korsischen Gewässern. Während die einen an der korsischen Küste gemütlich die Ferienorte und einsamen Traumbuchten ansteuern, wagen andere, gegebenenfalls unter dem Kommando eines erfahrenen Skippers, in seetauglichen Booten die Überfahrt von Italien oder Frankreich *(siehe S. 190)*. Selbst die kürzeste Überfahrt von Sardinien durch die Straße von Bonifacio *(siehe S. 113)* ist nicht ungefährlich aufgrund der in diesen Gewässern häufigen starken Winde oder Stürme.

Mit dem Segelboot kann man zweifellos die korsische Küste am besten erkunden. Für unvergessliche Tagesausflüge eignen sich selbst Dingis oder kleine Jollen, die man mit dem Auto transportieren kann.

Bootsverleih

An der ganzen Küste bieten zahlreiche Bootsverleiher ihre Dienste an. Sie vermieten Boote aller Klassen und führen etwa auch Wartungsarbeiten aus. Die Mietpreise werden nach Stunden oder Tagen berechnet. Wer Größeres vorhat, kann auch wochenweise ein Boot mieten. In diesem Fall bieten die Unternehmen Segeltörns mit Skipper oder sogar einer ganzen Crew an.

Die Preise berechnen sich nach dem gewählten Bootstyp, der Dauer des Törns und je nachdem, ob die Dienste eines Skippers oder einer Crew in Anspruch genommen werden. Sie liegen außerdem in der Hochsaison höher als in der Nebensaison.

Bei einer Inselumsegelung legt man auch im Hafen von Cargèse an

Inseltörns

Ein Klassiker ist eine Korsika-Umsegelung entlang der spektakulären korsischen Küste – hierbei gelangt man in Traumbuchten, die vom Land aus nicht einmal zu Fuß zu erreichen sind. Schöne Segeltörns bietet z.B. der **Sailing-Classics**-Schoner Kairós.

In der Tabelle sind die Häfen und ihre Ausstattung aufgelistet. Obwohl diese im Sommer zusätzliche Liegeplätze einrichten, sind sie sehr oft überfüllt. Rufen Sie vorab an, oder ankern Sie bereits am frühen Nachmittag.

Hafen	Information	Lageplätze Gesamt	Lageplätze Zeitweise	Tankstelle	Wartung und Reparatur
Ajaccio, Ornano	*04 95 22 31 98*	830	160	●	●
Ajaccio, Tino Rossi	*04 95 21 93 28*	260	140		●
Bastia, Port de Toga	*04 95 34 90 70*	357	50	●	●
Bastia, Vieux Port	*04 95 31 31 10*	260	40	●	
Bonifacio	*04 95 73 10 07*	330	120	●	●
Calvi	*04 95 65 10 60*	480	100	●	●
Campoloro	*04 95 38 07 61*	464	80	●	●
Cargèse	*04 95 26 47 24*	235	25	●	
Lumio	*04 95 60 70 88*	250	0	●	●
Macinaggio	*04 95 35 42 57*	585	240	●	●
Pianottoli Caldarello	*04 95 71 83 57*	160	80		
Porto-Vecchio	*04 95 70 17 93*	450	150	●	●
Propriano	*04 95 76 10 40*	420	50	●	●
St-Florent	*04 95 37 00 79*	750	150	●	●
Solenzara	*04 95 57 46 42*	450	100	●	●

Auf einen Blick

Flughäfen

Ajaccio
Campo dell'Oro.
04 95 23 56 56.

Bastia
Poretta.
04 95 54 54 54.

Calvi
Ste-Catherine.
04 95 65 88 88.

Figari-Sud-Corse
04 95 71 10 10.

Fluglinien

Air France
Frankreich.
3654.
Deutschland.
01805 83 08 30.
Österreich.
0222 52 66 52.
Schweiz.
02232 16 00.
www.airfrance.com

Corse-Mediterranée (CCM)
Marseille, Nizza, Lyon.
3654 oder 04 95 29 05 09.
www.aircorsica.com

Lufthansa
Deutschland.
01805 83 8 42 67.
Österreich.
0800 90 08 00.
Schweiz.
01447 99 66
www.lufthansa.com

Nouvelles Frontières/ Corse Air International
Paris, Marseille, Bordeaux, Strasbourg, Lyon, Lille, Nizza, Toulouse, Brüssel.
Bastia.
04 95 32 01 62.
www.nouvelles-frontieres.fr

Pauschalurlaub

Club Med
Deutschland.
0800 734 73 34.
Österreich und Schweiz.
00800 73 47 33 47.
www.clubmed.com

Fährhäfen

Ajaccio
04 95 51 21 80.

Bastia
04 95 55 25 00.

Bonifacio
04 95 73 06 75.

Calvi 04 95 65 05 21.

L'Île Rousse
04 95 60 45 54.

Porto-Vecchio
04 95 70 43 08.

Propriano
04 95 76 04 36.

Fähren

Compagnie Méridionale de Navigation
Ajaccio. 04 95 11 01 00.
www.cmn.fr

Corsica Ferries
Livorno, Savona, Toulon, Nizza.
Bastia.
04 95 32 95 95.
www.corsicaferries.com

Moby Lines
Genoa, Livorno, Piombino.
Bastia. 04 95 34 84 94.
Bonifacio.
04 95 73 00 29.
www.mobylines.it

Societé Nationale Maritime Corse Mediterranée (SNCM)
Marseille, Toulon, Livorno, Nizza.
Ajaccio.
04 95 29 66 99.
Bastia. 04 95 54 66 99.
Calvi. 04 95 65 01 38.
L'Île Rousse.
04 95 60 09 56.
Livorno.
0586 21 05 07.
www.sncm.fr

Bahnhöfe

Ajaccio
04 95 23 11 03.

Bastia
04 95 32 80 61.

Calvi 04 95 65 00 61.

Corte 04 95 46 00 97.

L'Île Rousse
04 95 60 00 50.

Ponte Leccia
04 95 47 61 29.

Vizzavona
04 95 47 21 02.

Busunternehmen

Autocars Santini
04 95 37 02 98.

Eurocorse
04 95 21 06 30.

Société des Autocars Cortenais
04 95 46 02 12.

Autovermieter

Ada
Ajaccio.
04 95 23 56 57.
Bastia.
04 95 54 55 44.

Avis
Ajaccio. 04 95 23 56 90.
Bastia. 04 95 54 55 46.
Calvi. 04 95 65 88 38.
Figari. 04 95 71 00 01.
www.avis.com

Budget Rent a Car
Ajaccio.
04 95 23 57 21.
Bastia. 04 95 30 05 04.
Calvi. 04 95 65 88 34.
www.budgetrentacar.com.

Europcar
Ajaccio. 04 95 23 57 01.
Bastia. 04 95 30 09 50.
Bonifacio
04 95 73 10 99.
Calvi. 04 95 65 10 19.
Corte. 04 95 46 06 02.
www.europcar.co.uk

Hertz
Ajaccio.
04 95 23 57 04.
Bastia.
04 95 30 05 00.
www.hertz.com

Motorradverleih

Corse Motos Service
U Centru, Porto-Vecchio.
04 95 70 12 88.

Rout'Evasion
2, avenue Franchini, Ajaccio.
04 95 22 72 87.

Bootsverleih

Aubert Gaston
Route Cala Rossa, Porto-Vecchio.
04 95 70 23 97.

Balagne Sports
Rue Napoléon, L'Île Rousse.
04 95 60 05 17.

Cap Evasion
Macinaggio.
04 95 35 47 90.

Centre Nautique
Porticcio.
04 95 25 01 06.

Corsica Voile
Macinaggio.
04 95 35 48 20.

Dominique Plaisance
St-Florent.
04 95 37 07 08.

Leader Boat
Quai Paoli, Porto-Vecchio.
04 95 70 29 32.

Locamarine
Propriano.
04 95 76 09 30.

Marine Location
Porto-Vecchio.
04 95 70 58 92.

Multi-Service
Santa Giulia, Porto-Vecchio.
04 95 70 29 13.

Toga Loca Nautique
Port de Toga, Bastia.
04 95 34 14 14.

Tra Mare e Monti
Port de Plaisance, Calvi.
04 95 65 21 26.

Union Nautique Insulaire
Port de l'Amirautée, Ajaccio. 04 95 20 66 31.

Inseltörns

Sailing Classics
Vertriebsbüro Stuttgart.
0711 674 96 00.
www.sailing-classics.com

Textregister

Seitenzahlen in **Fettdruck** beziehen sich auf Haupteinträge.

C

D

E

F

G

H

I

J

Q

R

S

T

Danksagung und Bildnachweis

Hauptautoren

Fabrizio Ardito ist Journalist und Fotograf. Der 1957 in Rom geborene Autor hat zahlreiche Wanderführer verfasst und für die Vis-à-Vis-Reihe von Dorling Kindersley bei den Bänden *Sardinien*, *Sizilien* und *Jerusalem & Heiliges Land* mitgewirkt. Bei Guide Visuali Mondadori erschienen (bislang nur auf Italienisch) Bände über *Die Dolomiten*, *Nordostitalien*, *Mittelitalien*, *Süditalien*, für die er als Autor tätig war. Der Reisejournalist hat in verschiedenen italienischen Verlagen, Zeitschriften und Zeitungen Texte und Artikel über Ökologie, Geografie und allgemeine Reisethemen veröffentlicht, darunter: *Nuova Ecologia*, *Espresso*, Gambero Rosso-De Agostini, Touring Club, Giorgio Mondadori und *Unità*. Für den staatlichen italienischen Fernsehsender RAI hat Fabrizio Ardito Dokumentarfilme über Natur- und Sportthemen sowie über den Untergrund von Städten produziert.

Cristina Gambaro schreibt als Journalistin für führende italienische Zeitschriften. Zu ihren Veröffentlichungen zählen *Guide to Italian Hotels*, erschienen bei Gambero Rosso-De Agostini; die bei Clupguide veröffentlichten Bände *Sardinien* und *Pakistan*; *Schottland* und *Irland* (Airplane) sowie *Die Schlösser Schottlands* (White Star). Cristina Gambaro war Hauptautorin für folgende Bände der Vis-à-Vis-Reihe: *Sardinien*, *Sizilien* und *Jerusalem & Heiliges Land* sowie (nur auf Italienisch von Guide Visuali Mondadori veröffentlicht) *Nordostitalien*, *Mittelitalien*, *Süditalien* und *Dolomiten*.

Dorling Kindersley bedankt sich im Folgenden bei allen, die bei der Herstellung dieses Buches tatkräftig mitgewirkt haben:

DK London:

Publisher
Douglas Amrine.

Publishing Manager
Anna Streiffert.

Grafik
Marisa Renzullo.

DTP
Jason Little.

Kartografie
Casper Morris, Dave Pugh.

Mithilfe
Kathryn Tomasetti, Roger Williams.

Design
Cayetana Muriel Aguado, Thierry Combret, Géraldine Gonard, Marina Dragoni. Für Dorling Kindersley: Julie Bond, Delphine Lawrance, Cathrine Lehmann, Karen Villabona, Dora Whitaker.

UK-Redaktion
Sylvia und David Tombesi-Walton von Sands Publishing Solutions, Lauren Robertson.

Zusätzliche Bildrecherche
Rachel Barber.

Zusätzliche DTP
Vinod Harish, Vincent Kurien, Azeem Siddiqui.

Zusätzliche Kartografien
Uma Bhattacharya, Mohammad Hassan, Jasneet Kaur.

Factchecker
Irina Zarb.

Beratung
David Abram.

Korrektorat
Jane Simmonds.

Textregister
Hilary Bird, Helen Peters.

Zusätzliche Fotografien
Max Alexander, Ian O'Leary.

BESONDERE UNTERSTÜTZUNG
DORLING KINDERSLEY bedankt sich bei folgenden Personen und Institutionen für ihre wertvolle Hilfe:

Xavier Olivieri und Jean-Philippe di Grazia, Agence de Tourisme de la Corse, Ajaccio; Marie-Eugénie Poli-Mordiconi, Musée de la Corse, Corte; Pascal Rinaldi, Parc Naturel Régional de Corse, Ajaccio; Viviane Gentile, Domaine Gentile, St-Florent; Jean-Noël Luigi, Clos Nicrosi, Rogliano; Marina della Rosa, Fachberatung Segeln; Chefkoch Carlo Romito und seine Assistenten Giorgio Brignone und Marco Fanti vom Restaurant Palazzo Granaio in Settimo Milanese, Spezialisten für die Küche in der Region des oberen Tyrrhenischen Meeres; Delphine Jaillot, Sopexa Italia, Mailand; Charlotte Grant, Christie's, London; Dr. Biondi, Scientific Committee, Palazzo Ducale, Genua; Dr. Campodonico, Kurator, Museo Navale di Pegli, Genua; Dr. Alessandro Avanzino, Palazzo San Giorgio, Genua; Associazione Amici di Palazzo Ducale, Genua; Museo di Sant'Agostino, Genua; Gabriele Reina und Roberto Bosi, Franco Maria Ricci Publishers, Mailand;
alle Fremdenverkehrsbüros auf Korsika;
das Musée Fesch, Ajaccio;
das Französische Fremdenverkehrsbüro, Mailand.

GENEHMIGUNG FÜR FOTOGRAFIEN
DORLING KINDERSLEY bedankt sich bei allen Verantwortlichen für die freundlich gewährte Fotografiererlaubnis von Kathedralen, Kirchen, Museen, Galerien, Restaurants, Hotels und Läden sowie bei allen, die durch Material, freundliche Unterstützung und wertvolle Hilfe zum Gelingen dieses Buches beitrugen.
Besonderer Dank gebührt zudem dem Archivio Electa, Mailand; dem Musée de la Corse, Corte; dem Musée d'Anthropologie de la Corse, Corte; Sopexa Italia, Mailand.

Wir haben uns bemüht, alle Inhaber der Bildrechte ausfindig zu machen. Der Verlag entschuldigt sich, falls Bildrechte-Inhaber unbeabsichtigt übersehen worden sein sollten, und bittet diese, sich mit dem Verlag in Verbindung zu setzen.

BILDNACHWEIS

o = oben; ol = oben links; olm = oben links Mitte; om = oben Mitte; or = oben rechts; orm = oben rechts Mitte;
m = Mitte; mo = Mitte oben; mr = Mitte rechts; mro = Mitte rechts oben; mru = Mitte rechts unten; ml = Mitte links;
mlo = Mitte links oben; mu = Mitte unten; mlu = Mitte links unten;
u = unten; ul = unten links; ur = unten rechts; um = unten Mitte; uml = unten Mitte links; umr = unten Mitte rechts;
(d) = Detail.

4CORNERS IMAGES: SIME / Fantuz Olimpio 10mro; SIME / Giovanni Simeone 11mlu, 81ml; SIME / Johanna Huber 10ul; SIME / Spila Riccardo 11ol.

AGENCE DE TOURISME DE LA CORSE, Ajaccio: 17umr, 31 (alle Fotos), 33mu, 34 (alle Fotos), 35mro, 37mo, 38ol, 40mu, 40mru, 41mr, 41ur, 45um, 49um, 87ol, 90ol, 99om, 123ur, 148om, 162ur, 163ur, 182ur, 184mlo, 189mr, 192ml, 197ml.

ALAMY IMAGES: Jon Arnold Images / Doug Pearson 168ml; Justin Kase 169ol; Dave Watts 10om.

CHRISTIAN ANDREANI, Ajaccio: 99ur.

ARCHIVIO MONDADORI, Mailand: 18mlu, 18mru, 18uml, 19mlu, 19or, 19ul, 19um, 19mru, 20ol, 40mlo, 40ul, 42–43m, 42ol, 42ur, 43ol, 43mr, 47mro, 48om, 49ol, 69mo, 73om, 96mlo, 102m, 122ol, 122ml, 139mr, 142ml, 153 (Kasten), 166mru, 167or, 167ur, 191ur, 192 (Kasten), 199m, 204mlu.

ARCHIVIO SCALA, Florenz: 36.

ARDEA LONDON LTD: Stefan Meyers 26mlo.

ENRICO BANFI, Mailand: 105ol.

CONTRASTO, Mailand: 49mu, 81mlo, 81mlu, 97om, 113ml, 113umr, 169mlu, 169mu, 170mlo, 170mo, 184om, 191om, 192or.

CORBIS: Gary Braasch 169m.

LOUIS DOAZAN, Korsika: 99ml.

XIAOYANG GALAS: *Meer, Sonne und Dorf* 8–9.

HEMISPHERES IMAGES: Georges Antoni 11ur.

GETTY IMAGES: Michelle Busselle 118–119.

GÎTES DE FRANCE: 154o.

GRONCHI FOTOARTE, Pisa: 43or.

IMAGE BANK, Mailand: 2–3, 3m, 33mro, 106, 113om, 116orm, 130, 136ol, 136or, 186orm, 190u, 191ml.

GIANMARIA MARRAS, Mailand: 185olm, 185ur, 204mro, 205ol.

MUSÉE DE LA CORSE, Corte: 9mo, 30 (alle Fotos), 35uml, 42mlu, 44o, 44m, 45om, 45mru, 45ul, 46–47m, 46or (d), 46mlu, 46um, 47ol, 49umr, 51 (Kasten), 137mo, 137mro, 137mru.

PARC NATUREL RÉGIONAL DE CORSE, Ajaccio: 22mlo, 22mlu, 23ol, 24mlu, 24umr, 25om, 25mo, 26mlu, 27om, 27mro, 27mlo.

RMN, Paris: 90or, 90ml, 90ul, 90ur, 91ol, 91mro.

ANNA SERRANO, Barcelona: 18umr.

SOPEXA, Italien: 171mru.

STUDIO AQUILINI, Mailand: 94–95, 100ol, 100mlu, 100uml, 101mro, 114or, 114umr, 188mro, 189u.

SYNDICAT D'INITIATIVE DE PIANA: 100or.

UMSCHLAG
Vorne – 4CORNERS IMAGES: SIME / Giovanni Simeone Hauptbild; DK IMAGES: Cristina Gambaro mlu.
Hinten – ALAMY IMAGES: Nordicphotos / Sven Rosenhall ul; DK IMAGES: Max Alexander mlu, ol; Marco Stoppato mlo.
Rücken – 4CORNERS IMAGES: SIME / Giovanni Simeone o; ALAMY IMAGES: David Robertson u.

Sprachführer: Korsisch

Obwohl auf ganz Korsika Französisch gesprochen wird, können sich korsische Wörter und Floskeln als nützlich erweisen. Das Korsische ist mit dem Italienischen, genauer gesagt mit dem mittelalterlichen Toskanischen, verwandt und weist Einflüsse aus anderen Sprachen des Mittelmeerraumes auf.

Wichtige Ausdrücke

A'ringraziavvi	Danke
Fate u piacè	Bitte
Ié	Ja
Nò	Nein
Và bé	In Ordnung
Induve	Wo
Quandu	Wann
Chì	Wer, was
A'vedeci	Auf Wiedersehen
Buona notte	Gute Nacht
Buona sera	Guten Abend
Buonghjornu	Guten Tag
Comu sì?	Wie geht es Ihnen?
Me dispiace	Verzeihung
(Nò) Capiscu	Ich verstehe nicht.
Parla inglese?	Sprechen Sie Englisch?

Geografische Begriffe

a marina	Strand
anse/cala	Bucht
boca/foce/col	Bergpass
calanca	Schlucht
casa	Haus
casatorre	Festung
castellu/casteddu	befestigte Siedlung
fiume	Fluss
fiumicellu	Bach
lau/lavu	See
licettu	Eichenwald
muntagna	Berg
orriu	Schutzraum unter einem Felsen
pianu	Plateau
piscia	Wasserfall
ponte	Brücke
stagnu	Gumpen/Teich
torre	Turm
u paese	Dorf
vignale/vignetu	Weingarten

Richtungen

dritta	rechts
sempredrittu	geradeaus
sinistra	links
Induv'é ...?	Wo ist ...?

Shopping

aperta/apertu	geöffnet
Avetene ...?	Haben Sie ...?
basta	genug, das reicht
bonu mercatu	preiswert
chiusu	geschlossen
grande/maio	groß
Hè troppu caru	zu teuer
menu	weniger
nulla/nunda/nudda	nichts
piccola/chjucu	klein
pui	mehr
Quantu costa/ Quanto hè?	Was kostet das?
Vogliu ...	Ich möchte ...

Zeit, Tage und Monate

Chi ora hè?	Wie spät ist es?
oghje	heute
ieri	gestern
dumane	morgen
ghjurnu	Tag
simana	Woche
meze	Monat
Montag	**luni**
Dienstag	**marti**
Mittwoch	**mercuri**
Donnerstag	**ghjovi**
Freitag	**venneri**
Samstag	**sabatu**
Sonntag	**dumenica**
Januar	**Ghjennaghju**
Februar	**Febbraghju**
März	**Marzu**
April	**Aprile**
Mai	**Maghjiu**
Juni	**Ghjiugnu**
Juli	**Ghjugliu**
August	**Aostu**
September	**Sittembre**
Oktober	**Ottobre**
November	**Novembre**
Dezember	**Dicembre**

Jahreszeiten

auturnu	Herbst
estate	Sommer
imbernu/ingnernu	Winter
veranu	Frühling

Sprachführer: Französisch

In Notfällen

Hilfe!	**Au secours!**
Halt!	**Arrêtez!**
Rufen Sie einen Arzt!	**Appelez un médecin!**
Rufen Sie einen Krankenwagen!	**Appelez une ambulance!**
Rufen Sie die Polizei!	**Appelez la police!**
Rufen Sie die Feuerwehr!	**Appelez les pompiers!**
Wo ist das nächste Telefon?	**Où est le téléphone le plus proche?**
Wo ist das nächste Krankenhaus?	**Où est l'hôpital le plus proche?**

Wichtige Ausdrücke

Ja	**Oui**
Nein	**Non**
Bitte	**S'il vous plaît**
Danke	**Merci**
Verzeihen Sie	**Excusez-moi**
Guten Tag	**Bonjour**
Auf Wiedersehen	**Au revoir**
Guten Abend	**Bonsoir**
Morgen	**Le matin**
Nachmittag	**L'après-midi**
Abend	**Le soir**
Gestern	**Hier**
Heute	**Aujourd'hui**
Morgen	**Demain**
Hier	**Ici**
Dort	**Là**
Welche/r/s?	**Quel, quelle?**
Wann?	**Quand?**
Warum?	**Pourquoi?**
Wo?	**Où?**

Nützliche Sätze

Wie geht es Ihnen?	**Comment allez-vous?**
Danke, gut.	**Très bien, merci.**
Erfreut, Sie kennenzulernen.	**Enchanté de faire votre connaissance.**
Bis bald.	**A bientôt.**
Das ist gut.	**Voilà, c'est parfait.**
Wo ist/sind ...?	**Où est/sont ...?**
Wie weit ist es bis ...?	**Combien de kilomètres d'ici à ...?**
In welcher Richtung liegt ...?	**Quelle est la direction pour ...?**
Sprechen Sie Deutsch/Englisch?	**Parlez-vous allemand/anglais?**
Ich verstehe nicht.	**Je ne comprends pas.**
Könnten Sie etwas langsamer sprechen, bitte?	**Pouvez-vous parler moins vite, s'il vous plaît?**
Entschuldigung.	**Excusez-moi.**

Nützliche Wörter

groß	**grand**
klein	**petit**
heiß	**chaud**
kalt	**froid**
gut (Adjektiv)	**bon**
schlecht	**mauvais**
genug	**assez**
gut (Adverb)	**bien**
geöffnet	**ouvert**
geschlossen	**fermé**
links	**gauche**
rechts	**droit**
geradeaus	**tout droit**
nahe	**près**
weit	**loin**
oben	**en haut**
unten	**en bas**
früh	**de bonne heure**
spät	**en retard**
Eingang	**l'entrée**
Ausgang	**la sortie**
Toilette	**les toilettes, les WC**
frei	**libre**
Eintritt frei	**gratuit**

Telefonieren

Ich möchte bitte ein Ferngespräch führen.	**Je voudrais faire un interurbain.**
Ich möchte bitte ein R-Gespräch anmelden.	**Je voudrais faire une communication PCV.**
Ich versuche es später noch mal.	**Je rappelerai plus tard.**
Kann ich eine Nachricht hinterlassen?	**Est-ce que je peux laisser un message?**
Bitte bleiben Sie am Apparat.	**Ne quittez pas, s'il vous plaît.**
Könnten Sie bitte etwas lauter sprechen?	**Pouvez-vous parler un peu plus fort?**
Ortsgespräch	**la communication locale**

Shopping

Wie viel kostet das?	**C'est combien s'il vous plaît?**
Nehmen Sie Kreditkarten?	**Est-ce que vous acceptez les cartes de crédit?**

Nehmen Sie Reiseschecks?	**Est-ce que vous acceptez les chèques de voyage?**
Ich hätte gerne ...	**Je voudrais ...**
Haben Sie?	**Est-ce que vous avez?**
Ich schaue nur.	**Je regarde seulement.**
Wann öffnen Sie?	**A quelle heure vous êtes ouvert?**
Wann schließen Sie?	**A quelle heure vous êtes fermé?**
Dieses dort	**Celui-ci**
Jenes dort	**Celui-là**
teuer	**cher**
preiswert	**pas cher, bon marché**
Kleidergröße	**la taille**
Schuhgröße	**la pointure**
weiß	**blanc**
schwarz	**noir**
rot	**rouge**
gelb	**jaune**
grün	**vert**
blau	**bleu**

Läden

Antiquitätengeschäft	**le magasin d'antiquités**
Bäckerei	**la boulangerie**
Bank	**la banque**
Buchhandlung	**la librairie**
Metzgerei	**la boucherie**
Konditorei	**la pâtisserie**
Käseladen	**la fromagerie**
Apotheke	**la pharmacie**
Milchgeschäft	**la crémerie**
Kaufhaus	**le grand magasin**
Wurst-, Feinkostladen	**la charcuterie**
Fischgeschäft	**la poissonnerie**
Andenkenladen	**le magasin de cadeaux**
Gemüsehändler	**le marchand de légumes**
Lebensmittelladen	**l'alimentation**
Friseur	**le coiffeur**
Markt	**le marché**
Zeitungsladen	**le magasin de journaux**
Postamt	**la poste, le bureau de poste, les PTT**
Schuhladen	**le magasin de chaussures**
Supermarkt	**le supermarché**
Tabakladen	**le tabac**
Reisebüro	**l'agence de voyages**

Speisekarte

l'agneau	Lamm
l'ail	Knoblauch
la banane	Banane
le beurre	Butter
la bière	Bier
le bifteck, le steack	Steak
le bœuf	Rindfleisch
bouilli	gekocht
le café	Kaffee
le canard	Ente
le citron pressé	frisch gepresster Zitronensaft
les crevettes	Krabben
les crustacés	Schalentiere
cuit au four	gebacken
le dessert	Nachspeise
l'eau minérale	Mineralwasser
les escargots	Schnecken
les frites	Pommes frites
le fromage	Käse
les fruits frais	frisches Obst
les fruits de mer	Meeresfrüchte
le gâteau	Kuchen
la glace	Eiscreme
grillé	gegrillt
le homard	Hummer
l'huile	Öl
le jambon	Schinken
le lait	Milch
les légumes	Gemüse
la moutarde	Senf
l'œuf	Ei
les oignons	Zwiebeln
les olives	Oliven
l'orange pressée	frisch gepresster Orangensaft
le pain	Brot
le petit pain	Brötchen
poché	pochiert
le poisson	Fisch
le poivre	Pfeffer
la pomme	Apfel
les pommes de terre	Kartoffeln
le porc	Schweinefleisch
le potage	Suppe
le poulet	Hühnchen
le riz	Reis
rôti	geröstet
la sauce	Soße
la saucisse	Würstchen
sec	trocken
le sel	Salz
le sucre	Zucker
le thé	Tee
le toast	Toast
la viande	Fleisch
le vin blanc	Weißwein
le vin rouge	Rotwein
le vinaigre	Essig

Im Restaurant

Haben Sie einen freien Tisch?	**Avez-vous une table libre?**
Ich würde gerne einen Tisch reservieren.	**Je voudrais réserver une table.**
Die Rechnung, bitte.	**L'addition, s'il vous plaît.**
Ich bin Vegetarier.	**Je suis végétarien.**
Kellnerin/ Kellner	**Madame, Mademoiselle/ Monsieur**
Speisekarte	**le menu, la carte**
Tagesmenü	**le menu à prix fixe**
Gedeck	**le couvert**
Weinkarte	**la carte des vins**
Glas	**le verre**
Flasche	**la bouteille**
Messer	**le couteau**
Gabel	**la fourchette**
Löffel	**la cuillère**
Frühstück	**le petit déjeuner**
Mittagessen	**le déjeuner**
Abendessen	**le dîner**
Hauptgang	**le plat principal**
Vorspeise, erster Gang	**l'entrée, le hors d'œuvre**
Tagesgericht	**le plat du jour**
Weinbar	**le bar à vin**
Café	**le café**
angebraten	**saignant**
medium	**à point**
durchgebraten	**bien cuit**

Im Hotel

Haben Sie ein freies Zimmer?	**Est-ce que vous avez une chambre?**
Doppelzimmer mit großem Bett	**la chambre pour deux personnes, avec un grand lit**
mit zwei Betten	**la chambre à deux lits**
Einzelzimmer	**la chambre pour une personne**
Zimmer mit Bad, Dusche	**la chambre avec salle de bains, une douche**
Portier, Kellner	**le garçon**
Schlüssel	**la clef**
Ich habe reserviert.	**J'ai fait une réservation.**

Sehenswürdigkeiten

Kloster	**l'abbaye**
Kunstgalerie	**la galerie d'art**
Kathedrale	**la cathédrale**
Kirche	**l'église**
Garten	**le jardin**
Bibliothek	**la bibliothèque**
Museum	**le musée**
Bahnhof	**la gare (SNCF)**
Busbahnhof	**la gare routière**
Fremdenverkehrsbüro / Touristeninformation	**les renseignements touristiques, le syndicat d'initiative**
Rathaus	**l'hôtel de ville**
Privatpension	**l'hôtel particulier**
An Feiertagen geschlossen	**fermeture jour férié**

Zahlen

00	**zéro**
01	**un, une**
02	**deux**
03	**trois**
04	**quatre**
05	**cinq**
06	**six**
07	**sept**
08	**huit**
09	**neuf**
10	**dix**
11	**onze**
12	**douze**
13	**treize**
14	**quatorze**
15	**quinze**
16	**seize**
17	**dix-sept**
18	**dix-huit**
19	**dix-neuf**
20	**vingt**
30	**trente**
40	**quarante**
50	**cinquante**
60	**soixante**
70	**soixante-dix**
80	**quatre-vingts**
90	**quatre-vingts-dix**
100	**cent**
1000	**mille**

Zeit

eine Minute	**une minute**
eine Stunde	**une heure**
halbe Stunde	**une demi-heure**
Montag	**lundi**
Dienstag	**mardi**
Mittwoch	**mercredi**
Donnerstag	**jeudi**
Freitag	**vendredi**
Samstag	**samedi**
Sonntag	**dimanche**
Woche	**semaine**

Straßenkarte Korsika